Silvester Lechner

**Das KZ Oberer Kuhberg
und die NS-Zeit
in der Region Ulm/Neu-Ulm**

Die NS-Zeit
in der Region Ulm/Neu-Ulm.
Vorgeschichte,
Verlauf, Nachgeschichte.
Eine Schriftenreihe
des Dokumentationszentrums
Oberer Kuhberg Ulm e.V.
Herausgegeben
von Silvester Lechner

Band 1

Silberburg-Verlag, Stuttgart

Die NS-Zeit in der Region Ulm/Neu-Ulm.
Vorgeschichte, Verlauf, Nachgeschichte.
Eine Schriftenreihe des Dokumentationszentrums
Oberer Kuhberg Ulm e.V.
Herausgegeben von Silvester Lechner.

Band 2
Resi Weglein: Als Krankenschwester in Theresien-
stadt. Erinnerungen einer Ulmer Jüdin. Herausgege-
ben und mit einer Lebensbeschreibung versehen von
Silvester Lechner und Alfred Moos.
(Erscheint 1988)

Band 3
Jürgen Genuneit: Vorgeschichte und Frühphase der
NSDAP in Ulm bis 1925.
(Arbeitstitel; erscheint 1989)

Band 4
Myrah Adams-Rösing: Kunst in Ulm 1933 bis 1945.
(Arbeitstitel; erscheint 1990)

**Das Umschlagbild zeigt die aufs Münster zuführen-
de Ulmer Hirschstraße am 10. April 1938, zur Volksabstimmung über die Eingliederung Österreichs
ins Deutsche Reich »geschmückt« mit Hakenkreuzfahnen und NS-Parolen.**

1. Auflage September 1988.
2. Auflage Oktober 1988.
© Copyright 1988 by Silberburg-Verlag
Titus Häussermann GmbH, Stuttgart.
Alle Rechte vorbehalten.
Gestaltung: Lioba Ziegler-Schneikart, Ulm.
Reproduktionen: Offsetreproduktion Gerold Schmid,
Stuttgart.
Satz: Knipp Textverarbeitungen, Wetter.
Druck und buchbinderische Verarbeitung: Maisch +
Queck, Gerlingen.
Printed in Germany.

ISBN 3-925344-28-4

Bildnachweis

Privatarchiv Inge Aicher-Scholl: Seite 96 (vier).
Bruno Bakalovich: 12.
Archiv Dokumentationszentrum Oberer Kuhberg: 26,
    38, 42, 47, 48, 49, 58, 89, 107.
Privatarchiv H. Feidel-Mertz: 83.
Privatarchiv Hermann Geyer: 106, 108.
Heimatmuseum Neu-Ulm: 91, 92.
Privat: 73, 77 (zwei), 81, 86 (oben), 109 (Müller, Hirzel,
    Guter).
Simon Resch: 93 (rechts).
Reintraut Semmler: Fotodokumentation Ausstellung
    Seite 14 bis 29, 34, 93 (zwei, links).
Stadtarchiv Stuttgart: 50, 59 (links).
Stadtarchiv Ulm: Umschlag, 59 (rechts), 69 (links oben
    und rechts unten), 75 (links), 79, 82, 85 (zwei), 86
    (unten), 87 (links unten), 90, 97, 105.
Archiv Südwest Presse Ulm: 74 (zwei), 90, 104.
Privatarchiv August Welte: 69 (rechts oben), 86 (un-
    ten), 87 (unten), 88 (aus: Deutsche Wochenschau
    vom 19.12.1944), 93 (Mitte).
Privatarchiv Susanne Zeller-Hirzel: 101, 109 (links).
Lioba Ziegler-Schneikart: Pläne 11, 13, 35, 68.

CIP-Titelaufnahme der Deutschen Bibliothek:
Die NS-Zeit in der Region Ulm, Neu-Ulm :
Vorgeschichte, Verlauf, Nachgeschichte ; e. Schrif-
tenreihe d. Dokumentationszentrums Oberer
Kuhberg Ulm e.V. / hrsg. von Silvester Lechner. –
Stuttgart : Silberburg-Verl.
NE: Lechner, Silvester [Hrsg.]; Dokumentations-
    zentrum Oberer Kuhberg ⟨Ulm⟩
Bd. 1. Lechner, Silvester: Das KZ Oberer Kuhberg
    und die NS-Zeit in der Region Ulm, Neu-Ulm. –
    1. Aufl. 1988
Lechner, Silvester:
Das KZ Oberer Kuhberg und die NS-Zeit in der
Region Ulm, Neu-Ulm / Silvester Lechner. – 1. Aufl. –
Stuttgart : Silberburg-Verl., 1988
    (Die NS-Zeit in der Region Ulm, Neu-Ulm ; Bd. 1)
ISBN 3-925344-28-4

Inhaltsverzeichnis

Unser Vermächtnis

Hans Gasparitsch, Vorsitzender des Vereins
Dokumentationszentrum Oberer Kuhberg

Das Unbegreifbare begreifbar machen, ist das möglich? Ich meine nicht nur die unglaublich grausamen Exzesse während der ganzen zwölf Jahre der Nazi-Diktatur, zuerst an den politischen Gegnern aus der Arbeiterbewegung, dann an den »rassisch minderwertigen« Juden, an Zigeunern, an der Zivilbevölkerung in den überfallenen Staaten, an dem »unwerten« Leben der Gebrechlichen in den Pflegeanstalten und dann an all denen, die zuerst stillhielten oder mitliefen, aber schließlich aus ihrem brennenden Gewissen heraus sich gegen das Unheil stemmten.
Ich meine auch das Phänomen, das die Psychologen seither zu deuten versuchen: Wie konnten viele Hunderttausende »normale« Durchschnittsbürger (waren die anderen »unnormal«?) diesem unmenschlichen Irrsinn verfallen, zujubeln, zudienen; wie konnten sie denunzieren oder die Augen zudrücken, wenn sie die Maßnahmen zur Verfolgung und Vernichtung miterleben mußten?
Uns ehemaligen Verfolgten und Widerstandskämpfern geht es nicht in erster Linie darum, dies herauszufinden. Uns geht es darum, das Credo der Opfer den Nachgeborenen weiterzureichen. Ihr Vermächtnis, die Menschenrechte, die humanistischen Ideale gegen alle Verleumdungs- und Unterdrückungsmechanismus zu verteidigen und den Hilflosen, den Schwachen, den Minderheiten und den Entrechteten beizustehen, wo und wann immer die Lüge und das Unrecht sich zeigen.
Dazu bedarf es der Kenntnis der Geschichte und der Kräfte, die darin wirken. Der Kenntnis der Zusammenhänge zwischen den ideologischen, politischen und wirtschaftlichen Strukturen, wie sie sich entwickelten und Staat und Gesellschaft beeinflußten. Dazu können und wollen wir aus der damaligen Zeit Fakten, Bilder und greifbares Anschauungsmaterial zeigen. Vieles, allzu vieles ist schon verloren und untergegangen. Jetzt gilt es, das Vorhandene zu sammeln und zu bewahren sowie im Dokumentationszentrum Oberer Kuhberg in Ulm als einem Ort der Besinnung und des Nachdenkens anzubieten.
Im Exil und in den Nazi-Lagern hatten wir damals Verfolgten gelernt, gegen die gemeinsame Gefahr zusammenzustehen, im Andersdenkenden, Andersgläubigen, Andersrassigen den Kamerad und Bruder zu sehen. Wir haben Kraft geschöpft aus unserem Glauben an das Gute im Menschen und aus unserem Wissen über die Kraft der gerechten Sache.
Wir haben Solidarität geübt und Menschlichkeit gehalten inmitten der Vernichtung durch Menschen, deren Charakter und Gewissen systematisch deformiert worden waren.
Unser Glauben und unser Wissen soll weiterleben als ein Unterpfand für eine menschliche Zukunft. Es ist mein Wunsch, daß dies die von uns dargestellte Geschichte 1933 bis 1945 weitergibt.

Wofür steht der Obere Kuhberg?

Ernst Ludwig, Oberbürgermeister der Stadt Ulm, zur Eröffnung des Dokumentationszentrums Oberer Kuhberg am 19. Mai 1985 (Auszüge)

Wofür steht der Obere Kuhberg? Was ist hier festzuhalten aus der Vergangenheit für die Gegenwart und Zukunft?

Es ist – nach dem Heuberg und Welzheim – das einzige, in seiner baulichen Substanz noch erhaltene Konzentrationslager des ehemaligen Landes Württemberg, in dem von Ende 1933 bis Sommer 1935 zwischen 400 und 600 Bürger – in feuchten und finsteren Kasematten eingekerkert, arrestiert, gequält, mit sinnloser Arbeit traktiert, von ihren Mitmenschen separiert, auf dem Kuhberg konzentriert – gefangengehalten wurden.

Kommunisten und Sozialdemokraten, Pfarrer und andere Regimegegner – eine politisch mißliebige Minderheit – ausgegrenzt und vom Naziregime zum Feindbild gebrandmarkt.

Kein Vernichtungslager wie Buchenwald und Dachau oder Auschwitz, gar mit Vergasungsanlagen, Krematorien und Massengräbern – noch kein Vernichtungslager, aber der Keim der grausamen Saat am Beginn der Hitlerdiktatur, die später an vielen anderen Stellen aufging.

Das gilt es auf dem Oberen Kuhberg zu dokumentieren und mit Namen zu belegen.

[...]

»Das Vergessenwollen verlängert das Exil, und das Geheimnis der Erlösung heißt Erinnerung.«

Mit dieser jüdischen Weisheit mahnte uns der Herr Bundespräsident in seiner großen Rede am 8. Mai im Deutschen Bundestag. – Die Jungen sind nicht verantwortlich für das, was damals geschah, aber sie sind verantwortlich für das, was in der Geschichte daraus wird.

Deshalb ist es lebenswichtig, die Erinnerung wachzuhalten und der jungen Generation zu helfen, sich auf die geschichtliche Wahrheit ohne Einseitigkeit einzulassen, ohne Flucht in utopische Heilslehren, aber auch ohne moralische Überheblichkeit.

Dazu kann – dazu soll – das Dokumentationszentrum Oberer Kuhberg seinen Beitrag leisten.

Wir haben zu danken für das, was bis heute erreicht werden konnte.

Zwischenstationen auf steinigem Weg

Einleitung

»Wir waren endlich frei! Zu Ende waren alle Grausamkeiten und Folterungen, alle Not und Unterdrückung. Zwölf Jahre lang waren wir nur eine Nummer. Jetzt durften wir wieder Menschen werden.«

So endet Julius Schätzles autobiographischer »Bericht über den Kampf, das Leiden und das Sterben in deutschen Konzentrationslagern«, der 1946 unter dem Titel »Wir klagen an!« im Stuttgarter »Kulturaufbauverlag« erschienen ist. Dies war die erste Publikation nach dem Krieg, in der aus der Feder eines ehemaligen Häftlings unter anderem auch Existenz und Zustände eines Konzentrationslagers bei Ulm, des KZ Oberer Kuhberg, einer größeren Öffentlichkeit in Erinnerung gebracht wurden. In der Person Schätzles verkörpert sich noch ein zweiter, in den sechziger Jahren konkret werdender Beginn: nämlich der Beginn der Bemühungen, in den Räumen des ehemaligen KZ eine Gedenk- und Dokumentationsstätte zu errichten.

In der Tradition dieser beiden Bemühungen ist das vorliegende Buch zu sehen. Schätzles eingangs zitierte Sätze sollen dabei eine Art Motto sein. In dem Sinn nämlich, daß es gilt, Grausamkeiten und Folterungen, Not und Unterdrückung, aber auch Kampf und Widerstand dieser zwölf Jahre als Voraussetzung und politisch-moralische Bedingung der danach gewonnen »Freiheit«, unserer Freiheit, in Erinnerung zu behalten. Dieser Bezug wird um so deutlicher, je mehr wir am gelebten Leben ansetzen, an den konkreten Opfern und Tätern (und an der Mehrzahl, die beides zugleich war), und je mehr das In-Erinnerung-Gerufene vor (oder auch innerhalb) der eigenen Haustüre liegt, im Beziehungsnetz des persönlich Erfahrenen und regional Vertrauten angesiedelt ist. So möchte dieses Buch auch ein Ulmer und Neu-Ulmer Heimatbuch sein. Eines, das dazu verhilft, der nur zu oft auf Hochglanz gebrachten Postkarten-Idylle des als Lokalgeschichte Akzeptierten ergänzend einige realistische Schattierungen hinzuzufügen. Schattierungen aus dem Reservoir des Vergessenen, Übersehenen, Verdrängten, Unterdrückten.

Es wird sich für den Leser an vielen Punkten herausstellen, daß die Geschichte des Nationalsozialismus auch Zeitgeschichte ist, selbst wenn die Akteure von damals dabei sind auszusterben. Wie im Leben von Kindern und Enkeln die Tradition der Väter – ob sie nun Täter, Opfer oder beides zusammen waren – nicht einfach zu eliminieren ist, ebensowenig ist sie das in Organisationen und Interessengruppen, in sozialen Haltungen und Werte-Mustern. Nicht als historisch begrenzter Extremfall, sondern als Teil von uns selbst bleibt der Faschismus als Möglichkeit unserer Gesellschaft, unserer Heimat existent.

Dieses Buch ist eine Art Zwischenstation auf dem Weg der beiden eingangs erwähnten Traditionen. Einmal also in dem Ziel einer fundierten Darstellung der Wirklichkeit im Ulmer KZ und – daran anschließend – der NS-Zeit in der Region allgemein; und zum anderen in dem Ziel, ein Dokumentationszentrum zu verwirklichen, das ein lebendiger Ort des Lernens und der Begegnung ist.

Zunächst zur historischen Darstellung, der nächstliegenden Aufgabe dieses Buches. Julius Schätzle war es wiederum, der das Wissen über den Kuhberg mit seinem 1974 erstmals erschienenen Buch »Stationen zur Hölle« erweitert hat. Werner Weidlin widmete dann 1976 seine Zulassungsarbeit zum Lehramt dem »Konzentrationslager Fort Oberer Kuhberg«; eine Arbeit, die als bisher erste und einzige Monographie 1983 erschienen, nunmehr aber vergriffen ist. Nach einigen Erwähnungen in Handbüchern und Sammelbänden, die das Wissen über den Kuhberg zwar ein wenig populärer machten, aber kaum in der Sache vertieften, erfuhr dann 1985 das allgemein zugängliche Wissen über den Kuhberg eine entscheidende Ergänzung. Am 19. Mai wurde damals das »Dokumentationszentrum Oberer Kuhberg« mit einem wichtigen Ausstellungsteil eröffnet, nämlich dem Teil »Häftlingsbiographien«. Dieses aufbereitete Material wird, vor allem zum Zweck der Vor- und Nachbereitung für Ausstellungsbesucher, im ersten Abschnitt des ersten Buchkapitels (Seite 10 bis 30) verfügbar gemacht. In den Abschnitten 1.2, 1.3 und 1.4 kommen die Ausstellung ergänzende Aspekte dazu, so daß insgesamt das erste Kapitel die bislang umfassendste Monographie zum KZ Oberer Kuhberg darstellt. Gemessen an dem, was an Dokumenten in Archiven und Privatbesitz noch vorhanden ist, ist dies nur eine Zwischenstation, aber eine relativ weit fortgeschrittene.

Demgegenüber steht eine andere mit der Kuhberg-Ausstellung verbundene Absicht erst am Anfang, nämlich einen Gesamtüberblick zur »NS-Zeit in der Region Ulm/Neu-Ulm« zu geben. Die auf dem Kuhberg seit Mai 1985 in einigen »Vorbereitungstafeln« verarbeiteten Stichworte zu den Bereichen »Vorgeschichte und Verlauf von NS-Ideologie und NS-Machtausübung«, »Grundlagen und Formen des Widerstands«, »Auswirkungen des Rassismus«, »Krieg und Kriegsfolgen« — immer auf die Region Ulm/Neu-Ulm bezogen — sind hier im Buch erweitert und differenziert. Und zwar einerseits in Form der »vergleichenden Chronologie« (Kapitel 2), andererseits mit dem um Vollständigkeit bemühten Verzeichnis zur zugänglichen Literatur über die NS-Zeit in der Region (Kapitel 5).

Wo immer es von den Betroffenen akzeptiert wurde, sind Zeitzeugen und Sachverständige mit Namen und Adresse aufgeführt, freilich ohne Anspruch auf Vollständigkeit. Chronologie, Literaturverzeichnis, Zeitzeugen sind vorwiegend Arbeitshilfen für eine weitergehende Beschäftigung in Schulunterricht und Bildungsarbeit, natürlich auch für fundiertere historische Arbeiten.

Darüber hinaus ist in diesem Buch in einem weiteren Kapitel, neben dem Kuhberg-Beitrag, eine umfassendere Darstellung angestrebt. Es ist im historischen Gesamtgeschehen der Region zwar ein unbedeutender und wenig repräsentativer, in der nationalen und internationalen Wirkung und Wertung nach 1945 jedoch exponierter und mit Ulm eng verbundener Aspekt: die Weiße Rose. Ein Anstoß, sich dieses Themas trotz zahlreicher Bearbeitungen erneut anzunehmen, war die zunächst überraschende Erkenntnis, daß das publi-

zierte und somit allgemein zugängliche Wissen zu den genaueren Zusammenhängen von Weißer Rose und Ulm erstaunlich gering ist. Und das trotz der bei näherem Nachfragen deutlich werdenden Tatsache, daß privates Wissen und private Meinung samt aufgestauter, diffuser Emotionalität bezüglich dem Phänomen der Weißen Rose in Ulm noch beträchtlich sind. Deshalb könnten die Informationen des Kapitels über die Weiße Rose ein Angebot sein: nämlich, solange noch viele Zeitzeugen leben, einen zwar begrenzten, doch lokalspezifischen Ansatzpunkt für die Auseinandersetzung mit der NS-Zeit zu haben, der Betroffenheit nicht erst wecken muß, sondern als gegeben voraussetzen kann.

Oben war die Rede davon, daß dieses Buch nicht nur dem Ziel einer genaueren Darstellung historischer Wirklichkeit verpflichtet ist, sondern auch dem Ziel, aus dem Dokumentationszentrum Oberer Kuhberg mehr als ein Mahnmal und ein Museum zu machen, nämlich eine Stätte der Begegnung und des Lernens. In dieser Beziehung steht die Arbeit noch fast am Anfang (vgl. unter anderem Seite 120).

Dies ist beschämend angesichts der jahrzehntelangen Anstrengungen derjenigen überlebenden NS-Opfer und -Gegner, die sich gegen tausend Widerstände um den Aufbau bemüht haben. Mit Namen und Daten sind sie im Kapitel 4 dieses Buches dokumentiert. Die meisten der dort Genannten leben nicht mehr, bei den anderen reichen die Lebenskräfte zu gestaltender Aktivität nur noch in Ausnahmefällen. In dieser Situation ist es das größte Anliegen des vorliegenden Buches, diesem Prozeß eines nicht oder nicht genügend aufgenommenen Erbes etwas entgegenzusetzen. Und zwar durch ein erweitertes Informations-Fundament für neues öffentliches und privates Interesse und Engagement.

Aufgerufen, dieser Stagnation mit der Finanzierung regelmäßiger pädagogischer und historischer Arbeit abzuhelfen, sind die regionalen Gebietskörperschaften, allen voran die Stadt Ulm und das Land Baden-Württemberg. Damit würde nur eingelöst werden, was in offiziellen Landespapieren wiederholt als Musterfall für die politische Bildungsarbeit beschrieben wurde: Es handle sich beim ehemaligen KZ Oberer Kuhberg um einen authentischen »Tatort Geschichte«, um »das einzige in seinem ursprünglichen Zustand noch erhaltene nationalsozialistische Konzentrationslager in Baden-Württemberg«. (Vgl. zuletzt: Beschlußempfehlungen des Ausschusses für Wissenschaft und Kunst vom 25. Juni 1987, Landtag von Baden-Württemberg, Drucksache 9/4721.)

Im Zusammenhang mit diesem für den Kuhberg fühlbarsten Defizit sei daran erinnert, daß ganz allgemein in der Präsentation der NS-Thematik durch öffentliche Institutionen in Ulm und Neu-Ulm Nachholbedarf besteht. Einige Beispiele: Im regionalen Stichwort-Katalog der Ulmer Stadtbibliothek waren im April 1987 unter »NS-Zeit« ganze zwei Titel aufgeführt; in der Kreisbildstelle gab es im Juli 1987 kein einziges Medium zur NS-Zeit in der Region, von der Zerstörung Ulms abgesehen. Die Archive der beiden Städte, aber auch das des Alb-Donau-Kreises, sind – sicher auch aus Gründen fehlender Mittel und fehlenden Personals – nicht gerade »nutzer-freundlich« hinsichtlich des Themas »NS-Zeit«.

Und schließlich ist von der Stadt Ulm offiziell noch nicht die zum 50. Jahrestag der »Machtergreifung« (März 1983) getroffene Aussage revidiert, man mache »keine Ausstellung über die Ereignisse in Ulm vor 50 Jahren«, da man »keine zweite Entnazifizierung« wolle und der »Persönlichkeitsschutz« der damals aktiv Beteiligten und ihrer Kinder im Vordergrund stehe. Vielleicht bahnt sich eine stillschweigende Revision dieser Position mit den offiziellen Veranstaltungen der Stadt zur 50. Wiederkehr der sogenannten »Reichskristallnacht«, des Judenpogroms vom November 1938, an.

Auch auf dem Gebiet historischer Darstellungen gibt es Nachholbedarf. Für Ulm, Neu-Ulm und fast alle Gemeinden der Region wurde – im Gegensatz zu manch anderen Städten und Gemeinden im Land – bis heute nicht der Versuch einer umfassenden, gut dokumentierten und leserfreundlich gestalteten Gesamtdarstellung der NS-Zeit am Ort gemacht. In den zahlreichen, mit großem Aufwand und Liebe zum historischen Detail erarbeiteten Heimatbüchern, Vereins- und Institutions-Chroniken reduziert sich das Thema in der Regel auf dessen historisches Ende, nämlich »Kriegsopfer und Kriegsschäden«. Doch es gibt Ausnahmen: Gernot Römers und Paul Sauers Bücher, Heinz Keils Dokumentation sind da zu nennen; aber auch das Kapitel über die ehemalige Heeresmunitionsanstalt in Aubeles »Straß«-Buch und die für jedes Dorf ohne großen Aufwand nachzuvollziehende, bislang in unserer Region einzig dastehende Stadtführung durch »Langenau unterm Hakenkreuz« von Wilmar Jakober.

Vielleicht vollzieht sich bezüglich der Aufarbeitung der Ulmer NS-Zeit zeitgleich mit dem Erscheinen dieses Buches eine Art Wende. Denn parallel waren mindestens drei Werke in Arbeit, die diese Hoffnung berechtigt erscheinen lassen: Der zur Verwendung im Schulunterricht entwickelte Materialband »Ulm in der NS-Zeit« (herausgegeben vom Ulmer »Arbeitskreis Schule und Archiv«), der lang erwartete Band V (1934 bis 1944) der »Ulmer Bilder-Chronik«, sowie der »Alternative Stadtführer« des Ulmer Freidenker-Verbandes.

Viele wichtige Einzelaspekte der regionalen NS-Geschichte warten aber in jedem Fall noch auf Bearbeitung. Dazu gehört eine strukturell so entscheidende Frage wie die nach der Ulm/Neu-Ulmer Militärtradition. Und zwar bezüglich der Entwicklung Ulms zur nationalsozialistischen Hochburg ebenso wie bezüglich dem regionalen Verlauf von NS-Zeit und Krieg (daheim und »im Felde«) und natürlich auch, was die Art der Verarbeitung der NS-Zeit danach betrifft. Von der Bedeutung der Ulmer Garnison her wären weitere Fragen zu stellen: etwa nach der wirtschaftlich-industriellen Entwicklung, nach Sozialstruktur, politischen Machtpositionen und Interessen; nach einer regional typischen Alltags-Kultur – in Verschmelzung mit dem dominanten Protestantismus –, aber auch nach der Elitekultur und der Kunst. Es fehlen Darstellungen zu Umfang, Widerstand und Verfolgung der Ulmer Arbeiterbewegung, ihren Parteien und den Gewerkschaften. Es fehlen Arbeiten zur Situation verfolgter Randgruppen wie »Arbeitsscheuer und Asozialer«, den Zwangs-Sterilisierten und den »Euthanasie«-Opfern, zu den Zeugen

Jehovas, zu den Fremd- und Zwangsarbeitern in der Region. Es fehlt eine Beschreibung nationalsozialistischer Machtausübung in ihren organisatorischen Verästelungen und ihrer Verankerung in den unterschiedlichen Gruppen und Schichten in der Bevölkerung sowie ihrer Auswirkungen auf sie.

Zur Verringerung solcher Defizite beizutragen, ist Aufgabe einer neuen Schriftenreihe, die vom »Dokumentationszentrum Oberer Kuhberg« herausgegeben wird und deren erster Band hier vorliegt.

»Die NS-Zeit in der Region Ulm/Neu-Ulm. Vorgeschichte, Verlauf, Nachgeschichte« ist der Reihentitel, unter dem für die Zeit bis 1990 drei weitere Darstellungen vorgesehen sind: Im September 1988 erscheint als Band 2 das Buch von Resi Weglein: »Als Krankenschwester in Theresienstadt. Erinnerungen einer Ulmer Jüdin«; herausgegeben und mit einer Lebensbeschreibung versehen von Silvester Lechner und Alfred Moos. »Vorgeschichte und Frühphase der NSDAP in Ulm bis 1925« lautet der Arbeitstitel des Buches von Jürgen Genuneit, das als Band 3 im Herbst 1989 herauskommen soll. Mit der »Kunst in Ulm 1933 bis 1945« befaßt sich Myrah Adams-Rösing in Band 4, der 1990 erscheint.

Das Programm der Reihe läßt sich in folgenden Punkten charakterisieren:

➤ Festlegung auf die Zeit der NS-Herrschaft unter grundlegender Berücksichtigung der Kontinuitäten aus der Vor- sowie zur Nachgeschichte.
➤ Ein Verständnis der Region, das neben Ulm auch Neu-Ulm sowie die umliegenden, politisch, wirtschaftlich und anderweitig zugeordneten Gemeinden einbezieht.
➤ Eine Themenauswahl, die sich aus dem humanistisch-demokratischen Erbe der auf dem Kuhberg Inhaftierten herleitet, vor allem dort, wo es Bedeutung für Verständnis und Orientierung in der Gegenwart hat.
➤ Eine Wissenschaftlichkeit, für die Bedingungen wie quellenkritische Nachweis- und Überprüfbarkeit des Dargestellten ebenso selbstverständlich sind wie die Einbeziehung mündlicher Überlieferung und subjektiven Erlebens und Verarbeitens.
➤ Das Bemühen um eine Form (Sprache, Umfang, Gestaltung, Preis), die den Zugang nicht auf den Kreis der »Eingeweihten« beschränkt, sondern einen direkten Zugang für die nachwachsende Generation, besonders in der schulischen und außerschulischen Bildungsarbeit, ermöglicht.

Ein erstes Beispiel für dieses Programm soll das vorliegende Buch sein. Mir ist bewußt, daß in vielen Passagen nur eine Annäherung an die eigenen Maßstäbe erreicht ist. Die Leser sind zu Kritik, Richtigstellungen, Ergänzungen ausdrücklich eingeladen.

Dies um so mehr, als ich selbst mittlerweile die Distanz zu diesem Buch wiedergefunden habe – das Manuskript ist bereits seit einem Jahr abgeschlossen und konnte aus Umständen, die weder ich selbst noch das Dokumentationszentrum Oberer Kuhberg oder der Verlag zu vertreten haben, erst jetzt publiziert werden. Eine Neuauflage, die in zwei bis drei Jahren von der Sache her nötig sein wird, soll diese Einwände berücksichtigen.

Viele haben das Zustandekommen dieses Buches unterstützt. Ihnen allen danke ich. Gewidmet ist das Buch denjenigen Überlebenden des Faschismus, die mein Wissen und meine Kenntnisse bereichert, die vor allem aber mit ihrem Leben, ihrem Beispiel die eigentliche Motivation zu dieser Arbeit bedeutet haben: Inge Aicher-Scholl, Otl Aicher, Ernst Bauer, Hans Gasparitsch, Lina Haag, Hans Hirzel, Kurt Jankowski, Karl Kunde, Alfred Moos, Franz Müller, Marianne Obermeier-Weisser, Ernst Rohleder, Bertl Rieckert, Otto Schenk, Susanne Zeller-Hirzel.

Julius Schätzle, ohne den die Erinnerungsarbeit zum Kuhberg nicht vorstellbar ist, und Hermann Krimmer, dessen Kuhberg-Erfahrungen in diesem Buch zum erstenmal veröffentlicht werden, sind während der Drucklegung verstorben: Schätzle am 31. März 1988, Krimmer am 26. April 1988. Ich denke an sie in Trauer und Dankbarkeit.

9

1. Das ehemalige Konzentrationslager Oberer Kuhberg in Ulm

Dieses Kapitel ist Schwerpunkt und Hauptteil dieses Buches. Es wird darin versucht, das zur Zeit dem Autor, dem Dokumentationszentrum zugängliche Wissen über das ehemalige Ulmer KZ zusammenzufassen, das heißt zu dokumentieren und historisch beschreibend darzustellen. »Dokumentieren« und »darstellen«: Beides ist in diesem Kapitel enthalten, aber es ergänzt sich nicht auf ideale Weise. Die Dokumente sind noch zu unvollständig, als daß sie eine allen Aspekten gerecht werdende Darstellung erlauben würden. Das Buch ist, was Materialfülle und Breite der Darstellung anbelangt, ein Fortschritt gegenüber dem bisher zum Kuhberg Publizierten. Gemessen an dem, was in Archiven und Privatbesitz vorhanden sein dürfte, ist es erst ein Zwischenschritt.

Die Dokumentation steht im Vordergrund. Das heißt, eine Vielzahl von Aspekten der historischen Erscheinung »KZ Oberer Kuhberg« wird belegt und veranschaulicht, ohne immer in der Zusammenschau des Historikers berücksichtigt zu werden. Viel steht deshalb unvermittelt, manchmal auch widersprüchlich nebeneinander. Aber dies entspricht der Wirklichkeit historischer Überlieferung und muß für den Leser, den Betrachter von heute und für das, was er mitnimmt, kein Schaden sein. Es läßt Raum für ein eigenes Urteil. Die Lektüre des Buches und der Besuch des »Oberen Kuhbergs« bedingen einander. Denn zum einen sind die etwa 400 Ausstellungsdokumente im Buch nur reduziert auf die Größe der 24 Tafeln und stichwortartig erläutert wiedergegeben (Abschnitt 1.1). Zum anderen kann das zentrale und in Süddeutschland einzigartige »Dokument«, nämlich das im wesentlichen unveränderte Bauwerk, nur in der unmittelbaren Anschauung wirken.

Was Besuchszeiten und Führungen anbelangt, so sei auf Abschnitt 4.3.1 verwiesen. Zur Vorbereitung eines Besuchs kann beim Dokumentationszentrum Oberer Kuhberg der 30-Minuten-Film von Walter K. Obermeier »Das KZ Oberer Kuhberg« (1970, Super-8) ausgeliehen werden. Er wirkt in Kommentar und Ton ein wenig pathetisch, bringt andererseits aber eine Reihe von wichtigen Grundinformationen sowie sehr eindrückliche Interviews mit ehemaligen Häftlingen, die heute tot sind. Als allgemeine Einführung sei noch auf das im Auftrag der »Bundeszentrale für politische Bildung« (Opladen 1985) herausgegebene Medienpaket »Todesfuge. Das nationalsozialistische KZ-System« hingewiesen.

Nun noch zur weiterführenden Kuhberg-Literatur: Alles, was an Häftlingsberichten veröffentlicht ist, ist im Abschnitt 1.3 und im Literaturverzeichnis zitiert und belegt. Die beschreibende Sekundär-Literatur ist im Literaturverzeichnis unter folgenden Autoren- beziehungsweise Herausgeber-Namen aufgeführt: Christlicher Friedensdienst; Eichmann; Finckh, Peter; Jung; Langer; Mitteilungen; Naturfreunde; Puvogel; Schätzle; Weidlin; Wenke.

Abbildung rechts:
Ulm/Neu-Ulm. Lageplan des Dokumentationszentrums

1
Ehemaliges KZ Oberer Kuhberg; Dokumentationszentrum (DZOK)
Anfahrt mit öffentlichen Verkehrsmitteln: Buslinie 4 »Hochsträß« vom Rathaus über Ehinger Tor bis zur vorletzten Haltestelle, »Oberer Kuhberg«. Anschluß an den Bus beim »Ehinger Tor«: vom Ulmer Bahnhof mit Straßenbahnlinie 1; vom Neu-Ulmer Bahnhof mit Buslinie 3 und 7.
2
Gleiselstetten, genannt »Panzerkreuzer«. Ehemals »Eingangsstufe« des KZ Oberer Kuhberg.
3
Ehemalige Hochschule für Gestaltung (1955–1968)
Heute Psychologisches Zentrum der Universität Ulm.

4
Weinhof mit Schwörhaus, Gewerkschaftshaus
An der Sparkasse: Gedenktafel für ehemalige Synagoge.
5
Kornhausplatz, Einsteinhaus
6
Alter Friedhof
7
Neuer Friedhof mit jüdischem Friedhof (seit 1899), mit russischen Grabmälern für »Sowjetbürger, Soldaten und Offiziere«, »Ehrenfriedhof« für Opfer des NS-Staates und des Krieges.
8
Ehemaliges Garnisonsgefängnis
Frauenstraße 134.
9
Landesgefängnis
Talfinger Straße 30.

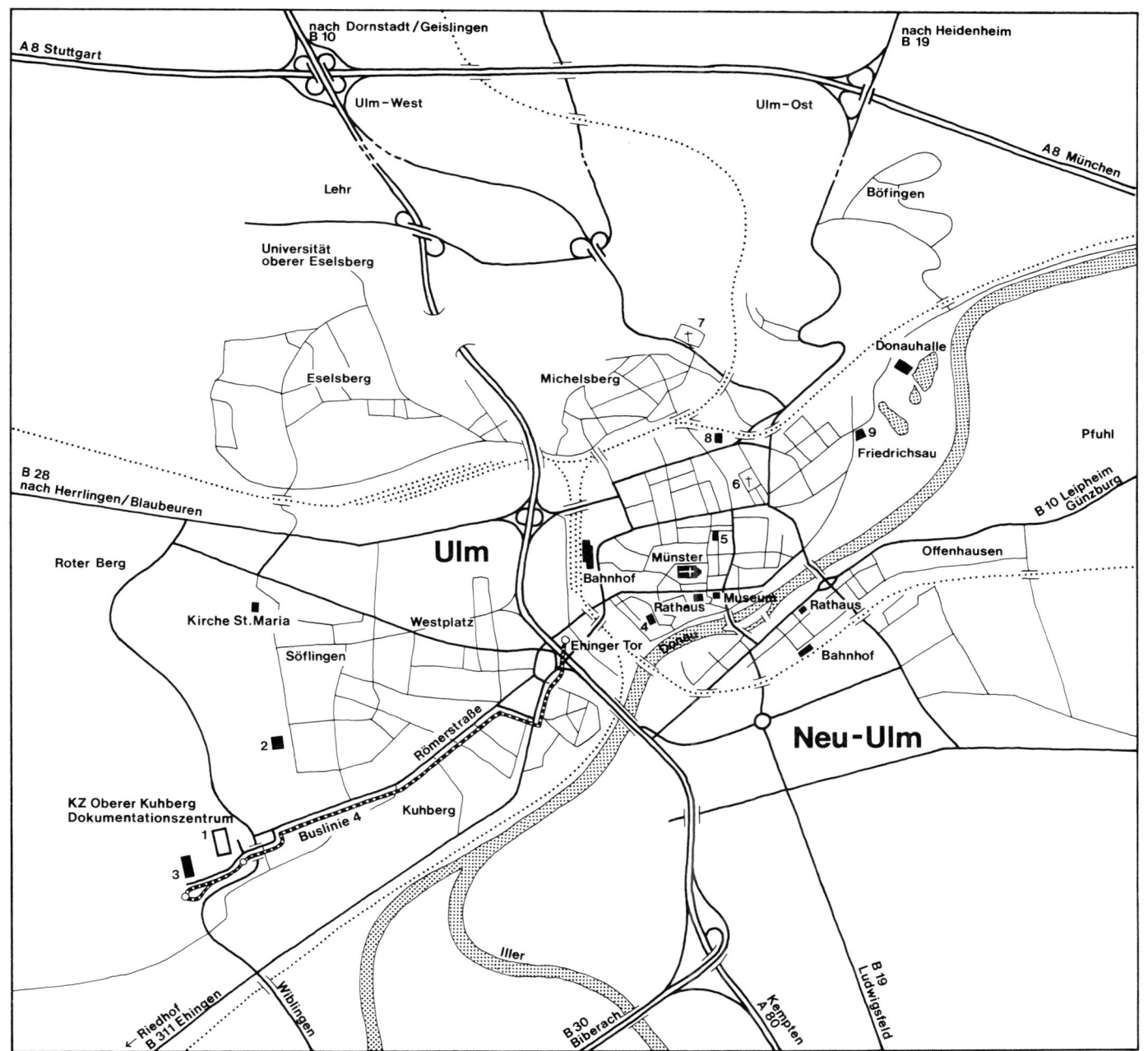

A 8 Stuttgart

nach Dornstadt / Geislingen
B 10

nach Heidenheim
B 19

Ulm-West

Ulm-Ost

A 8 München

Lehr

Böfingen

Universität
oberer Eselsberg

7

Donauhalle

Eselsberg

Michelsberg

9

8

Friedrichsau

Pfuhl

B 28
nach Herrlingen / Blaubeuren

6

B 10 Leipheim
Günzburg

Roter Berg

5

Offenhausen

Ulm

Münster
Bahnhof

Kirche St. Maria

Rathaus

Museum

Rathaus

Westplatz

4

Bahnhof

Söflingen

Ehinger Tor

Neu-Ulm

2

Römerstraße

KZ Oberer Kuhberg
Dokumentationszentrum

Kuhberg

1

Buslinie 4

3

← Riedhof
B 311 Ehingen

Wiblingen

Iller

B 30
Biberach

Kempten
A 80

B 19
Ludwigsfeld

11

1.1 Häftlingsbiographien. Die Ausstellungstafeln

Auf den folgenden Seiten werden 24 Tafeln aus der Ausstellung im »Dokumentationszentrum Oberer Kuhberg« abgebildet und erläutert. Es handelt sich dabei um den **abgeschlossenen Ausstellungsteil »Häftlingsbiographien«**. Nicht abgebildet sind diejenigen Tafeln, die einen vorläufigen Charakter haben. Also einerseits die zehn kleinen »Vorschalttafeln« (vgl. Plan, Nr. 1) und andererseits die Tafeln, die auf die vier noch zu erwartenden Ausstellungsteile zur »NS-Zeit in Ulm« vorbereiten sollen (vgl. Plan, Nr. 10, 11,

12, 13). Der Inhalt dieser Tafeln ist in die anderen Kapitel dieses Buches eingegangen.
Wichtig: Zum Verständnis der Tafeln müssen die Überschriften der Tafelfotos einbezogen werden.

Die **Konzeption dieses Ausstellungsteils** ist im Schlüsselbegriff »Häftlingsbiographien« angedeutet. Das heißt, es wird versucht, persönliche Lebens-, Leidens- und Widerstandsgeschichten von Kuhberg-Häftlingen als exemplarisch für bestimmte Aspekte des Ge-

samtsystems zu begreifen. So für: die Schritte zur Zerstörung der Demokratie; den Ausbau des Herrschaftsapparats; die alltäglichen Lebensbedingungen der Bevölkerung; den Widerstand verschiedener Gruppen; die Eigenkultur der organisierten Arbeiterschaft; die Verfolgung und Ermordung politischer Gegner. In den einzelnen Biographien brechen sich viele Bereiche von Politik und Gesellschaft im Faschismus, sie sind »Spiegel des Ganzen«. Als ein Stück Regional- und Heimatgeschichte sind sie besonders geeignet, die NS-

Zeit anschaulich und lebensnah zu vermitteln, für die nachwachsende Generation zu sichern und begreifbar zu machen.

Die **Autoren** der Ausstellung: Walter Wuttke, Peter Langer, Silvester Lechner, Wolfgang Necknig.

Gestaltung der Ausstellung, koordiniert von Professor Nik Roericht: Bruno Eakalovich, Frank Eisele, Heike Kuberg, Michaela Laude, Marcela Quijano, Thomas Schneider, Birgit Tümmers.

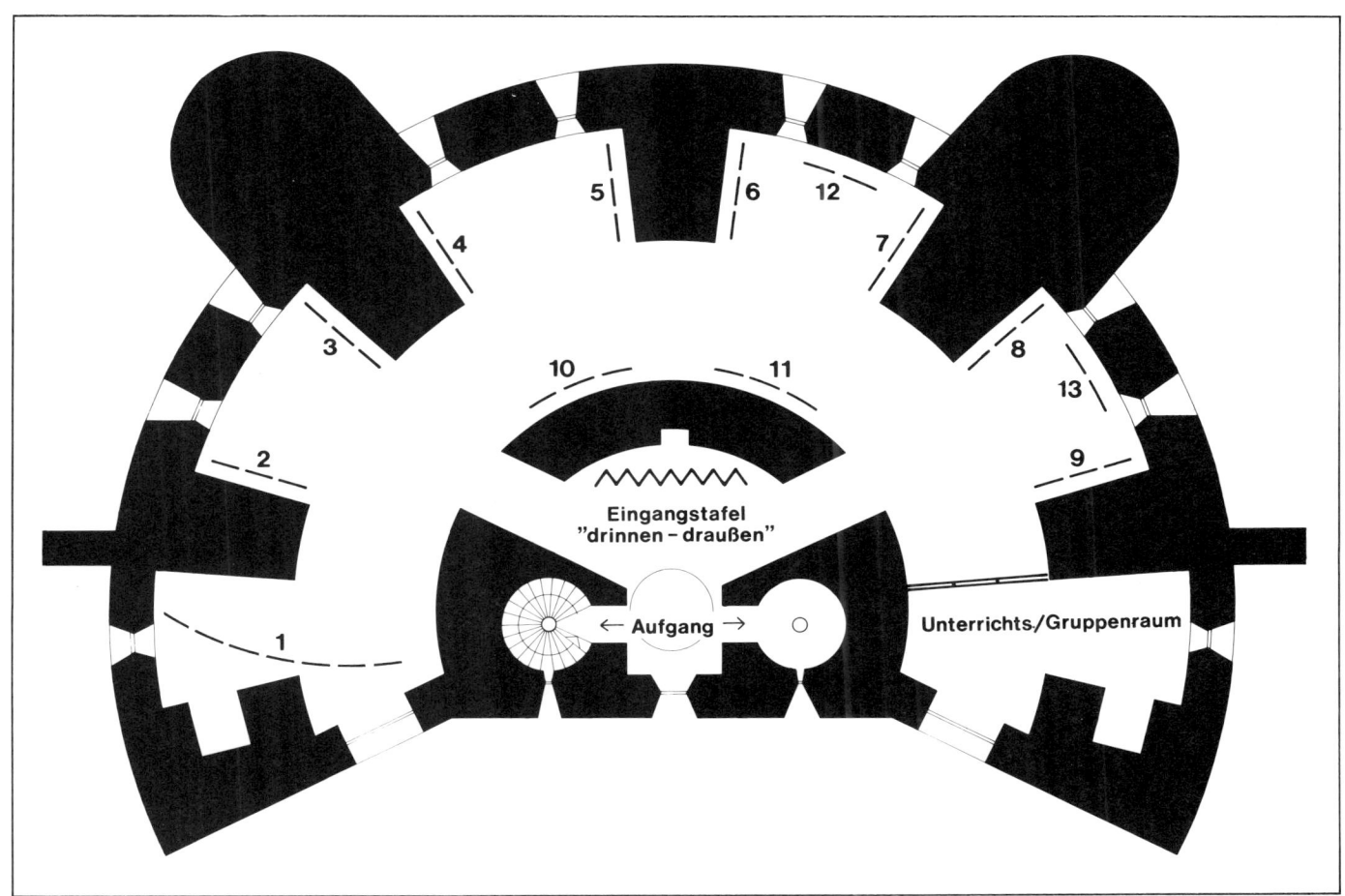

Plan der Ausstellung auf dem Stand vom 19. Mai 1985, Teil I, Hauptgebäude, erster Stock.

Das KZ Oberer Kuhberg und seine Häftlinge
Plan der Ausstellung auf dem Stand vom 19. Mai 1985, Teil I, Hauptgebäude, erster Stock.

1
Zehn Vorschalttafeln
Das Fort Oberer Kuhberg: ein deutsches Baudenkmal – Entstehung und Entwicklung des KZ-Systems – Stellung des KZ Oberer Kuhberg – Pädagogisches und gestalterisches Konzept –

Die Geschichte der Initiative »Dokumentationszentrum«.

Das KZ Oberer Kuhberg, Häftlingsbiographien
2
Kommandant und Wachmannschaft. Haftbedingungen
3
Ludwig Herr
Kurt Schumacher
4
Pfarrer Josef Leißle
Pfarrer Josef Sturm

5
Pfarrer Alois Dangelmaier
6
Familie Fischer:
eine Arbeiterfamilie
im Widerstand
7
Albert Fischer senior
Albert Fischer junior
8
Kurt Jankowski
Karl Wieland
9
Julius Schätzle

In Vorbereitung:
NS-Zeit in Ulm
10
Entwicklung des Nationalsozialismus in Ulm
11
Krieg und Zwangsarbeit in Ulm
12
Widerstand:
Oberstleutnant Finckh,
»Weiße Rose«, Pfarrer Weiß
13
Rassismus:
Judenverfolgung, »Euthanasie«

Kuhberg, das unterirdische Konzentrationslager

[...] Eine halbe Stunde Wegzeit von Ulm liegt der Kuhberg, ein altes militärisches Fort, das zum größten Teil unterirdisch angelegt ist. Nur ein dicker Turm, heute Kommandantur genannt, ragt mit zwei Stockwerken aus dem Boden. Unter der Erde liegt der sogenannte »Zeppelinbau« und außerhalb des Hauptlagers, ebenfalls unterirdisch, der sogenannte »Panzerkreuzer«. Hier sind die Häftlinge stufenweise untergebracht. In den »Panzerkreuzer« kommen die Neueingelieferten, Stufe E. [...]
Zwischen Eisen- und Stacheldrahtzaun befindet sich die Bewachung: SS in grüner Schupouniform mit Stahlhelm, Karabiner und Seitengewehr. Innerhalb des Lagers und während der Arbeit wird die Wache von SA-Leuten in Uniform mit 0,8-Pistolen gestellt. Die Gefangenen werden in alte schwarze Berliner Straßenbahn-Uniformen gesteckt. Mit Mennige sind an Hosenbeinen und Ärmeln rote Streifen und Kreuze gemalt, damit jeder derart Uniformierte gekennzeichnet ist, der einen Fluchtversuch unternimmt. [...]
Die Haare werden ganz glatt heruntergeschnitten, in Stufe E müssen die Gefangenen dabei in der Kniebeuge bleiben, was natürlich eine furchtbare Tortur bedeutet. Die Gefangenen leiden an Mittelohrentzündung, Eiterungen und vielen anderen Krankheiten. Jeder, der neu eingeliefert wird, bekommt Prügel, Ohrfeigen, Fußtritte. [...]

Auszüge aus »Informationen ...« (mittlere Tafel, Dokument 1,2,3)

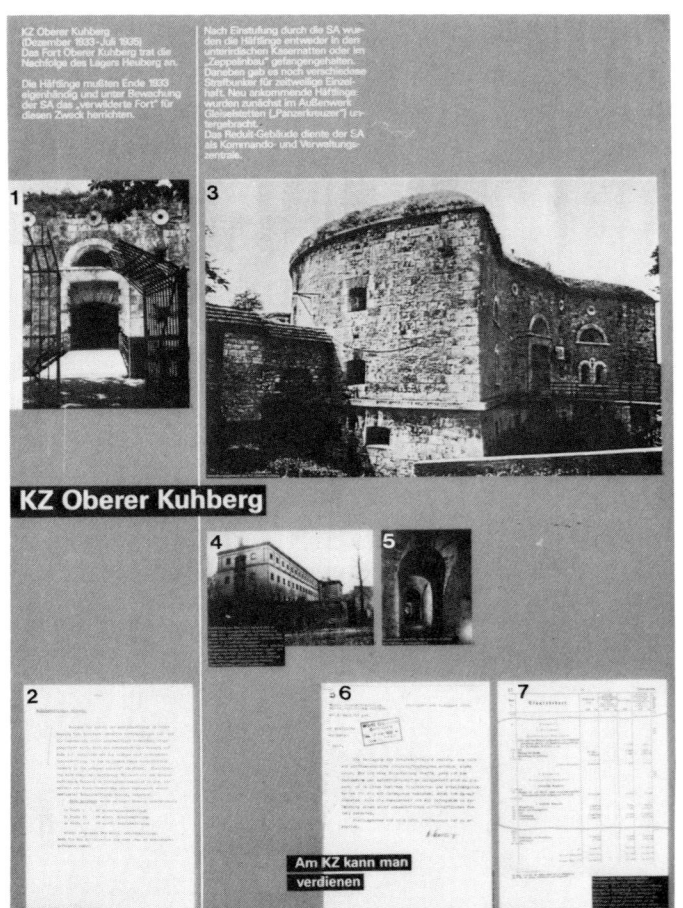

KZ Oberer Kuhberg

Am KZ kann man verdienen

KZ Oberer Kuhberg (November 1933 bis Juli 1935)
1
Eingang zum Reduit-Gebäude (= Kommandoturm).
2
Lagebericht der württ. Pol. Polizei, 30.11.1933: KZ Heuberg (264 Häftlinge) und Garnisonsgefängnis Ulm (ca. 60 Häftlinge) werden aufgelöst.
3
Kommandoturm. Links vorne Eingang zum Lager.
4
Garnisonsgefängnis Ulm.

5
Kasematten, Gefangenenräume im KZ Kuhberg.
6
5.8.1933:
Dr. Hermann Mattheiß, Chef der Politischen Polizei in Württemberg, die die Aufsicht über die »Schutzhaftlager« hat, schreibt an alle Oberämter (Landkreise) und sucht ein Ersatzlager für den Heuberg.
7
Ausgaben des württembergischen Staatshaushalts für »Schutzhaft«, 1.4.1933 bis 31.3.1935.

Zustände im KZ Oberer Kuhberg, Kommandant Karl Buck (Mittlere Tafel)
1, 2, 3
Auszüge aus »Informationen aus Deutschland für die Presse, Organisationen, Hilfskomitees, herausgegeben von der Roten Hilfe Deutschlands«, Nr. 7/35, 9.4.1935. Abschrift des »Württ. Politischen Polizeiamtes« vom 23.5.1935.
Diese »Informationen« enthalten auf drei Seiten Beschreibungen der Zustände im KZ Kuhberg.

4
Kundgebung der »Roten Hilfe Deutschlands« (RHD) 1929 im Berliner Sportpalast.
Die »Rote Hilfe Deutschlands« und die »Internationale Rote Hilfe« (IRH) wurden 1921 und 1924 als Gefangenenhilfsorganisationen gegründet. Ihre Mitglieder waren in der Mehrzahl Kommunisten. Im Faschismus unterstützten RHD und IRH KZ-Häftlinge und deren Angehörige. Sie gehörten zu den Widerstandsorganisationen, deren Zerschlagung den Nationalsozialisten trotz massiven Terrors nicht gelang.

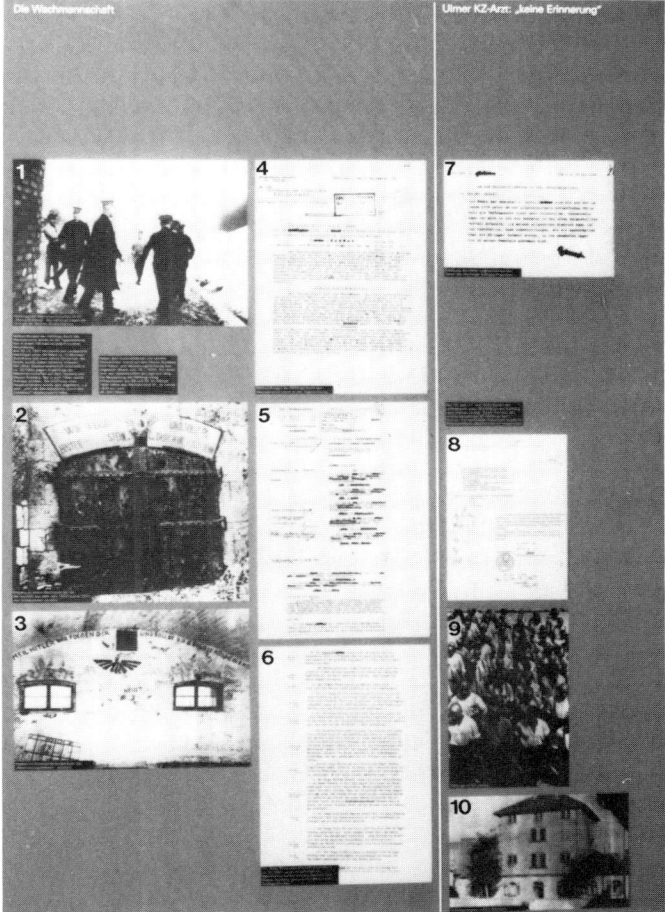

5, 6
Karl Buck im Dienstwagen; französisches Polizeifoto von Buck (1945/46). Der Kommandant Karl Gustav Wilhelm Buck (1894–1977) verliert im Ersten Weltkrieg (Leutnant) ein Bein. Technisches Studium, Dipl.-Ingenieur; Arbeit im Ausland. Kreisleiter der NSDAP in Welzheim. 1933 bis 1940 Kommandant der württembergischen Konzentrationslager Heuberg, Kuhberg, Welzheim. SS-Hauptsturmführer. 1940 Kommandant des KZ Schirmeck-Vorbruck (Elsaß). 1945 verhaftet und in drei Prozessen von britischem und französischem

Gericht zweimal zum Tod und zu zwanzig Jahren Gefängnis verurteilt. 1955 von Frankreich als Kriegsverbrecher an die Bundesrepublik ausgeliefert. Er wurde freigelassen und erhielt bis zu seinem Tod 1977 eine Pension.

**Häftlinge
und Wachmannschaften**
(Rechte Tafel)
1
Einzig erhaltenes Foto aus der KZ-Zeit des Kuhberg von Januar 1934. In den dunklen Uniformen die Häftlinge.

2
Eingang zum Turm der Wachmannschaften (zur Schrift vgl. S. 48)
3
Bei der Renovierung zerstörte Fresken im »Kommandoturm«.
4
Anklageschrift vom 9.9.1947 beim Landgericht Hechingen gegen einen SA-Mann. Er war der einzige Wachmann, der verurteilt wurde.
5, 6
Antrag auf Anklageerhebung beim Landgericht Ulm in etwa 50 Fällen gegen Angehörige der Wachmannschaft

auf dem Heuberg und dem Kuhberg vom 15.4.1950.
7
Der Lagerarzt am 4.3.1947: »Ausschreitungen sind [...] nie zu meiner Kenntnis gekommen.«
8
Rundbrief Innenministerium vom 18.7.1935: KZ Kuhberg wird »aus Ersparnisgründen« geschlossen, Häftlinge kommen nach Dachau.
9
Häftlinge im KZ Dachau.
10
Polizeigefängnis und KZ Welzheim.

15

Oberhetzer Schumacher verhaftet

Wie wir von zuständiger Seite erfahren, wurde der berüchtigte sozialdemokratische Reichstagsabgeordnete Schumacher auf Veranlassung der württembergischen Politischen Polizei in Wuppertal verhaftet. Die Politische Polizei hat seine Überführung auf den Heuberg angeordnet. [...]
Mit Dr. Schumacher ist einer der schamlosesten sozialdemokratischen Hetzer nicht nur Württembergs, sondern ganz Deutschlands unschädlich gemacht worden. Mit einem an Hysterie grenzenden, verbrecherischen Haß bespie und verleumdete er nationalsozialistische Führer und die nationalsozialistische Bewegung. Kein Württemberger wird es je vergessen, wie der rote Obergenosse in öffentlichen Versammlungen und in der »Schwäbischen Tagwacht« vom Leder zog. Seine Anwürfe gegen die nationalsozialistische Freiheitsbewegung waren so abgrundtief gemein, daß Dr. Schumacher nicht mehr erwarten kann, als politischer Gegner, sondern nur noch kriminell bewertet zu werden. [...]
Wir sprechen nur den Wunsch der breitesten Öffentlichkeit aus, wenn wir den Fall Schumacher der Politischen Polizei einer Sonderbehandlung empfehlen, denn was dieser SPD-Genosse auf dem Kerbholz hat, übersteigt die Grenze alles Erträglichen, auch für die, die weit davon entfernt sind, mit Rachegefühlen belastet zu sein.

Aus »NS-Kurier«, Stuttgart, 11.7.1933 (mittlere Tafel, Dokument 5).

**Ludwig Herr (1890–1945)
und sein Sohn Fritz (geboren 1914)**
1
Ludwig Herr 1930/32.
2
Familie Herr 1929:
Mutter Lina, Tochter Charlotte, Sohn Willi, Vater Ludwig, die Töchter Gertrud und Else, Sohn Fritz.
3
Fritz Herr 1932; Mitglied des »Kampfbundes gegen den Faschismus«. Von Dezember 1933 bis 19.5.1934 war der 19jährige mit seinem Vater auf dem Kuhberg.

4
Ludwig Herr mit Tochter Charlotte, Frühjahr 1929. Er hat an der rechten Hand eine Prothese. Zusammen mit Schumacher (der einarmig war) mußte er auf dem Kuhberg die Wasserpumpe bedienen.
5
Die Brüder Fritz und Willi Herr während der Lehrzeit, 1930/31.
6
Bittgesuch von Fritz Herr an den Kuhberg-Kommandanten um fünf Sprachlehrbücher. Buck vermerkt: »eines« (3.1.1934).

7
Fritz Herr mit Sohn, 1937.
8
Brief von Ludwig Herr aus dem KZ Dachau an Fritz, Februar 1944.
9
KZ Neuengamme bei Hamburg. Herr war dort bis zu seinem Tod.
10, 11
Letzter Brief von Ludwig Herr aus dem KZ Neuengamme (14.1.1945).
12, 13
Todesbescheinigung für Ludwig Herr (24.1.1945) und Benachrichtigung seiner Frau.

14
Russisches Flugblatt,
Gruß von Willi Herr aus der Gefangenschaft.
15
Willi Herr mit Vater, 1929.

**Kurt Schumacher
(1895–1952)**
1
Schumacher um 1930.
2
Schumacher beim »Reichsbannertreffen Schwarz-Rot-Gold« in Stuttgart 1932.

3
Plakat zur Kundgebung der »Eisernen Front« am Vortag der Wahl vom 5.3.1933.
4
Kundgebung am 4.3.1933 in Stuttgart.
5
»NS-Kurier«, Stuttgart, vom 11.7.1933: »Oberhetzer Schumacher verhaftet«.
6
Polizeipräsidium Berlin, in das Schumacher gebracht wird.
7, 8
Brief Schumachers an seine Freundin Maria (»Miga«) Fiechtel.

9
Schumachers »Strafbunker« auf dem Kuhberg; er war von Dezember 1933 bis Juli 1935 auf dem Kuhberg; anschließend im KZ Dachau.

Kurt Schumacher
1, 2, 3
Brief Schumachers an seine Freundin Miga, vom 13.2.1934. Er rät ihr, nach Chicago auszuwandern.
4, 5
Miga Fiechtel (1933); mit Mitgliedern der Kammeroper des Süddeutschen Rundfunks 1927.

6
Gesuch von Schumachers Mutter Gertrud (31.7.1934) an das Württ. Innenministerium, ihren Sohn aus dem KZ Kuhberg zu entlassen.
7, 8, 9, 10
Unter dem Decknamen Hanns George berichtet der ehemalige Stuttgarter Parteisekretär Erwin Schoettle am 14.7.1934 aus St. Gallen über Schumachers Behandlung auf dem Kuhberg.
11, 12
Erwin Schoettle (1899-1976) und seine Frau Helene (geboren 1903).

13, 14
Der Antwortbrief des emigrierten SPD-Parteivorstandes aus Prag.
15, 16
Häftlingsfotos und Karteikarte Schumachers aus dem KZ Dachau.
17
Ablehnender Bescheid vom 19.8.1937 aus der Führerkanzlei: Miga Fiechtel hatte gebeten, Schumacher aus dem KZ Dachau zu entlassen. Er kommt erst am 16.3.1943 schwerkrank aus Dachau.
18
Schumacher in Stuttgart 1945/46.

Schutzhaft für katholische Geistliche

Von zuständiger Stelle wird mitgeteilt:
In unzweideutiger Weise haben sich Staat und Kirche, vertreten durch ihre höchsten Führer, über ihre zuständigen Aufgabengebiete geeinigt. Bedauerlicherweise muß jedoch festgestellt werden, daß in einem Umfang, der allmählich besorgniserregend anwächst, untergeordnete Angehörige des katholischen Klerus den unmißverständlichen Richtlinien wider besseres Wissen ihre eigene Auslegung anzupassen versuchen. [...]
Da es sich in diesen Fällen um akademisch gebildete und politisch geschulte und erfahrene Männer handelt, kann nicht angenommen werden, daß sie sich der Tragweite ihrer Tätigkeit und ihrer politischen Rückwirkungen auf die ihrem Einfluß anvertrauten Volksgenossen nicht voll und ganz bewußt sein müßten. [...]
Das Verhalten der betreffenden Geistlichen kann daher nicht etwa mit Weltfremdheit oder mit harmlosem Eigensinn bezeichnet werden, sondern wird von der Öffentlichkeit als bewußte und planmäßige Gegnerschaft empfunden. [...]
Im Zuge der eingeleiteten Maßnahmen sind der Stadtpfarrer Dangelmaier aus Metzingen und der Pfarrer Sturm von Waldhausen, Oberamt Neresheim, festgenommen und in das Schutzhaftlager Kuhberg verbracht worden.

Aus »Ulmer Tagblatt«, 8.1.1934 (mittlere Tafel, Dokument 1)

Drei katholische Geistliche im KZ
1, 2, 3
Alois Dangelmaier, Josef Leissle, Josef Sturm.
4
NS-Wahlplakat (»Herausgeber Gau München Oberbayern der NSDAP«) zu den Scheinwahlen vom 12.11.1933.

Pfarrer Leissle und Pfarrer Sturm
1
Das gleichgeschaltete »Ulmer Tagblatt« berichtet am 8.1.1934 über die Verhaftung der drei Geistlichen (Textauszug siehe oben).

2
Anonymer Nazi-Brief vom 8.1.1934 an das Bischöfliche Ordinariat:
»Die Zeit für Romdreck ist dahin.«
3
Anonymer Brief an das Ordinariat vom 6.1.1934:
»Ich habe vor diesem Geistlichen große Achtung.«
4, 5
Bischof Eugenio Pacelli (Foto) fragt aus dem Vatikan am 14.1.1934 beim Bischof von Rottenburg an, was es mit den Priester-Verhaftungen auf sich habe.

6, 7
Bischof Joannes Baptista Sproll (Foto), 1870–1949, gibt als Antwort dem Vatikan am 23.1.1934 einen Situationsbericht über die Lage in der Diözese Rottenburg: »Ich fürchte für die nächste Zeit Schlimmes, sehr Schlimmes.«
8, 9, 10
Dekan Oskar Gageur, Ulm, (Foto) gibt am 10.1.1934 im Auftrag der katholischen Dekanate von Ulm, Ehingen, Laupheim, Deggingen, Riedlingen, Zwiefalten und Biberach eine Erklärung an Bischof Sproll: Man begrüße einerseits den Vorschlag des Bischofs, »das

kath. Volk durch Abhaltung von Missionen u.ä. religiös zu erneuern und zu vertiefen.« Anderseits wünsche man »durchaus im Sinne des Reichskonkordates möglichst bald in ein offenes, aufrichtiges Freundschaftsverhältnis mit dem neuen Staate zu kommen.«

Pfarrer Leissle und Pfarrer Sturm
1
Pfarrer Leissle.
2
Der »NS-Kurier« vom 19.1.1934 zählt die Verfehlungen von Leissle, Sturm und Dangelmaier auf.

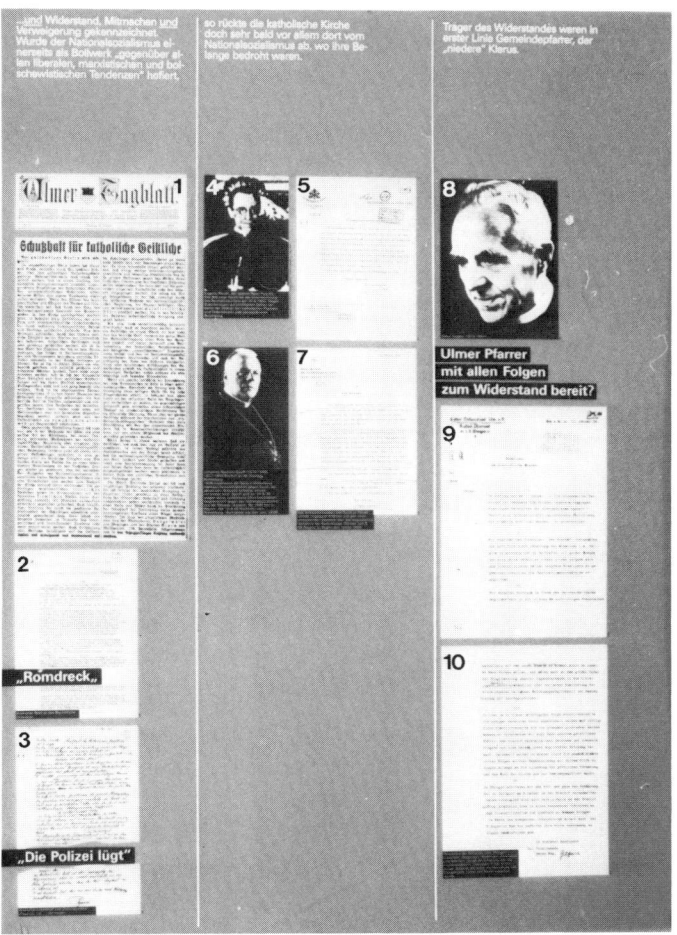

3
Die »Württembergische Politische Polizei« beschwert sich am 4.1.1934 beim Bischof von Rottenburg über die politische Betätigung von 55 Pfarrern und Vertretern des politischen Katholizismus.

4
Leissle beschwert sich beim Amtsgericht Neresheim am 11.10.1933 über die »Öffentliche Beleidigung« seiner Person (»Ein unverantwortlicher Hetzer«) in einem Artikel der Tageszeitung »Ellwanger Beobachter«, Nr. 233/1933.

5
Leissle und Sturm, zweiter und dritter von links.

6
Der kommunistische Mithäftling Emil Faller berichtet am 21. 2.1949 über die Behandlung von Pfarrer Sturm bei dessen Einlieferung auf dem Kuhberg am 6.1.1934: »Diesem wurden die Haare abgeschnitten, die SA stand um ihn herum und sang: ›Vom Himmel hoch, da komm ich her‹.«

7
Emil Faller (1904–1978) lag mit Pfarrer Sturm auf dem Kuhberg in einer Kase-

matten-Nische. Auf dem Foto Faller mit Frau und Tochter, 1935.

8, 9, 10
Brief von Josef Sturm an seine Eltern und Geschwister vom Kuhberg (23.1.1934). Die Schwärzungen stammen von der Lager-Zensur.

11
Pfarrer Josef Sturm, etwa im Jahr 1921.

12
Sturms Elternhaus.

13
Pfarrer Sturm mit Schülern der Volksschule Waldhausen, 1930.

14
»Saboteure der staatlichen Ordnung« ist der Artikel im »NS-Kurier« vom 19.1.1934 überschrieben, in dem beschrieben wird, wie sich die drei Pfarrer mißliebig gemacht haben (vergleiche Nummer 2).

Stadtpfarrer Dangelmaier aus Metzingen ...

... hat in der katholischen Kirche in Metzingen für die sechs in Köln hingerichteten Kommunisten eine heilige Messe gelesen. Zwischen ihm selbst oder der Einwohnerschaft Metzingens und den hingerichteten Kommunisten bestehen nachgewiesenermaßen keinerlei Beziehungen. Er hat ferner in der Christenlehre, die sich an den Gottesdienst anschloß, den Kölner Fall in vollkommen einseitiger Weise mit den Kindern erörtert. Er hat anläßlich seiner Vernehmung durch einen höheren Beamten der Württ. Politischen Polizei zugegeben, daß er selbst den Kölner Fall als eine hochpolitische Angelegenheit ansehe. Die gegen ihn verhängte Inschutzhaftnahme war auf Grund dieser Vorkommnisse, die von ihm mündlich in seiner Vernehmung und überdies in einem von ihm bei der Württ. Politischen Polizei eingereichten Schriftsatz bestätigt worden sind, notwendig geworden.

Aus »NS-Kurier«, 19.1.1934 (linke Tafel, Dokument 3)

Pfarrer Alois Dangelmaier (1889–1968)
1
Pfarrer Dangelmaier.
2
Dangelmaier (rechts) als Sanitätshelfer im Ersten Weltkrieg.
3
»NS-Kurier«, 19.1.1934 (siehe den oben abgedruckten Textauszug).
4
Die sechs Kölner Kommunisten: Josef Moritz, 20; Otto Waeser, 21; Hermann Hamacher, 22; Bernhard Willms, 25; Heinrich Horsch, 25; Josef Engel, 28.
5, 6
Bericht der Vertreters von Dangelmaier in Metzingen an das bischöfliche Ordinariat in Rottenburg (8.1.1934), u.a. über die Verhaftung Dangelmaiers am 5. Januar 1934.

7
Pfarrer Dangelmaier mit Metzinger Schüler.
8
Metzinger Schüler und Lehrer beim Pflanzen einer »Adolf-Hitler-Eiche«.
9, 10, 11
Brief von Dangelmaiers Nichte Bebele an den Onkel im KZ.
12
Der Vater Dangelmaiers mit vier Enkelkindern (1932/33), in der Mitte Bebele.

Pfarrer Dangelmaier
1
Einzig erhaltenes Foto (vgl. S. 15) aus dem KZ Kuhberg; dritter von links wahrscheinlich Dangelmaier.
2, 3, 4
Antwort-Brief Dangelmaiers aus dem KZ an seine Schwester Julie, die ihm den Haushalt führt.

5
Julie Dangelmaier, Mitte/Ende der dreißiger Jahre.
6
Anonymer Denunziationsbrief an die Politische Polizei über Dangelmaier als »den größten Staatsfeind, den sie bis jetzt vom Klerus vor sich stehen haben«. Die Verbindung Dangelmaiers zum ehemaligen Staatspräsidenten Eugen Bolz wird festgestellt (20.1.1934).
7, 8
Schreiben des Bischofs Sproll vom 19.2.1934 (Entwurf) an die Lagerverwaltung des Kuhberg. Bitte um Freilassung der drei Pfarrer und Zugeständnis der Bedingung, daß sie nicht mehr auf ihre alten Pfarrstellen zurückkehren.
9
Von Kommandant Buck unterzeichneter Entlassungsbescheid, »unter der Bedingung, sich nicht wieder nach Metzingen zu begeben« (20.2.1934). Aufenthaltsverbot am 14.12.1934 aufgehoben.
10, 11
Ärztliches Zeugnis für Dangelmaier vom 15.3.1934: »Symptome hochgradiger körperlicher, namentlich nervöser Erschöpfung«.

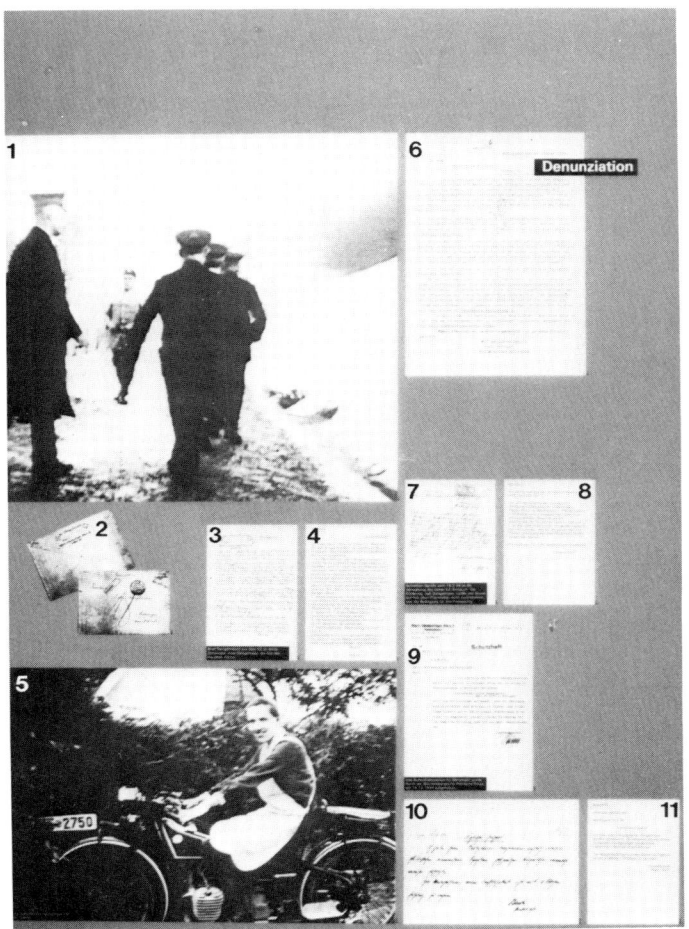

Pfarrer Dangelmaier

1
Bauern von der Uracher Alb, die dem »Führer« bei der Durchfahrt zujubeln (3.6.1933).

2
Brief des Kirchengemeinderats Nürtingen an das Bischöfliche Ordinariat (29.11.1934): Bitte um Wiederbesetzung der Pfarrstelle in Metzingen.

3
Dangelmaier als Ulmer Garnisonsvikar im Ersten Weltkrieg.

4
Der katholische Wehrkreispfarrer protestiert beim Bischöflichen Ordinariat gegen die Bewerbung Dangelmaiers um die Pfarrstelle in Ulm-Wiblingen. Diese Stelle beinhalte auch »Militärseelsorge«, was von einem »mit der Staatsgewalt in Konflikt« Gekommenen nicht erwartet werden könne (30.6.1934).

5
Eine anonyme Metzingerin an Bischof Sproll (7.2.1935), mit der Notiz des Bischofs an Dangelmaier: Er solle sich nicht so oft in Metzingen sehen lassen.

6
Der NSDAP-Kreisleiter von Urach an das Bischöfliche Ordinariat (19.1.1935): Er solle der Bewerbung Dangelmaiers als Stadtpfarrer von Urach nicht zustimmen. Der Brief wird mit einer Notiz des Bischofs »zur Kenntnisnahme« an Dangelmaier weitergeleitet.

7
Klosterkirche Wiblingen, ca. 1930.

8
Der württembergische »Kultminister« Mergenthaler entzieht Dangelmaier am 5.2.1937 »das Recht zur Erteilung des Religionsunterrichts«. Dangelmaier war seit August 1935 Stadtpfarrer von Öffingen bei Stuttgart.

9, 10
Mitteilung Dangelmaiers an das Bischöfliche Ordinariat (12.1.1944), daß er wegen »Heimtücke« vor dem Sondergericht Stuttgart (im Gerichtsgebäude, Foto) angeklagt sei. Er habe den »Deutschen Gruß« auf dem Antrag um einen Ahnenausweis durchgestrichen.

11
Muster einer »NS-Ahnentafel«.

12
Brief Dangelmaiers (23.3.1944) mit Antwort (28.3.) des Bischöflichen Ordinariats: Er sei zu 900 Reichsmark Geldbuße verurteilt worden.

Gesuch: auf Haftentlassung aus der Schutzhaft des Ernst Ott, Metzingen.

Seit 11. März 1933 befindet sich mein Mann, Ernst Ott, Metzingen, geb. 23.1.1908, auf Antrag des Polizeipräsidiums Stuttgart in Schutzhaft.
Ich erlaube mir die höfl. Bitte auszusprechen, meinen Mann aus dem Schutzhaftlager Heuberg zu entlassen. Folgende Gründe bitte ich dabei zu berücksichtigen: Mein Mann war schon 12 Jahre bei der Firma Müller und Bauer in Metzingen beschäftigt und er lt. beiliegender Bescheinigung der Firma nach seiner Entlassung sofort wieder die Arbeit aufnehmen kann. [...] Sollte jedoch die Schutzhaft längere Zeit andauern, so dürfte in Frage gestellt sein, ob eine Wiedereinstellung in Frage kommt. [...] Weiter kommt noch dazu, daß wir eine Schuld für Möbel von über M 300,- auf uns lasten haben. Ich selbst bin arbeitslos und ist es mir daher ganz unmöglich, auch nur einen Teil dieser Schulden abzutragen. [...] Zu all den angeführten Gründen möchte ich noch bemerken, daß ich seit 5 Monaten schwanger bin und seit der Verhaftung meines Mannes sich mein Zustand gesundheitlich verschlimmerte, was sich nicht nur allein auf mich auswirkte, sondern für das zu erwartende Kind äußerst bedenklich wurde. [...] Ich wage nochmals die Bitte auszusprechen unter all den angeführten Umständen einer durch das Schicksal hart betroffenen Frau beizustehen und meinen Mann aus der Schutzhaft zu entlassen. [...]

Aus: Schreiben von Hilde Ott, Metzingen, an das Polizeipräsidium Stuttgart vom 25.4.1933 (mittlere Tafel, Dokument 9)

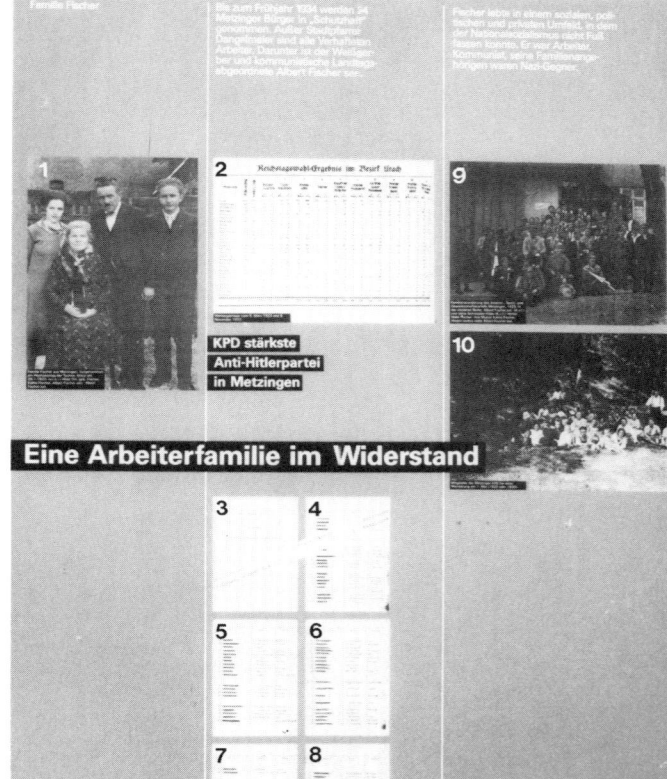

Eine Arbeiterfamilie im Widerstand

KPD stärkste Anti-Hitlerpartei in Metzingen

Die Arbeiterfamilie Fischer aus Metzingen
1
Familie Fischer (von links): Tochter Hilde, Mutter Käthe, Vater Albert, Sohn Albert. Aufgenommen am Hochzeitstag von Hilde (29.1.1933), die den Arbeiter Ernst Ott heiratet.
2
Reichstagswahlergebnisse vom 6.11.1932 und 5.3.1933 im Bezirk Urach.
3, 4, 5, 6, 7, 8
Verzeichnis der Schutzhäftlinge aus dem Oberamt Urach, unter ihnen

Fischer und Alois Dangelmaier.
9
Mitglieder der Metzinger KPD bei einer Wanderung, 1.5.1929 oder 1930.
10
Familienwanderung des Arbeiter-Sport- und Gewerkschaftskartells Metzingen, 1925, mit Familie Fischer.

Familie Fischer
1
Hilde Ott, 29.1.1933.
2
Albert und Käthe Fischer mit Enkelin, Pfingsten 1935.

3
Wachmannschaften im Konzentrationslager Heuberg.
4
Polizei-Verzeichnis 1932 »über die der Kampfgemeinschaft für Rote Sportgemeinschaft angeschlossenen Arbeiter-Sportvereinigungen und Sport-Sparten«. Auszug: »Touristenverein ›Die Naturfreunde Metzingen‹, Funktionär Ernst Ott.«.
5
Fernschreiben des Reichsinnenministers an das Staatsministerium in Stuttgart vom 23.9.1932. Es fordert »geeig-

nete Maßnahmen« gegen die für 24./25.9. in Stuttgart geplanten »Massensporttage« der »Kampfgemeinschaft für Rote Sporteinheit«. Die »Kampfgemeinschaft« war eine 1930 gegründete kommunistische Gegenorganisation gegen die von der SPD beherrschten »Arbeiter-Turn- und Sportbund«.
6
Häftlinge im KZ Heuberg.
7
»Transportschein« für Schutzhäftlinge (unter ihnen Ernst Ott) ins KZ Heuberg am 20.3.1933.

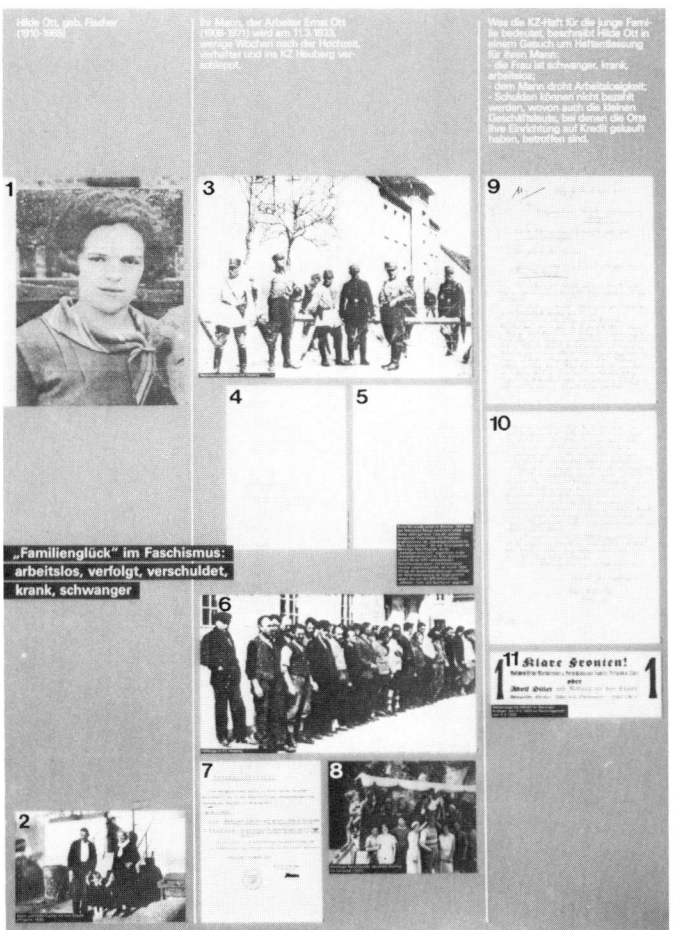

8
Metzinger Naturfreunde bei einem Ausflug ins Donautal.
9, 10
Gesuch von Hilde Ott um Entlassung ihres Mannes aus dem KZ Heuberg (siehe den auf Seite 22 abgedruckten Textauszug).
11
Wahlanzeige der NSDAP im »Metzinger Anzeiger« (4.3.1933).

Familie Fischer
1
Käthe Fischer, Januar 1933.

2
Metzinger Antifaschisten am 1. Mai 1933 im »Rößle«, dessen Pächterin Käthe Fischer war.
3
Die N.S.B.O. (= Nationalsozialistische Betriebszellen-Organisation) Metzingen bittet das Oberamt Urach um Überlassung der beschlagnahmten »Bibliothek des Arbeiterlesevereins Metzingen« (21.10.1933).
4
»1 Bücherschrank mit 2 Schiebetüren und den brauchbaren Büchern« des Metzinger Arbeiterlesevereins werden von der NSDAP-Ortsgruppe Metzingen um 30,– RM »gekauft« (30.3.1935).
5, 6
Darlehen von 50,– RM durch Käthe Fischer an den Arbeiterleseverein (7.2.1931).
7, 8
Liste der beim Arbeiterleseverein Urach beschlagnahmten Bücher, August 1933: u.a. Werke von Hauff, Heine, Gottfried Keller, Ganghofer, Nietzsche, Gogol ...
9
Käthe Fischer liest die Frauenzeitung der KPD, Sommer 1932.

10
»Leistungsbilanz« einer deutschen Stadtbücherei 1937: »Rückgang der Vielleserei«.
11
Bücherverbrennungen 10.5.1933.
12
»Liste 1 des schädlichen und unerwünschten Schrifttums«; Reichsschrifttumskammer, Oktober 1935.

Betr.: Rentensache auf Wiedergutmachung von Albert Fischer

Tatsache ist aber, daß ich mir meine chronische Bronchitis mit Asthma und Lungenerweiterung tatsächlich während meiner KZ-Zeit 1933 auf dem Heuberg, insbesondere aber im Jahre 1934 auf dem Kuhberg zugezogen habe. Dort war die Unterbringung die denkbar schlechteste.

Ich war seinerzeit auf der Stufe drei im sogenannten unteren Gang. 36 Stufen unter der Erde, wo nur Schieß-Scharten unsere Luftzufuhr und Beleuchtung war und in einem wenige qm großen Raum 7 Mann geschlafen haben. Der Boden war gewachsener Boden, naß wie in einem Feldweg. Das Wasser ist an den 1,6 m dicken Mauern heruntergelaufen. Ich war dort von Weihnachten 1933 bis 24. Dez. 1934. Die Unterbringung dort auf dem Kuhberg war so schlecht, daß niemals Menschen, nicht einmal im Jahre 1870 schwarze Kriegsgefangene dort untergebracht wurden, aber auch nicht in den Jahren 1914–1918. Es war lediglich dem Dritten Reich vorbehalten, dort unter den menschenunwürdigsten und schädlichsten Verhältnissen Menschen unterzubringen. [...]

Daß sich mein Zustand im KZ Buchenwald von Sept. 1939 – April 1945 wesentlich verschlechtert hat, ist ohne weiteres klar [...] und ersuche ich daher mir meine 100%ige Rente auf Grund der Gesundheitsschädigung im KZ zuzubilligen. [...]

Aus: Schreiben von Albert Fischer an das Versorgungsamt Rottweil a.N. vom 21.3.1951 (mittlere Tafel, Dokument 5)

Albert Fischer senior (1883–1952)
1
Albert Fischer, Januar 1933.
2
Auszug aus einer Rede Fischers im württ. Landtag am 1.12.1932.
3
Landtagsabgeordnete der württ. KPD, von links: Otto Vollmer, Karl Schneck, Albert Fischer, Gustav Köhler. Fischer und Köhler waren auf dem Kuhberg.
4
Das »Landjägerstationskommando« Urach gibt dem Oberamt Urach am 13.2.1933 eine Aufstellung über die Führer der KPD im Bezirk Urach (unter anderen Albert Fischer und Ernst Ott).
5, 6
Oberamt Urach an die Politische Polizei in Stuttgart (11. 3. und 17.6.1933): Fischer sei noch flüchtig.
7
Fischer an seine Familie, 27.5.1933: »Wie ein gehetztes Wild geht es von einem Ort zum andern.«
8
»Ulmer Tagblatt«, 12.8.1933: Albert Fischer »endlich erwischt«.
9
Das Foto von Fischers Verhaftung wurde von den Nazis in Metzingen als Postkarte verkauft.
10
Ein Entlassungsgesuch Fischers aus dem KZ Kuhberg wird vom Führer der SA-Standarte 479 in Urach abgelehnt. Fischer dürfe »nie mehr auf das deutsche Volk losgelassen werden« (18.9.1934).
11, 12, 13
Unter anderem »Entlassungs-Ausweis« für Albert Fischer (24.12.1934).
14, 15
Ankunft am Metzinger Bahnhof. – Im Freundeskreis (Weihnachten 1934).

Albert Fischer senior
1, 2, 3
Fischer verließ das Ulmer KZ als Invalide. Um seine Familie ernähren zu können, versuchte er, ein Lebensmittelgeschäft zu eröffnen. Ein Antrag wurde von Gestapo und IHK 1936 abgelehnt.
4
Mit seinem Sohn wurde Fischer bei Kriegsbeginn ins KZ Buchenwald verschleppt. Dort zeichnete ein sowjetischer Häftling sein Porträt, das im Winter 1944/45 aus dem KZ geschmuggelt und seiner Frau zum 35. Hochzeitstag übergeben wurde.

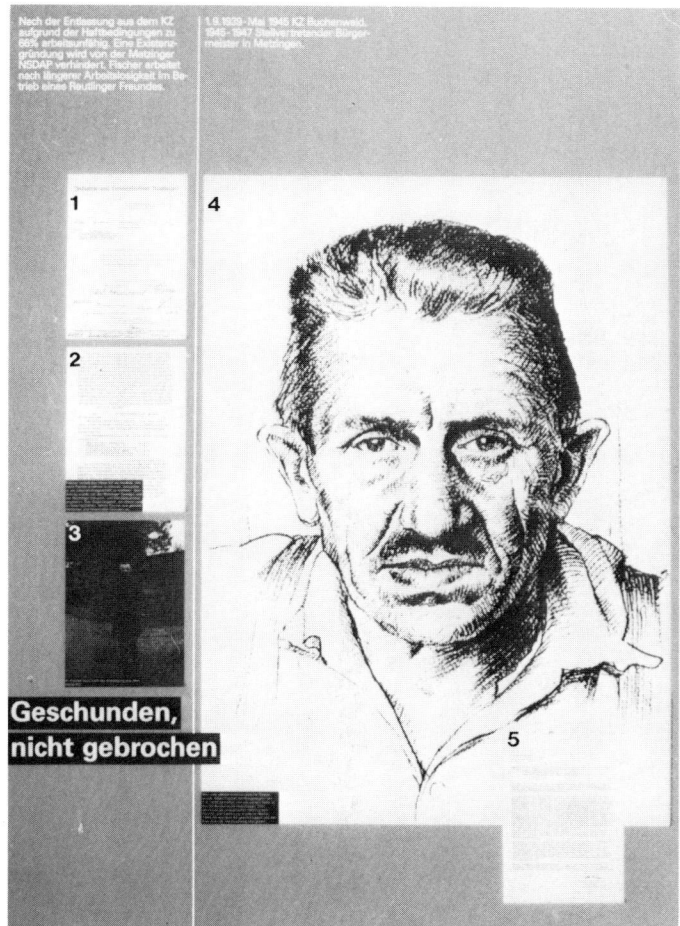

5
Antrag Fischers an das Versorgungsamt Rottweil vom 21.3.1951: Er habe
sich seine »chronische Bronchitis und
Lungenerweiterung« während seiner
KZ-Zeit, vor allem auf dem Kuhberg,
geholt und sei hundertprozentig arbeits-
unfähig.

Albert Fischer junior, geboren 1914
1
Albert Fischer junior, Januar 1933.
2
Kommunistische Kindergruppe Metzingen (nach 1920).

3
Kreisvorstand des kommunistischen Jugendverbandes in Metzingen vor dem
Haus der Fischers.
4
»Schwarzwälder Kreiszeitung«
(23.3.1933) über den Tübinger Prozeß
gegen zehn Metzinger Kommunisten,
die am 9.2.1933 gegen eine NSDAP-
Veranstaltung demonstriert hatten. Ob-
wohl »nichts wesentliches passiert
ist«, wurden sechs zu Gefängnisstrafen zwischen fünf und acht Monaten
wegen »Landfriedensbruch« verurteilt
aufgrund der »14 Zeugen aus dem La-

ger der NS«. Albert Fischer wurde zu
fünf Monaten verurteilt.
5
Brief aus dem »Stab« des »Stellvertre-
ters des Führers« an die Gestapozentra-
len der Länder, 1935: Die »Martins-
Trompete« oder »Schalmei« sei ein Instrument der KPD und deshalb in
»Volksmusikvereinen« zu verbieten.
6
Schalmeienkapelle des Rotfront-Kämp-
fer-Bundes Metzingen 1930.
7, 8, 9
Da Fischer junior auch nach seiner Haft
ein »heller Kopf« und »äußerst frecher

Bursche« geblieben sei, werden »vier
Wochen Heuberg 3. Klasse« emp-
fohlen. Die Stuttgarter Gestapo verhängt jedoch »vorerst keine Schutzhaft« (25.8.1933).
10, 11, 12
Häftlingsappell im KZ Buchenwald, in
das Vater und Sohn Fischer am
1.9.1939 verschleppt werden. – Häft-
lingsstatistik des KZ Buchenwald vom
30.9.1941, gegliedert nach Altersstufen
und zwölf »Häftlingsarten«. Insgesamt
sind zu dieser Zeit 8370 Häftlinge in
Buchenwald. – Albert Fischer nach der
Befreiung im KZ Buchenwald.

25

Kurt Jankowiki
(geb. 1911)
Buchdrucker.

Arbeitersportler.
Ab 1932 verantwortlich für den Lite-
raturvertrieb der KPD in Stuttgart.

3.7.33 -Heiligabend 1933 KZ Heuberg, Weihnachten 1933 - 29.3.1934
KZ „Oberer Kuhberg". Nach der Entlassung aus dem KZ arbeitslos, später bei der Fa. Boisch in Stuttgart beschäftigt. Ab 1936 wieder als Buchdrucker tätig. 1940 entlassen und zur
Wehrmacht eingezogen.

Ausweis

Der am .13.3.11.... zu .....Burgstädt........., gehörene,

in ....Stuttgart........., ...Hausteig.- str. 45. wohnhafte

- led. - verh. - verw. - gesch. - getr.leb. - Beruf: .Buchdrucker...

......Kurt Jankowsky............................, ist am ..3.7.33.... als

Schutzhäftling in das Württ. Schutzhaftlager Ulm a.D. eingeliefert

worden. Auf Grund der Verfügung vom heutigen Tage wird er unter fol-

genden Bedingungen entlassen:

1.) Er hat sich alle ... Tage auf dem Oberamt - zuständ.Polizei-

meldeamt - zuständ.Polizeidistrikt - Bürgermeisteramt -

in ....Stuttgart...... zu melden, erstmals am Tage der Ent-

lassung.

2.) Er hat bei der Oberamtskasse in .... eine Kaution

in Höhe von .... R.Mk. zu stellen.

3.) Er hat folgende Personen, die vom zuständigen Sonderkommissar

anerkannt sind, als Bürgen zu stellen:

1.

2.

Diese Personen haben eine Bürgschaftsurkunde unterschrieben, wonach

sie sich verpflichten, als selbstschuldnerische Bürgen an den Fiskus

des Landes Württemberg, z.Hd. der Oberamtskasse in ....

.... R.Mk. zu bezahlen für den Fall, dass der entlassene

Schutzhäftling sich irgendwelche Aeusserungen oder Betätigungen

gegen die deutsche Bewegung oder die Regierung des Reiches oder der

einzelnen Länder zu schulden kommen lässt.

Württ. Schutzhaftlager   Ulm a.D., den ....29.März 1934..
Ulm a. D.

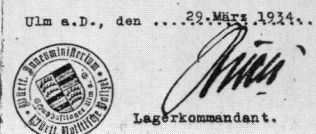

Lagerkommandant.

Bericht über einen Mord

(linke Tafel, Dokument 9)

Kurt Jankowski, geboren 1911

1
Kurt Jankowski, Ende der zwanziger Jahre.
2
Buchdrucker-Prüfungs- und Lehrzeugnis von Jankowski, März/April 1929.
3
Die Kommunistische Jugend von Burgstädt bei Chemnitz mit Jankowski (etwa 1927).
4
Arbeiter-Turn- und Sportbund Burgstädt, etwa 1928.
5
Württ. Arbeitersportfest in Reutlingen 1932, mit Jankowski.
6
Jankowskis Mitgliedsbuch der »Roten Hilfe Deutschlands« mit »Statut der Roten Hilfe«.
7
Arbeiter-Turn- und Sportbund Burgstädt, mit Jankowski, ca. 1928.
8
Jankowskis Mitgliedsbuch beim »Arbeiter-Turn- und Sportbund«.
9
»Ausweis«, siehe große Abbildung.
10
Zwei »Kostenzettel« aus dem KZ Heuberg. Text u.a.: »Der Staatskasse sind durch Instandsetzung Ihrer Schuhe und Kleidung 0:Mk. 10 Pfg. Kosten entstanden, die zu Ihren Lasten vorgemerkt wurden.«
11
Fotoserie von Jankowski, Winter 1934/44: Ein russischer Partisan wird von deutschen Wehrmachtsangehörigen aufgehängt, beim ersten Versuch reißt der Strick.

Karl Wieland (1908–1977)
1
Wehrpaß-Foto von Karl Wieland, 1941.
2
Wieland mit Arbeitskollegen um 1925.
3
Wieland mit Blasmusikkapelle, etwa 1925.
4
Wieland mit Arbeitskollegen in Stuttgart, etwa 1930.

Gegen den Hitler-Klüngel

5, 6
»Wanderkarte« Karl Wielands, 1930.
7
Rückkehr von der Wanderschaft.
8
Asperger Naturfreunde 1928/30.
9
Asperger Naturfreunde mit der Familie von Wielands Frau.
10
Stuttgarter Naturfreunde.
11, 12, 13
Kornwestheimer Naturfreundehaus bei Markgröningen vor und nach (13) der Besetzung durch die Nazis.

14
»Wiedergutmachungsbescheinigung« von 1950. Wieland sei während der NS-Zeit zwölf Monate in Haft gewesen.
15, 16
Inhaltsverzeichnis eines Päckchens, das Frieda Wieland ihrem Bruder ins KZ Heuberg geschickt hat, Juni 1933.
17
Umschlag eines Briefes seiner Schwester ins »Schutzhaftlager Heuberg, Bau 19b«.
18
»Kostenzettel« vom KZ Heuberg (25.9.1933).

19
1934, nach der Entlassung aus dem Ulmer KZ (Weihnachten 1933).

Karl Wieland
1
Arbeitslosen-Meldekarte von Wieland, 1934. Die Unterstützung betrug 6 Mark pro Woche.
2
Das Ehepaar Wieland, etwa 1939.
3
Positive »Beurteilung des Unteroffiziers Karl Wieland« vom 5.12.1944 durch den Kompanie-Chef.

4
»Anklageverfügung und Haftbefehl« Wielands vom 11.1.1945 wegen »Wehrkraftzersetzung«.
5, 6
Entlassungsschein und »Laufzettel« aus Gefängnis Torgau, 11.3.1945.
7
Karl Wieland (Mitte) und seine Frau um 1939.
8, 9
Erklärung von Hans Gerlach vom April 1946, um Wielands Entlassung aus französischer Kriegsgefangenschaft zu erwirken.

Julius Schätzle
(1905–1988)

Die Schätzle-Tafeln orientieren sich im wesentlichen an seinem »Bericht über den Kampf, das Leiden und das Sterben in deutschen Konzentrationslagern«, der 1946 unter dem Titel »Wir klagen an!« erschienen ist und aus dem im folgenden auch zitiert wird.

1
Julius Schätzle.
2
Schätzle, der gelernte Tischler, mit Freunden auf der »Walz« von Stuttgart nach Rom, 1926; hier bei Locarno.
3
Demonstration der Stuttgarter KPD mit Schätzle, Ende der zwanziger Jahre.
4
Meldung im »Deutschen Volksblatt« vom 25.1.1933, daß drei Stuttgarter Kommunisten, unter ihnen Schätzle, wegen »Vorbereitung zum Hochverrat« am 24.1. vor dem Leipziger Reichsgericht verurteilt worden seien. Schätzle war im Juni 1932 wegen »Verteilung antimilitaristischer Zersetzungsschriften« verhaftet worden, hat Weihnachten 1933 seine 18-monatige Haft verbüßt und kommt anschließend ins KZ Kuhberg (vgl. S. 36).
5
»Ulmer Sturm« vom 13.12.1933.
6
Kasematten der Stufe III, in denen u.a. auch Schätzle untergebracht war.
7
Lilo Herrmann, die 1938 in Berlin hingerichtet wird. Nach seiner Entlassung Pfingsten 1934 schließt sich Schätzle Stuttgarter Widerstandsgruppen an, denen auch Lilo Herrmann angehörte.
8
KZ Esterwegen im Emsländer Moor. Schätzle wird am 5.12.1935 erneut verhaftet, kommt ins KZ Welzheim, im Januar ins Stuttgarter Untersuchungsgefängnis. Wegen »Nicht-Anzeige geplanter Verbrechen« wird er zu zweieinhalb Jahren Gefängnis verurteilt. Die Haft verbüßt er, nach kurzer Zwischenstation im Ulmer Landesgefängnis, in einem Emsländer Moor-Lager.
9
Das »Lied der Moorsoldaten«, bekanntestes KZ-Lied, entstand 1933 im Moorlager Börgermoor. Hier eine Abschrift aus einem Sachsenhausener Lagerliederbuch von 1942.

10
Eingang zum KZ Dachau. – Nach Verbüßung seiner Strafe kommt Schätzle ein zweites Mal ins KZ Welzheim und wenig später ins KZ Dachau.
11
Wachturm im KZ Dachau.
12
Häftlinge im KZ Mauthausen (SS-Foto). Im Kriegswinter 1939/40 wird Dachau vorübergehend Ausbildungslager für SS-Truppen. Die Häftlinge werden in andere Lager verlegt. Schätzle kommt in das KZ Mauthausen.
13
KZ Mauthausen (SS-Foto).
14
Die »Todesstiege« im KZ Mauthausen (SS-Foto).
»Zur linken Seite zog die lange Schlange der blau-weiß gekleideten Häftlinge über eine 152 Stufen hohe Treppe durch die kahlen Felswände in die Höhe.«

Julius Schätzle
1
Rüstungsproduktion im KZ Dachau. – Im März 1940 wird Schätzle wieder in das KZ Dachau verlegt.
»An Stelle der planlosen und unwichtigen Arbeiten trat die Arbeit in der Rüstungsindustrie immer mehr in den Vordergrund.«
2
Beim Krematorium im KZ Dachau (illegale Aufnahme).
3
»Baum-Hängen« im KZ Buchenwald (möglicherweise nach Kriegsende nachgestellte Aufnahme).
»Bei diesem Hängen, kurz ›Baum‹ genannt, wurden dem Verurteilten mit einer eisernen Kette die Hände nach hinten zusammengeschlossen, dann mußte er einen drei Stufen hohen Tritt erklettern. Der Henker nahm das andere Kettenende, klinkte es in einem an einem Balken angebrachten Hacken ein und zog den Tritt der darauf Stehendem mit einem Ruck unter den Füßen weg. Dieser schwebte nun mit nach hinten gerissenen Armen ungefähr 20 cm über dem Boden. Im allgemeinen dauerte diese Prozedur eine Stunde.«
4
»Eine der dunkelsten Seiten des Dachauer Lagers war das Krankenrevier. Es gab Zeiten, in denen kranke Häftlinge lieber bei ihren Kameraden den Tod

erwarteten, als sich dem Revier anzuvertrauen.«
5, 6, 7
Im KZ Dachau experimentierte der Luftwaffenarzt Sigmund Rascher mit einer Unterdruckkammer:
»Durch Luftentzug wurden darin Verhältnisse geschaffen, wie sie der Flugzeugführer in großen Höhen antrifft. Besondere Instrumente und ein Fenster ließen die Vorgänge in der Unterdruckkammer überprüfen. [...] Nach Eintritt der Bewußtlosigkeit wurde in der Kammer der normale Luftdruck rasch wieder hergestellt, um so die Bedin-

gungen des Sturzfluges nachzuahmen. Bei eingetretenem Tod, was sehr oft vorkam, wurde die Leiche sofort in den Sezierraum gebracht.«
8
Im KZ Auschwitz wurden die Haare der Häftlinge zu Filzen für die Schuhe von U-Boot-Fahrern verarbeitet.
»Die grenzenlose Habgier der Nationalsozialisten begnügte sich aber nicht mit der Ausbeutung ihrer lebenden Sklaven. Im buchstäblichen Sinne des Wortes haben sie noch ihre Haut und Knochen zu Markte getragen. Selbst am toten Gegner wurde noch profitiert.«

1946 KPD Abgeordneter im 1. Landtag von Württemberg/Baden. In 2 Büchern hat Schätzle über sein Leben in deutschen Gefängnissen und Konzentrationslagern berichtet: „Wir klagen an" 1946 und „Stationen zur Hölle" 1974.

Julius Schätzle

1
KZ Neuengamme. – Im Oktober 1944 wird Schätzle in das KZ Neuengamme bei Hamburg verlegt.
»Die Verhältnisse entsprachen denen von Dachau. Nur war hier alles noch dreckiger und korrupter.«

2
Die »Athen« nach 1945. – Im April 1945 wird Neuengamme vor den heranrückenden englischen Truppen geräumt. Mit anderen Häftlingen kommt Schätzle auf das Frachtschiff »Athen« im Lübecker Hafen. Er schreibt:

»Nahezu 2000 Kameraden aus unserem Lager waren es, die mit uns auf dieses Schiff verladen wurden. [...] Die Verhältnisse waren unerträglich. Die meisten waren von Durchfall befallen. [...] Der Durst quälte uns bis zum Wahnsinn.«

3, 4
Am 26.4.1945 werden die Häftlinge der »Athen« auf das Passagierschiff »Cap Arcona« umquartiert. Schätzle schreibt:
»Wir Elendsgestalten aus Neuengamme, die wir, halb verhungert, dem Verdursten nahe, von unserem Fracht-

dampfer nach dem Luxusdampfer verladen wurden. Doch nur wenig von dieser Herrlichkeit blieb für uns übrig.«

5
Todesbescheinigung für einen auf der »Cap Arcona« an »Durchfall« verstorbenen Häftling aus Neuengamme. – Auf der »Cap Arcona« sind zeitweise über 6000 Häftlinge eingesperrt, bewacht von 500 Aufsehern. Hunger, Durst, Krankheiten quälen die Häftlinge; in den Laderäumen drohen sie zu ersticken.

6
Das Wrack der »Thielbek«. – Eine Wo-

che vor Kriegsende liegen in der Lübecker Bucht drei KZ-Schiffe mit 10 000 Häftlingen: die »Athen«, die »Cap Arcona« und die »Thielbek«. Diese Schiffe werden in der Meinung, deutsche Marine anzugreifen, von britischen Flugzeugen am 3.5.1945 bombardiert.

7
Das Wrack der »Cap Arcona«. – Schätzle schreibt:
»Wenige Minuten nach halb drei Uhr fielen die ersten Bomben neben der ›Cap Arcona‹ ins Wasser. Der zweite Wurf war ein Volltreffer. Krachend detonierten drei kleine Bomben in unserm

Raum. Auch ich war getroffen. Wieder einmal hatte im Glück im Unglück; ich konnte noch gehen und stehen.«
8
Leichen von den KZ-Schiffen am Ostseestrand. – »Unbeschreibliche Szenen spielten sich in den engen Gängen des Schiffes ab. Lebenden Fackeln gleich irrten die Menschen durch das Schiff. Der Geruch von versengtem Menschenfleisch, die Schmerzensschreie der bis zum Wahnsinn gepeinig-

ten Opfer waren auch für die stärksten Nerven nicht mehr tragbar.«
9
Leiche eines Häftlings der KZ-Flotte. »Hunderte von Häftlingen gingen über Bord und versuchten schwimmend, das Land zu erreichen. In zwölfjähriger Haft des Schwimmens entwöhnt, dazu mit der Verwundung, schien es fast aussichtslos, durch vier Kilometer eiskalten Wassers an das rettende Ufer zu gelangen – es blieb mir keine Wahl,

ich mußte über Bord! – Schätzle kann sich retten.
»Nur mit Hemd und Unterhose bekleidet, viele auch splitternackt, so wie wir den Fluten entstiegen waren, machten wir uns auf den Weg, um die Alliierten zu erreichen.«
10
Schätzle 1945.
»Zu unserer Freude über die Befreiung gesellte sich bald tiefe Trauer. Nur 400 bis 500 Überlebende hatten sich zu ret-

ten vermocht. 8000 bis 10 000 Kameraden, die alle Gefahren und Strapazen der Konzentrationslager überstanden hatten, fanden in der Stunde der Befreiung den Tod.«
11
Titelblatt von »Wir klagen an!« – Schätzles letzter Satz:
»Diesen Toten aller Nationen Europas, Asiens, Afrikas und Amerikas gelobten wir in jener Stunde, dafür zu sorgen, daß sich solches nicht wiederhole.«

1.2 Dem Leiden, dem Widerstand Namen und Datum geben ...
Unvollständiges Verzeichnis von 233 Häftlingen des Konzentrationslagers Oberer Kuhberg

Einschüchterung mal eine Woche oder vierzehn Tage auf den Kuhberg kamen, in Vergessenheit gerieten. Das hervorzuheben ist wichtig. Denn darin, kleine und kleinste Formen politischer und sozialer Unangepaßtheit, aus der Widerstand hätte werden können, einzuschüchtern, zu unterdrücken und auszulöschen, bestand eine wesentliche Funktion der Konzentrations- und sogenannten Schutzhaftlager in der späteren Anfangsphase (ab Herbst 1933) der NS-Zeit.

Die Gesamtzahl der auf dem Kuhberg Inhaftierten kann noch nicht genau angegeben werden. Sie schwankt zwischen etwa 1800 (z.B. Weidlin, Seite 41; Vorschalttafeln der Ausstellung) und 400 bis 500 (Wuttke, Schwäbische Zeitung Ulm, 2.3.1985), was mir realistischer zu sein scheint. Das Alter der Häftlinge lag zwischen 17 und 71 Jahren, im Durchschnitt vielleicht bei Mitte dreißig.
Im folgenden Verzeichnis sind diejenigen 233 Häftlinge des KZ Oberer Kuhberg aufgeführt, die vom Autor bisher erschlossen wurden. Das dürfte mehr als ein Drittel, vielleicht auch die Hälfte aller Kuhberg-Häftlinge sein.
Die Namen und Haftzeiten stammen zum Großteil aus dem Archiv der Vereinigung der Verfolgten des Naziregimes (VVN) in Stuttgart (130 Namen sind davon wiedergegeben bei Weidlin und in der Ausstellung auf dem Oberen Kuhberg), der Rest wurde aus gedruckten Quellen, Archiven und mündlichen Berichten erschlossen. Fünfzehn Namen (aus dem Archiv des Alb-Donau-Kreises) sind anonymisiert. Etwa zwanzig der hier Genannten haben im Jahr 1987 gelebt.
In diesem Verzeichnis sind viele Lücken, Ungereimtheiten, wohl auch Fehler. Die angegebenen Orte zum Beispiel sind zum Teil Geburtsorte, zum Teil Wohnorte während der Haft, zum Teil Wohnorte nach dem Krieg. Die Haftzeiten sind oft Annäherungswerte. Nicht aufgeführt, aber bei gute der Hälfte der Genannten dazuzudenken, sind KZ-Aufenthalte vor (Heuberg) und/oder nach (Dachau und andere) der Kuhberg-Zeit. Die Eigennamen dürften manchmal falsch geschrieben sein, da zum Teil auf mündlicher Überlieferung beruhen. Die hier aufgeführten Häftlinge dürften sich von den noch unbekannten anhand einiger Kriterien unterscheiden. Prominente Persönlichkeiten der Zeitgeschichte, aber auch Kommunisten dürften im Verzeichnis umfassender vertreten sein als politisch wenig oder gar nicht Organisierte bis hin zu sogenannten »Asozialen«. Denn diese haben oft nach dem Krieg noch ihre KZ-Haft als Makel empfunden und deshalb verschwiegen. Es ist in diesem Zusammenhang auch zu vermuten, daß Häftlinge mit langen Haftzeiten überrepräsentiert sind, während Häftlinge, die 1934/35 zur

	Inhaftiert von – bis
Acker, Wilfred, Stuttgart-Untertürkheim	12.1933 – 28.9.1934
Ade, Karl, Stuttgart-Wangen	12.1933 – 3.3.1934
Bader, Wilhelm, Ludwigsburg	11.1933 – 4.1934
Barth, Wilhelm, Backnang	5.1934 – ?
Bathruff, Alfred, Backnang	5.1934 – ?
Bayer, August, Ulm	2.1935 – 7.1935
Bayerlein, ?, Ludwigsburg	?
Bechtle, Reinhold, Löchgau	?
Bechtle, Wilhelm, Stuttgart-Sonnenberg	12.1933 – 10.11.1934
Begue, Albert, Stuttgart	11.1933 – 5.1934
Benz, Emil, Ulm	11.1933 – 5.1934
Berndt, Albert, Esslingen	4 bis 5 Monate
Bernsdorf, Walter, Stuttgart-Feuerbach	12.1933 – 19.5.1934
Binder, Adolf, Rutesheim	20.12.1933 – 5.5.1935
Binder, Richard, Stuttgart-Feuerbach	? – 4.1934
Birnbaum, Wilhelm, Göppingen	11.1933 – 12.1933
Bittel, Dr. Karl, Freiburg	12.1933 – ?.1934
Bleil, Gustav, Stuttgart-Ost	12.1933 – 29.4.1934
Bofinger, Karl, Stuttgart	20.11.1934 – 24.12.1934
Bolich, Karl, Neuhausen	12.1933 – 25.7.1934
Boos, Ludwig, Stuttgart-Ost	? – 11.1933
Bopp, Hans, Stuttgart	15.12.1933 – 12.8.1934
Bracher, Adolf, Pfullingen	10.1934 – 2.1935
Breder, Paul, Ulm-Söflingen	12.2.1934 – 12.8.1934
Brenner, Gotthold, Stuttgart	4 bis 5 Monate
Clasen, Rudolf, Stuttgart	?

Dangelmaier, Alois, Metzingen	6.1.1934 – 20.2.1934
Denzel, Emil, Kirchheim/Teck	?
Deuerling, Julius, Stuttgart-Bad Cannstatt	12.1933 – 27.6.1934
Dietrich, Emil, Stuttgart-Zuffenhausen	1.11.1933 – 30.8.1934
Ditter, Robert, Schwäbisch Gmünd	23.12.1933 – 5.5.1934
Dretsch, Emil, Stuttgart-Zuffenhausen	11.1933 – 30.8.1934
Durst, Albert, Stuttgart-Ost	14.12.1933 – 29.3.1934
E., J., ?	2.3.1934 – 9.3.1934
Eckert, Johannes, Niederstotzingen	? – 3.1934
Egly, Rudolf, Stuttgart-Bad Cannstatt	?
Ehmann, Adolf, Eislingen	2.12.1933 – 8.8.1934
Ehret, Robert, Backnang	6.1934 – ?
Eisemann, ?, Stuttgart-Wangen	11.1933 – 3.1934
Epple, Albert, Stuttgart	22.11.1933 – 29.4.1934
Faller, Emil, Schopfheim	3.1.1934 – ?
Fauser, Hans, Waiblingen	12.1933 – 29.3.1934
Feiler, Hermann, Stuttgart	12.1933 – 29.3.1934
Fetzer, Ernst, Schorndorf	2 Monate
Fischer, Albert, senior, Metzingen	12.1933 – 24.12.1934
Fischer, Benno, ?	?.1934
Fischer, Friedrich, Beihingen	20.12.1933 – 3.1934
Fischer, Josef, Stuttgart	11.1933 – 12.8.1934
Frech, Adolf, Stuttgart-Hedelfingen	11.1934 – 1.1934
Frey, Xaver, Gärtringen	5.12.1933 – 29.3.1934
Frohmayer, Otto, Heidenheim	12.1933 – 6.1934
G., E., ?	8.2.1935 – 28.6.1935
G., N., N.	16.2.1934 – 2.3.1934
Ganser, Eugen, Stuttgart-Wangen	12.1933 – 12.7.1934
Gänzle, Karl, Süßen	23.12.1933 – 26.1.1934
Gläser, August, Stuttgart	11.1933 – 28.3.1934
Gonser, Reinhold, Tailfingen	? – 1934
Graf, Friedrich, Backnang	11.12.1933 – 7.5.1934
Greiner, Adolf, Stuttgart	11.1933 – 22.12.1934
Grünewald, Alfred, Waiblingen	12.1933 – 5.1934
Haag, Alfred, Schwäbisch Gmünd	5.1934 – 11.7.1935
Hägele, Wilhelm, Heilbronn	12.1933 – ?
Häußermann, Albert, Maichingen	11.1933 – 24.12.1933
Häussermann, Hermann, Stuttgart-Vaihingen	?
Hartmann, Willy, Stuttgart-Stammheim	2.1934 – 5.1934
Hauser, Rudolf, Stuttgart	11.1933 – 29.3.1934
Hausmann, Hans, Esslingen	7.2.1934 – 3.1934
Heinrich, Adolf, Stuttgart-Ost	11.1933 – 29.3.1934
Heinzelmann, Konrad, Herrenberg	5.2.1934 – 31.3.1934
Heinzmann, Karl, Heilbronn	12.1933 – 12.1934
Heirich, Emil, Stuttgart	3.12.1933 – 29.3.1934
Herkert, K., Stuttgart	11.1933 – 27.2.1934
Herr, Friedrich, Kornwestheim	12.1933 – 5.1934
Herr, Ludwig, Kornwestheim	12.1933 – 7.1935
Heuberger, Oskar, Tuttlingen	4.8.1934 – 14.9.1934
Hiebber, Wilhelm, Göppingen	12.1933 – 2.1934
Hilsenbeck, Romuald, Stuttgart	21.12.1933 – 21.5.1934
Himmelbach, Bernhard, Stuttgart-Münster	12.1933 – 4.1934

Hitzler, Wilhelm, Reutlingen-Sondelfingen	4 Monate
Holzwarth, Eugen, Stuttgart-Wangen	12.1933 – 1.1934
Hopfensitz, Franz, Backnang	16.5.1934 – 14.8.1934
Huppenhauer, Karl, Stuttgart	12.1933 – 26.3.1934
Jankowski, Kurt, Stuttgart-Heumaden	25.12.1933 – 30.3.1934
Just, Arthur, Stuttgart-Zuffenhausen	12.1933 – 2.1934
Kaiser, Eugen, Stuttgart	12.1933 – 3.1934
Kamm, Gottlob, Stuttgart	?
Keck, Karl, Schnaitheim	11.3.1934 – 24.6.1934
Keinath, Arnold, Stuttgart-Zuffenhausen	18.12.1933 – 21.5.1934
Kemmler, Karl, Weilheim/Teck	7.7.1935 – 21.9.1935
Kern, Josef, Bietigheim	20.12.1933 – 20.5.1934
Kistenmaier, Georg, Rot/Laupheim	?.1934 – ?.1935
Klenk, Albrecht, Stuttgart	?
Knoll, Paul, Backnang	26.5.1934 – 8.1934
Köhler, Gustav, Stuttgart	11.1933 – 11.7.1935
König, Karl, Göppingen	11.1933 – 20.8.1934
Kraufmann, Otto, Stuttgart-Nord	12.1933 – 29.4.1934
Krenkel, Lothar, Pforzheim	12.1933 – 3.1934
Krimmer, Hermann, Backnang	26.5.1934 – 7.1934
Kröner, Karl, Heidenheim	12.1933 – 3.1934
Kruse, Bernhard, Mühlacker	12.1933 – 3.3.1934
Kunde, Karl, Ludwigsburg	25.2.1934 – 5.1934
Kunter, Erich, Sulzbach/Kocher	12.1933 – 7.1934
Lachenmaier, Hermann, Backnang	17.5.1934 – 8.1934
Lämmle, Otto, Stuttgart-Botnang	12.1933 – 4.1934
Laquai, Otto, Heidenheim	8.12.1933 – 18.12.1933
Lauterwasser, Alfred, Heilbronn	2.1935 – 2.5.1935
Layer, Fritz, Backnang	1.6.1934 – 15.8.1934
Leißle, Josef, Elchingen	5.1.1934 – 20.3.1934
Lesnisse, Emil, Stuttgart-Süd	12.1933 – 18.11.1934
Leucht, Erich, Heilbronn	12.1933 – 3.1934
Lindner, Bruno, Schwäbisch Gmünd	1933/34 ?
Link, Georg, Freudenstadt	Frühjahr 1934
Löffelhardt, Gottlieb, Riederich	11.1933 – 13.3.1934
Lohr, Alois, Neu-Ulm	12.1933 – 12.8.1934
Lotterer, ?, Urach	?
M., A., ?	16.2.1934 – 29.3.1934
M., K., ?	15.1.1934 – 25.2.1934
M., W., ?	19.2.1934 – 29.3.1934
M., W., ?	19.2.1934 – 29.3.1934
Maier, Eugen, Backnang	15.5.1934 – 14.8.1934
Maier, Wilhelm, Backnang	16.5.1934 – 16.7.1934
Manz, Erwin, Stuttgart	? – 11.7.1935
Marquardt, Hugo, Tuttlingen	9.2.1934 – 31.8.1934
Martin, Friedrich, Stuttgart	12.1933 – 29.3.1934
Martin, Heinrich, Ulm	?.1934 – ?.1935
Maurer, Emil, Metzingen	1933/34 – ?
Meisel, Johann, Ladenburg	?
Mörk, Paul, Kleinbottwar	?
Mühlich, ?, Ulm	1934 ?
Müller, Alfred, Ludwigsburg	11.1933 – 4.1934
Müller, Gottlieb, Unterjettingen	?

Müller, Wilhelm, Ludwigsburg	12.1933 – 7.1934
Müller, Wilhelm, Schnaitheim	11.1933 – 21.1.1934
Nädele, Otto, Reutlingen	18.3.1934 – 6.1934
O., W., ?	13.12.1933 – 25.3.1934
Ocker, Ludwig, Pforzheim-Sonnenberg	26.2.1934 – 19.5.1934
Oelkuch, Wilhelm, Schnaitheim	12.1933 – 21.1.1934
Oesterle, Gottlob, Göppingen	8.12.1933 – 29.3.1934
Ott, Paul, Stuttgart	11.1933 – 2.1934
Pfeifer, Robert, Stuttgart	21.12.1933 – 1.3.1934
Pfister, Karl, Ulm	?
Pflugbeil, Willi, Stuttgart	11.1933 – 1934 ?
Poller, Albert, Großsachsenheim	12.1933 – 21.1.1934
R., J., ?	23.12.1933 – 29.3.1934
Ratzinger, Josef, Heidenheim	?
Reede, Walter, ?	11.1933 – Ostern 1934
Richter, Anton, Stuttgart	12.1933 – 2.8.1934
Richter, Ernst, Stuttgart	?
Rieckert, Alfred, Esslingen	13.12.1933 – 1.5.1934
Rieckert, Fritz, Oberesslingen	13.12.1933 – 7.1934
Riexinger, Willi, Backnang	6.1934 – 8.1934
Röcker, Fritz, Ulm	1 Jahr
Rösing, Bernhard, Göppingen	14.11.1933 – 30.10.1934
Ruess, Hans, Esslingen	12.1933 – 6.1935
Rupp, Alfred, Waiblingen	11.1933 – 30.4.1934
S., G., ?	27.2.1934 – 3.3.1934
S., J., ?	12.1933 – 24.2.1934
S., L., ?	20.2.1934 – 5.3.1934
S., L., ?	12.2.1934 – 5.5.1934
S., M., ?	14.2.1934 – 26.5.1934
Sannwald, Adolf, Eibstetten	16.5.1934 – 8.1934
Sauter, Karl, Stuttgart-Zuffenhausen	11.1933 – 4.12.1933
Sautter, Gotthilf, Stuttgart-Zuffenhausen	5.2.1934 – 5.5.1934
Schäberle, Jakob, Stuttgart-Vaihingen	23.12.1933 – 10.7.1934
Schätzle, Julius, Stuttgart-Botnang	24.12.1933 – 6.1935
Schaller, Johannes, Stuttgart	9.12.1933 – 6.2.1934
Schenk, Otto, Stuttgart-Degerloch	17.9.1934 – 24.12.1934
Schleehauf, Eugen, Stuttgart-Ost	12.1933 – 7.1934
Schlotterbeck, Gotthilf, Stuttgart	?
Schmid, Willi, Stuttgart 40	? – 12.1933
Schmitt, Karl, Stuttgart-Bad Cannstatt	11.1933 – 8.1.1934
Schnairer, Franz, Stuttgart	12.1933 – 7.1934
Schneider, Fridolin, Ebingen	1934 ?
Schneider, Hans, Stuttgart-West	12.1933 – 5.1935
Schneider, Karl, Stuttgart	12.1933 – 5.1935
Schöll, Georg, Geislingen	10.12.1933 – 6.3.1934
Schön, Willi, Stuttgart	11.1933 – 2.1934
Schöne, Herbert, Schwenningen	11.1933 – 8.8.1934
Schönleber, Theo, Kirchheim/Teck	?
Schönstein, Karl, Stuttgart-Zuffenhausen	12.1933 – 2.1934
Schopf, Gottlob, Leonberg-Eltingen	11.1933 – 23.2.1934
Schreiner, Bruno, Stuttgart	12.1933 – 6.1934

Schuhbauer, Josef, Ulm	12.1933 – 6.1935
Schuhkraft, Adolf, Ulm	6.1934 – 11.7.1935
Schumacher, Dr. Kurt, Stuttgart	11.1933 – 11.7.1935
Schur, Martin, Ulm	28.12.1933 – 29.3.1934
Schuster, Max, Balingen	1.1934 – 10.1934
Schwarz, Kurt, Horrheim	12.1933 – ?.1934
Schwarz, Richard, Rutesheim	12.1933 – 20.2.1934
Schwinger, Wilhelm, Wäschenbeuren	11.12.1933 – 1.1.1934
Sieckfeld, Richard, Kornwestheim	12.1933 – 25.7.1934
Siedler, Anton, ?	1934 ?
Sontheimer, Gustav, Stuttgart-Bad Cannstatt	12.1933 – 10.7.1934
Sprinz, Walter, Ravensburg	12.1933 – 5.1934
Stecher, Johann, Stuttgart	11.11.1933 – 12.12.1934
Steudle, Albert, Sindelfingen	?
Stöhrer, Robert, Philippsburg	10.12.1933 – 30.3.1934
Stoll, Karl, Eislingen	11.1933 – 4.1934
Strauß, Erwin, Stuttgart-Wangen	11.1933 – 1.1934
Sturm, Josef, Waldhausen	6.1.1934 – 22.3.1934
Sutter, Fritz, Süd-Schwarzwald/Stuttgart	24.12.1933 – 24.12.1934
Thorn, August, Göppingen	11.1934 – 8.1934
Thumm, Albert, Oberensingen	12.1933 – 6.1.1934
Träuble, Josef, Eislingen/Fils	11.1933 – 10.4.1934
Träuble, Willi, ?	?
Ulmer, Hermann, Backnang	5.1934 – ?
Unkauf, Gottlieb, Backnang	16.5.1934 – 12.8.1934
Vater, Alois, Stuttgart	24.12.1933 – ?
Volm, ?, ?	23.12.1933 – 28.4.1934
Voltz, Jakob, Stuttgart-Wangen	12.1933 – 19.5.1934
W., A., ?	16.12.1933 – 27.8.1934
Wahl, Albert, Backnang	5.1934 – 7.1934
Wahl, Robert, Backnang	5.1934 – 7.1934
Waibel, Anton, Backnang	5.1934 – 2.5.1935
Walter, Ludwig, Stuttgart-Bad Cannstatt	11.1933 – 5.1934
Weber, Eugen, Stuttgart-Feuerbach	12.1933 – 5.1934
Weh, Gotthilf, Rutesheim	20.12.1933 – 24.3.1934
Weigle, Eugen, Backnang	16.5.1934 – 12.8.1934
Werner, Eugen, Schwäbisch Hall	5.1934 – 7.1934
Werner, Hugo, Wattenweiler	12.1933 – 3.1934
Wicker, Eugen, ?	11.1933 – 5.1934
Widmann, Emil, Neustadt	12.1933 – 7.7.1934
Wieland, Karl, Asperg	11.1933 – 12.1933
Wilms, Eugen, Backnang	5.1934 – ?
Wirth, Otto, Murrhardt	?
Wittlinger, Rainer, Stuttgart	18.12.1933 – 6.1.1934
Wölpert, Friedrich, Backnang	15.5.1934 – 16.7.1934
Wörner, Eugen, Backnang	5.1934 – ?
Wörner, Robert, Backnang	5.1934 – ?
Wurm, Frieder, Stuttgart	7.1934 – 9.1934
Ziegelmaier, Max, Heilbronn	?
Zimmermann, Max, ?	? – 11.7.1935
Zimmermann, Wilhelm, Stuttgart-Büsnau	5.1934 – 8.1934

1.3 Ich war auf dem Kuhberg
Ehemalige Häftlinge und ein Aufseher berichten

Ungefähr zwanzig ehemalige Häftlinge des KZ Oberer Kuhberg leben noch, alle weit über siebzig Jahre alt und zum Großteil an die Wohnung, ans Bett gefesselt. Dieses Buch erscheint 53 Jahre nach Auflösung des Ulmer KZ, zu einem Zeitpunkt, wo die wertvollste Quelle zur Übermittlung historischer Erfahrung, die mündliche Erzählung der Betroffenen, für immer versiegt. Wenige Film- und Tondokumente sind vorhanden, viel wurde versäumt.

So bleibt als unmittelbarstes Zeugnis die schriftliche Äußerung der Betroffenen. Als Zeugnisse mit dem geringsten Zeitabstand zum Ereignis sind Briefe kaum, Tagebücher gar nicht erhalten. Die wenigen Briefe, wie sie in der Ausstellung gezeigt werden, sind in einer erpreßten Sklavensprache abgefaßt und müssen die Beschreibung der Wirklichkeit fast völlig ausklammern. Das bedeutet, die Beschreibung der Kuhberg-Wirklichkeit setzt mit zehnjähriger Verspätung, mit der Befreiung vom NS-Regime ein. (Die einzige Ausnahme bilden die illegalen Berichte der »Roten Hilfe« und von Erwin Schöttle, vgl. Seite 14 und 17.) Allerdings sind von wohl über fünfhundert Häftlingen und nahezu einhundert Aufsehern nur etwa zwanzig persönliche Beschreibungen zur Zeit greifbar. Elf davon wurden hier ausgewählt, darunter alle bisher gedruckten; die Autoren der »Gruppe G« sind unmittelbare Zeitzeugen, das heißt, sie waren nicht auf dem Kuhberg. Kriterien der Auswahl waren Fülle bzw. Beispielhaftigkeit der Aspekte sowie die atmosphärische Dichte der Darstellung.

Diejenigen Texte, die schon anderswo gedruckt wurden, sollen auf die Bücher, denen sie entnommen sind, als weiterführende Lektüre hinweisen.
Die Texte sind aus unterschiedlichen Anlässen und in großem zeitlichen Abstand zueinander verfaßt. Vier entspringen dem Impuls und der bewundernswerten Kraft, es unmittelbar nach der Befreiung »der Welt« zu sagen, was in den KZ erlebt und erlitten wurde (Lina Haag, Alfred Rieckert, Julius Schätzle, Hans Gasparitsch und Freunde).
Drei Texte sind in gerichtlichen Zusammenhängen entstanden, nämlich das Vernehmungsprotokoll des Aufsehers E. (Juli 1945) sowie die Zeugenaussagen von Hans Ruess (1948) und Wilhelm Acker (Herbst 1955) zum Ermittlungsverfahren Buck. (Zu diesem Anlaß liegen noch einige kurze Berichte im VVN-Archiv, Stuttgart.)
Die Texte von bzw. über Joseph Schuhbauer (1974), Emil Benz (1970), Alfred Haag (1980), Alfred Lauterwasser (1981) und Hermann Krimmer (1987) entstammen Interviews. Im Fall Karl Kundes ist auf sein Erinnerungsbuch verwiesen.

Die im folgenden zitierten, zum Teil zusammengefaßten und biographisch erläuterten Texte sind für sich gültige und für viele Situationen im KZ Kuhberg charakteristische Beschreibungen. Repräsentativ für alle Häftlinge sind sie nicht, dazu ist die Zahl der Autoren zu gering.
Widersprüche oder auch offensichtliche (Erinnerungs-) Fehler in wenigen Details wurden nicht »bereinigt«, sie sind notwendiger Ausdruck mündlicher Überlieferung.

Die Häftlingsberichte sind eine entscheidende Ergänzung der in der Ausstellung gezeigten Dokumente sowie des in der historischen Darstellung rekonstruierten Sachverhalts. Sie beschreiben das individuelle Erleben und Empfinden unter den extremen, jede Menschenwürde verachtenden Bedingungen eines deutschen KZ, das hier, in unserer unmittelbaren Umgebung, seinen Ort hatte.

Die Kommandantur des KZ im Reduitgebäude des Forts Oberer Kuhberg.

Das »Außenwerk Gleiselstetten«,
von den Gefangenen »Panzerkreuzer«
genannt, gehörte zum KZ, ist hier aber
nicht eingezeichnet, da es etwa einen
Kilometer entfernt nördlich liegt.

Für Besucher des Dokumentationszentrums Oberer Kuhberg (vgl. S. 120)
sind heute nur die Häftlingsräume Stufe III und das Kommandantur-Gebäude
zugänglich. Die anderen Fort-Teile sind
zugänglich über den »Förderkreis Bundesfestung Ulm e.V.«, Dr. Otmar
Schäuffelen, Fünf-Bäume-Weg 84,
7900 Ulm.

**Das Fort Oberer Kuhberg während
seiner Nutzung als Konzentrationslager November 1933 bis Juli 1935**
Maßstab 1:1000

Der Plan hat einen historischen Grund-
riß von etwa 1880 als Vorlage (Stadtarchiv Ulm, C-10,5; Plan 169b). In diesem
Plan nicht eingezeichnete oder nicht nu-
merierte Gebäudeteile sind in ihrer
Funktion während der KZ-Zeit nicht ge-
klärt.

1
Kommandantur im Reduitgebäude.
Kellerräume unter dem Eingang: Arrestzellen. 1.Stock links: Amtsräume Buck.
1. Stock rechts: Schreibstuben.

2
Lagereingang für Gefangene.

3
Zugang Kasematten (= Gefangenenräume) Stufe III.

4
Kasematten Stufe III.
Von drei aufeinanderfolgenden Ni-
schen waren die mittlere Aufenthalts-
raum, die beiden anderen Schlafräume
mit je sieben Lagern. Hier konnten maxi-
mal 56 Häftlinge untergebracht werden.

5
Aufenthaltsturm
Wachmannschaften

6
Gefangenenräume Stufe II.

7
Sanitätsraum
(»Revier«), drei Betten.

8
**Ehemalige Artillerie-Beobachtungs-
stände mit Aufschrift »1878«.**
Strafbunker für Haag, Schumacher und
andere.

9
»Zeppelinbau«
Entlassungsstufe (Stufe I).

10
Zeitweise wohl als **Schneider- bzw.
Schusterwerkstatt** genutzt.

11
Küchenturm.

12
Gefangenenräume Stufe III.

13
Brunnen.

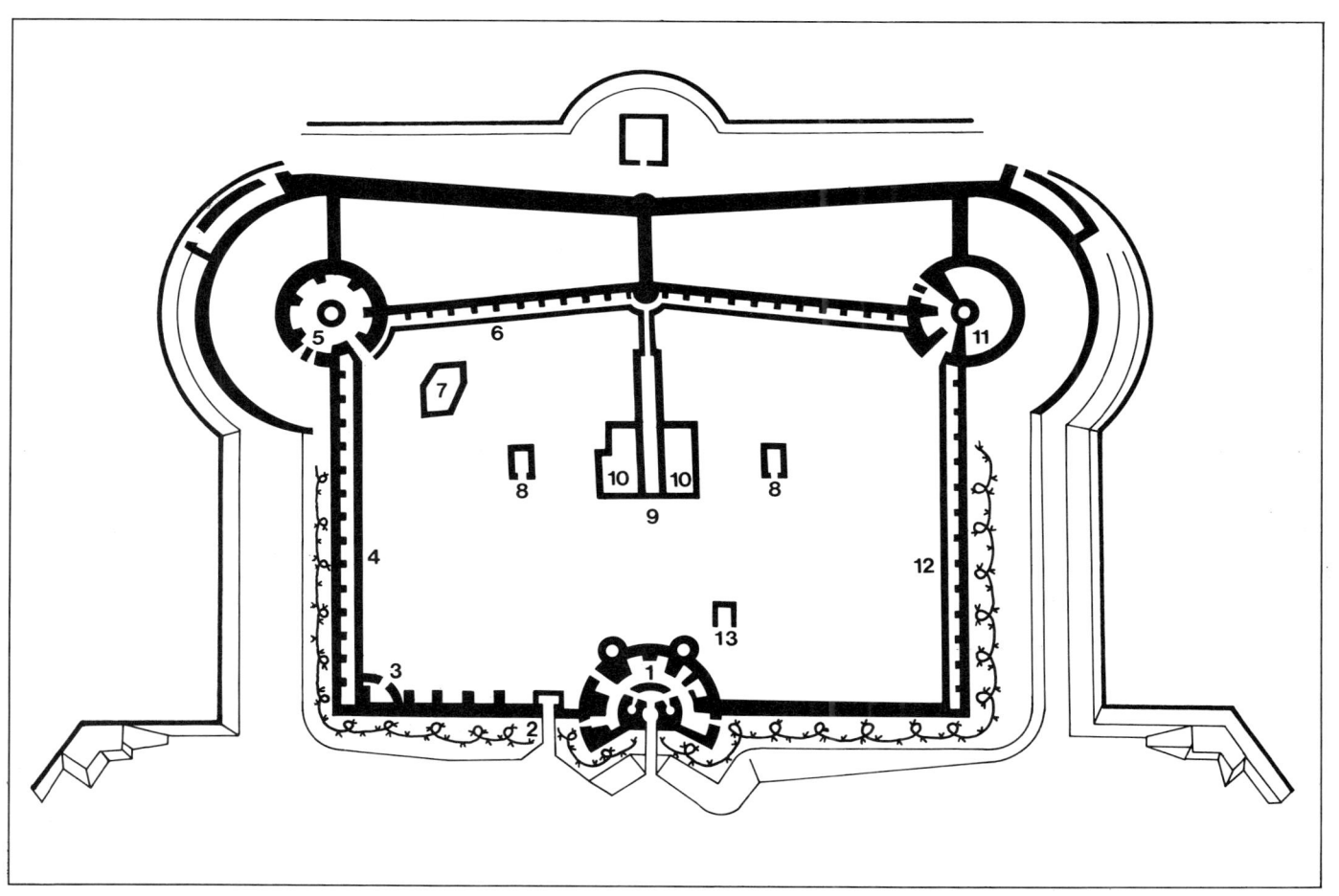

1.3.1 »... mußten wir das KZ auf dem Kuhberg herrichten«
Bericht von Emil Benz aus Ulm

Der Maler Emil Benz wohnte in Herrlingen bei Ulm und war politischer Leiter des Kreisverbandes Ulm der KPD. Er wurde im Juni 1933 verhaftet, kam ins Ulmer Garnisonsgefängnis, dann auf den Heuberg und im Herbst 1933 wieder in das Garnisonsgefängnis. In einem Interview von etwa 1970 mit dem Ulmer Journalisten Siegfried von Beöczy (S. 31–34) sagte er unter anderem:

Zusammen mit Handwerkern mußten wir das KZ auf dem Kuhberg herrichten. Wir schleppten Holz, Balken und Betten für die Wachmannschaften. [...] Als das KZ fertig eingerichtet war, kam ein größerer Transport mit Häftlingen vom Heuberg. Gleichzeitig wurden wir vom Garnisonsarresthaus auf den Kuhberg verlegt. Wir trugen ausrangierte Dienstkleidung von Angehörigen der Berliner Verkehrsgesellschaft. [...] Etwa 50 SA-Männer bildeten die Wachmannschaft. [...] Als Maler war ich meist auf einem Arbeitskommando in der Sedankaserne. [...] Im Mai 1934 wurde ich entlassen. Ich mußte mich aber noch lange Zeit täglich bei der Polizei melden.

1.3.2 »... am 24. Dezember 1933 gefesselt durch die Straßen von Ulm ...«
Julius Schätzles erster Bericht über das KZ Kuhberg

Der folgende Text entstammt Schätzles Broschüre von 1946 »Wir klagen an!«, S. 6 f. Zu Schätzles den Text erläuternden Lebensdaten vgl. S. 28. Wer der in diesem Bericht und auch von anderen Häftlingen erwähnte Flüchtling war und ob ihm die Flucht geglückt ist, konnte nicht ermittelt werden. Fred Rieckert schreibt, er sei aus dem Schwarzwald gebürtig gewesen und habe in Ulm Verwandte gehabt.
Verwiesen sei auch auf das Interview mit Schätzle von 1980 (Wenke, S. 20–46) und seine »Stationen zur Hölle«.

Ich wußte, daß ich eineinhalb Jahre Gefängnis zu verbüßen hatte und daß am 24. Dezember 1933 mein Entlassungstag war.
Jeder Gefangene wartet mit Sehnsucht auf die Stunde seiner Freiheit. Zuerst zählt man die Monate, dann die Wochen und zum Schluß die Tage bis zu dem Zeitpunkt, wo man wieder als Mensch unter Menschen leben kann. Von diesem Fieber bleibt niemand verschont.
Zwei Tage vor meiner Entlassung, am 22. Dezember 1933, zu einer ungewohnten Tageszeit öffnete sich meine Zellentür, und der eintretende Beamte eröffnete mir: »Auf Grund Ihres politischen Vorlebens besteht die Befürchtung, daß Sie sich nach Ihrer Entlassung erneut in staatsfeindlicher Richtung betätigen und damit die Sicherheit von Volk und Staat gefährden. Die Geheime Staatspolizei in Stuttgart verhängte deshalb über Sie die Schutzhaft.«
Gnädig wurde mir noch erlaubt, meiner Frau davon Mitteilung zu machen. An Stelle eines frohen Wiedersehens erhielt sie nun diese traurige Botschaft. Während ich nach Verbüßung meiner Strafe am 24. Dezember gefesselt durch die Straßen von Ulm nach dem Oberen Kuhberg geführt wurde, läuteten überall die Glocken zum friedlichen Weihnachtsfest. Für uns und unsere Familien gab es in diesem Jahr keine frohen Stunden, keine glücklichen Feiertage, keine gnadenbringende Weihnachtszeit. Für uns gab es nur Tränen und Blut. Erbarmungslos setzte die SS und die SA ihre Macht als Sieger den Besiegten gegenüber ein. Mit finsterem Blick wurde ich von dem Kommandanten Buck empfangen und als »Zugang« in die Aufnah-

mestufe geschickt. Das ganze Lager war untergebracht in den feuchten Kasematten des Fort Kuhberg. Die Neuzugänge kamen in ein Außenwerk, von den Häftlingen »Panzerkreuzer« getauft. Dieser Panzerkreuzer war ein einziger, in die Erde eingelassener Betonklotz und zu einem längeren menschlichen Aufenthalt unmöglich. Aber danach wurde im Dritten Reich nicht gefragt.

Neuzugänge waren für die SA auf dem Kuhberg immer die Zielscheiben ihrer Attacken. So ging es auch mir mit einigen anderen Kameraden in den Weihnachtstagen 1933. Ohne eine Minute Ruhe ging es im Eiltempo von früh bis spät mit Wassertragen, Essentragen, Saubermachen und vor allem Exerzieren. Dazu kamen die kleinlichen Schikanen, denen man sowohl während des Arbeitsdienstes als auch beim Aufenthalt in den Bunkern unmittelbar ausgesetzt war.

In der Neujahrsnacht gelang es einem Kameraden, seine Freiheit durch die Flucht zu erreichen. Mit einem tierischen Gebrüll stürzten sich die Wachleute nach der Entdeckung dieser Flucht auf die zurückgebliebenen Häftlinge. Mit Gewehrkolben und dem Gummiknüppel wurden wir halbangekleidet, einige sogar im Hemd, in die kalte Winternacht gejagt und in das eigentliche Fort zurückgetrieben. In den unterirdischen Kasematten dieser Feste mußten wir nun unser Leben verbringen. Die Räume waren alle feucht und kalt. Nur eine kleine Schießscharte gewährte Luft und Licht Zutritt. Der Boden war festgestampfter Lehm; bei längerer Regenzeit sickerte das Wasser durch die Decke, und unsere Räume verwandelten sich in einen Morast. Blieb der Regen aus, so gab es weder Trink- noch Waschwasser. Eine nutzbringende Beschäftigung konnte für uns nicht aufgebracht werden. Die Putz- und Flickstunde sorgte aber für eine dauernde Betätigung. Stundenlang mußte der halbverrostete Eßnapf gefummelt werden, bis auch die letzte Stelle blank gerieben war. Oder es gab endlose Kleiderappelle, bei der immer ein Teil als unvorschriftsmäßig befunden wurde. Ein Sonntag ist mir noch in Erinnerung, da mußten wir siebenmal zum Kleiderappell antreten, und jedesmal dauerte er mindestens eine Stunde. Nur die hereinbrechende Nacht bewahrte uns an diesem Tag vor weiteren Schikanen.

Die einzige Arbeit, die etwas Sinn hatte, war der Wegebau. Diese Wege waren zwar alle unnötig, aber diese Arbeit war uns doch angenehmer wie die verhaßte Putz- und Flickstunde. Material zu einem Straßenbau gab es natürlich nicht. In Kolonnen zu acht Mann mit je zwei Posten wurden wir ausgesandt, um die nötigen Steine zu suchen. Dann wurde ein kleiner Wald durchgekämmt. Aber der Ertrag dieser Aktion war sehr spärlich. Doch der Kommandant Buck schickte seine Posten mit uns immer wieder in die verschneite Winterlandschaft nach neuen Steinen. Wehe der Kolonne, die es gewagt hätte, leer zurückzukommen! Da aber absolut nichts mehr zu finden war, wurden wir zum staatlich sanktionierten Raub ausgeschickt. Markierungssteine wurden ausgerissen und zerschlagen. Einem Bauer, der zum Ausbau seines Feldweges Schottersteine angefahren hatte, wurde der größte Teil weggetragen. Angeblich überflüssige Mauern wurden niedergerissen und die Steine verwertet.

Am Pfingstsamstag 1934 geschah das Unerwartete: Mit etwa 50 Kameraden wurde ich entlassen. Vor dem Fort mußten wir noch einmal antreten, damit Buck uns einen Revers vorlesen konnte, in dem uns zur Pflicht gemacht wurde, über alle Vorkommnisse im Lager zu schweigen, andernfalls wir einer schweren Bestrafung entgegengehen würden. Ohne ihn zu lesen, wurde der Name daruntergesetzt. Mit einem Polizeiauto kamen die Stuttgarter in einer schönen Fahrt über Geislingen nach Hause. Das Gefühl eines Heimkehrenden aus diesen unwürdigen Verhältnissen läßt sich schwer schildern. In meiner eigenen Wohnung, bei meiner Mutter war ich fremd geworden. Das Leben in einer sauberen, hellen Wohnung war nach dem Aufenthalt in den dunklen, dreckigen Kasematten ungewohnt. Es konnte aber auch nie das Gefühl einer wirklichen Freiheit aufkommen. Der Arm der Gestapo hatte uns keineswegs freigelassen. Täglich mußten wir uns auf der Polizeiwache melden, und nie war man gewiß, ob man wieder nach Hause kam oder dort festgehalten würde.

1.3.3 »Ulm, dachten wir, nicht schlecht ...«
Auszüge aus Fred Rieckerts »Erlebnisbericht aus den Konzentrationslagern Heuberg und Kuhberg«

Geschrieben in der Zeit vom 30. April bis 1. August 1945 in einem amerikanischen Kriegsgefangenenlazarett, ist Fred Rieckerts »Erlebnisbericht« eines der unmittelbarsten Zeugnisse über Alltag und Leiden der Häftlinge in den KZ Heuberg und Kuhberg. Der bisher ungedruckte Bericht (VVN-Archiv, Stuttgart) umfaßt 41 Schreibmaschinenseiten und war wohl zunächst dazu gedacht, den alliierten Befreiern einen möglichst konkreten Einblick in das KZ-System zu verschaffen.
Den Bericht charakterisiert ein teils humorvoll-ironischer, manchmal auch etwas pathetischer Ton: Glück, Freude, Erleichterung über die gewonnene Freiheit werden spürbar.
Die verfügbaren biographischen Daten zu Rieckert (geboren 1.12.1904) sind spärlich. Zusammen mit seinem Bruder Fritz wurde er am 14. März 1933 als Mitglied der Esslinger KPD verhaftet. Die Brüder waren vom 21. März bis 13. Dezember auf dem Heuberg, kamen anschließend auf den Kuhberg. Fred wurde am 1. Mai 1934, sein Bruder im Juli entlassen.

Fred Rieckert 1934, nach der Entlassung aus dem KZ.

Beide fanden im väterlichen Raumausstattungs-Betrieb in Esslingen wieder Arbeit. Fritz Rieckert kam bei Kriegsbeginn bis zum Kriegsende wegen »Wehrkraftzersetzung« ins KZ Buchenwald: fünf Jahre und neun Monate. Fred kam während des Krieges zum Militär und wurde an die Front geschickt. Auf Vermittlung seines Kompaniechefs, dessen künftiger Schwager ebenfalls in Buchenwald war, konnte Fred im Sanitätsdienst bleiben. Nach dem Krieg kann er in ein amerikanisches Lazarett, da ihm von seiner KZ-Zeit, besonders vom Kuhberg, ein chronisches Magen- und Darmleiden geblieben war.
In diesem Lazarett schreibt er seinen Bericht, und er widmet ihn den Opfern: »Was mich heute zum Schreiben bewegt, ist das solidarische Gedenken an all die unglücklichen Menschenopfer, die der Nazi- und Gestapo-Gewalt zu trotzen wagten und dadurch einen Leidensweg zurücklegen mußten, der ohne übermenschliche Lebensenergie, moralische Charakterstärke, unbeugsamen Willen und dem Wissen, einer gerechten Sache zu dienen, undenkbar gewesen wäre.« Rieckert starb am 14. Juni 1974, seine Witwe lebt heute in Esslingen.
Im folgenden werden von denjenigen Seiten (27–36), die dem Kuhberg gewidmet sind, Passagen ausgewählt, die gegenüber den anderen Zeugnissen neue Aspekte bringen. Der zitierte Text blieb unverändert, die Kapitelüberschriften wurden eingefügt.

»Wir kamen vom Regen in die Traufe«
Wie die Heuberg-Häftlinge im Dezember 1933 den Kuhberg vorfanden

Also – das Lager wird nach Ulm a.D. auf den Kuhberg verlegt. Ulm, dachten wir, nicht schlecht, wenigstens eine Stadt in erreichbarer Nähe unseres Lagers. Alles andere ist nebensächlich. Der »Heuberg« ist überstanden, das Schlimmste müßte somit vorüber sein. – Unsere Weltkriegsteilnehmer sahen jedoch bedenklich drein, bei ihnen stand der Kuhberg in unangenehmer Erinnerung. Wir kamen tatsächlich vom Regen in die Traufe. Einige Tage vor Weihnachten öffnete sich uns das Tor der neuen Zwingburg, »Festung Kuhberg«, »das Grab der Toten auf Urlaub«!
[...]
Die Türen wurden geöffnet. Unsicher tastend gingen wir vorwärts in den dunklen, schmalen Gängen, und vorsichtig ging es 20 bis 25 und mehr Stufen hinunter, immer weiter ins Innere des Berges. Wir hatten doch gewiß des Lebens schlimmste Schattenseiten durchgekostet; mit dieser Unterbringung aber erfüllten sich die letzten Absichten der Niedertracht und Gemeinheit. Vor Entsetzen schaudernd und fassungslos ließen wir beim Einzug unser bißchen Gepäck aus den Händen gleiten. Die meisten starrten lebensmüde vor sich hin. Warum war das Schicksal mit uns hilflosen Menschen so grausam? – Weihnachten, das Fest der Liebe und Versöhnung stand vor der Tür.
[...]
In unterirdischen Laufgräben mit kleinen Nebengelassen, die tief in den Berg hinein- und hinunterführten, wurden wir untergebracht. An den Gewölben hingen Eiszapfen und Spinnengewebe. Der Boden war gestampftes unebenes Erdreich; feucht, kalt und schauerlich waren die »Kasematten«. Kein Tageslicht, kein Fenster gab es, nur vereinzelte Schießscharten, die früher den äußeren Festungsgürtel beschirmten.
[...]

»I sag nix, i sag nix!«
Ein Bauer, ein Geschäftsmann, ein Malermeister, ein Gendarmeriewachtmeister und katholische Geistliche als Häftlinge

Neu kam ein kleiner bäuerlicher Mann mit scharfblitzenden knitzen Augen zu uns; er war aus Seeburg bei Urach. Als er außer Atem zu uns hereingetrudelt kam, wollten wir gerne wissen, was ihn zu uns führte. Es war aber nichts aus ihm herauszubringen, er schnurrte nur: »I sag nix, i sag nix!«
[...]
Von Ravensburg bekamen wir Zugang in der Person eines jungen Geschäftsmanns, der dort eine bekannte Eisenhandlung betrieb. Er hatte sich ungünstig über das Erbhofgesetz geäußert, und schon war er bei uns, in der Gruft, »wo die Menschen den Toten gleichen, wo kein heiteres Auge mehr lacht«, wie wir oft wehmütig sangen.
Ein 71jähriger Malermeister von der Horber Gegend, der Zeit seines Lebens nie mit den Gesetzen in Konflikt geraten war, aber nun Mißfallen erregt hatte, weil er bei einer Veranstaltung nicht mitmarschierte, ging nun im gleichen Schritt und Tritt mit uns; desgleichen drei Mann aus einer Tailfinger Frisörfamilie.
Ein Gendarmeriewachtmeister, der früher im Esslinger Oberamt Dienst tat, war ein großer Pechvogel. Durch eine ungerechtfertigte Handlung seiner Frau gegenüber soll er den Weg auf den Heuberg vorgeschrieben bekommen haben. Er war als Landjäger allerlei gewohnt, nur daß er selbst Prügel beziehen mußte, ohne sich wehren zu können, das wollte ihm gar nicht in den Kopf hinein. Auch daß die Zelle von außen geschlossen wurde und er innen bleiben mußte, kam ihm spanisch vor. Es war ihm öfter recht verdrießlich zumute, zumal er sich darauf berufen konnte, einst mit Reichsstatthalter Murr in enger Zusammenarbeit tätig gewesen zu sein. Er kam gelegentlich zur Entlassung. Als er bereits die Straßen Ulms zierte, begegnete er einem Polizeioffizier, den er vom Dienst her kannte. Er glaubte, ohne Gefahr das Erlebte mit rächendem Vorsatz erzählen zu können. Als er dann den Zug heimwärts besteigen wollte, fuhr dieser ohne ihn ab; keine zwei Stunden später leistete er uns wieder – schäumend vor Wut – unliebsame Gesellschaft.
[...]
Einige Geistliche, u.a. Dangelmaier aus Metzingen und Sturm aus der Crailsheimer Gegend, waren auch unter uns, weil sie ihre Glaubenslehre unverfälscht verfochten. Wir hatten eine geistig sehr anregende und kameradschaftlich vorbildliche Stubengemeinschaft mit ihnen. Wir zollten ihnen die verdiente Achtung ob ihrer tapferen Haltung. Sie waren denselben Willkürakten wie wir ausgesetzt. In unflätigster Weise wurden auch sie zum Entleeren und Saubermachen der Behälter herangezogen, die zur Verrichtung unserer Notdurft in den Gängen aufgestellt waren. Aborte gab es ja keine in den Kasematten. – Sie mußten so tief wie möglich, mit dem Kopf voraus, den Oberkörper in die beschmutzten Behälter hineinbeugen.

»Ich verbrachte diese Tage im Turmverlies«
Aus nichtigem Anlaß in den Strafzellen im Keller des Kommandantur-Gebäudes

Ich verbrachte diese Tage im Turmverlies, in einem finstern Loch, hatte kein Bett, keine Decken zum Wärmen, nur einen Strohsack, in den ich nachts hineinkroch, um gegen die Kälte halbwegs geschützt zu sein, keinen Tisch, keinen Stuhl, kein Waschwasser, kein Buch, rein gar nichts als Nacht, Not und einen Eimer. Der gewölbte Käfig war klein und nieder, ich konnte nur in gebückter Haltung einige Schritte gehen. In einem angrenzenden Bunker tropfte das Sickerwasser in gleichmäßiger Folge. Es war wie das Ticken einer Uhr, die bald stillsteht, ja – so langsam wie ein Puls, der bald aufhört zu schlagen. Alle meine Sünden und Wohltaten, Freud- und Leidvolles durchwanderten die Sinne und erschienen vor dem geistigen Auge. Ich dachte an zu Hause.
[...]
Nebenan brummten andere Leidensgefährten; gegenseitige Unterhaltung war aber strengstens verboten.

In der Dunkelheit wußte man ja auch nie, ob es Freund oder Feind war, denn nicht selten wurden solche zur Bespitzelung zwischen uns gesteckt und unsere Stubenkameradschaft dadurch schwer beeinträchtigt, wie überhaupt das enge Zusammenleben manche Reibungen auslöste.

Wir waren noch nicht im schlimmsten Dreckloch; ein Bunker befand sich unmittelbar unter dem Durchgang des Turmbogens. Er war nur mit undicht zusammengeschobenen Holzdielen abgedeckt. Staub und Dreck, das Öl der Autos und Sprenzwasser rieselten durch die Ritzen. Diese Schandstätte war laufend belegt. Um hier Zugang zu finden, brauchte man sich nicht besonders anzustrengen. Es genügte, beim Appell aufzufallen, das Rauchverbot zu übertreten oder gar die Frechheit zu besitzen, sich über etwas zu äußern, sich nicht rasch genug links- oder rechtsum zu bewegen, einen Befehl zu überhören, nicht sofort auf Kommando morgens aufzustehen, zum Schlafen eine Unterhose anzubehalten oder einen wärmenden Pullover unter dem Kittel zu tragen, woraus Fluchtverdacht gefolgert wurde. Aus so kleinlichen Anlässen wanderte man dorthin. Ein dankbares Gefühl durchzog das Herz, ja den ganzen Menschen, wenn man das Tageslicht, Sonne, Mond und gar die Sterne wiedersehen konnte. Die einzige Abwechslung bestand darin, daß man u.a. zum Leeren des Eimers einmal täglich zehn Minuten aus diesem Kerker herauskam. Man öffnete seine Augen ganz anders als bisher, um einen Strauch oder Baum, um vielleicht ein Blümlein zu sehen.

Ein Brief bedeutete helle Wonne, einen Wink von außen, selbst wenn er eine Trauerbotschaft enthielt.

[...]

»... in eine halbwegs gesicherte Freiheit ...«
Die Entlassung am 1. Mai 1934

Nach über vier Monaten Kuhberg kam endlich die langersehnte Stunde der Befreiung aus diesem Höllendasein. Wer kann das Freudengefühl mitempfinden, wenn man nach vierzehn Monaten aus der ständigen Lebensbedrohung und Ungewißheit in eine halbwegs gesicherte Freiheit zurückkehrt? – Doch wie schmerzlich war es auf der anderen Seite, seinen Bruder ohne ein Abschiedswort dort lassen und immer daran denken zu müssen, daß so viele der Besten den Tag der Freiheit nie erleben, weil kein Funken von Menschlichkeit aufleuchtete!

Ein unsagbares Gefühl überkam mich, als nach der Papier- und Gepäckkontrolle sowie nach vollzogener Unterschrift der Entlassungspapiere die schweren, eisenbeschlagenen Tore sich hinter mir schlossen. Fluchtartig machten meine Kameraden und ich uns aus der Sichtweite, und jubelnd drang aus unserer Brust das Lied: »Der Mai ist gekommen, die Bäume schlagen aus!« Ganz verstohlen blickten wir nach rückwärts; tatsächlich, es marschiert kein drangsalierender Posten mehr hinter uns! Wie komisch und ungewohnt war es, daß wir uns ohne Befehl umdrehen und nach links und rechts blicken durften, lachen und scherzen, sprechen und singen konnten, was das Herz erfreut, ohne vorher darum bitten zu müssen, das Taschentuch benützen oder austreten konnten und einen Anzug ohne erniedrigende Kennzeichnung tragen durften!

[...]

1.3.4 Vom Kuhberg in die Emigration

Karl Kunde: »Die Odyssee eines Arbeiters«
(Stuttgart 1985)

Karl Kunde kommt an seinem 30. Geburtstag, am
25. Februar 1934, ins KZ Oberer Kuhberg. Ende Mai
wird er entlassen; es gelingt ihm, in die Schweiz zu
emigrieren. Nun beginnt das, was der Titel seines Buches ankündigt: »Die Odyssee eines Arbeiters.«

Karl Kunde stammt aus einer Neustettiner Arbeiterfamilie, deren »ständiger Begleiter [...] Hunger und nochmals Hunger war«.
Auf der Suche nach Arbeit kommt er 1924 erstmals
nach Ludwigsburg und tritt dort als Arbeitsloser 1928
der KPD bei: »Vor dem Arbeitsamt war nur die KPD
präsent.« Ab 1930 gehört er dem engeren Funktionärs-
kreis der Partei an.
Als sehr vom Militär geprägte Garnisonsstadt hatte
Ludwigsburg wohl Ähnlichkeiten mit Ulm. Industrie
und Arbeiterbewegung waren allerdings stärker entwickelt, es war »keine Nazi-Hochburg«.
Nach der Reichstagswahl vom 5. März 1933 wird Kunde verhaftet, kommt im April auf den Heuberg, im
Februar 1934 auf den Kuhberg. Was er über den Kuhberg zu berichten hat (S. 21-24), deckt sich weitgehend mit Schätzles »Stationen zur Hölle«, mit Ausnahme der Episode eines Polizei-Spitzels unter den Mitge-
fangenen; übrigens der einzig überlieferte derartige
Fall auf dem Kuhberg.

Den Hauptteil seines Buches nehmen Erfahrungen
und Tätigkeit im Exil-Widerstand ein, vor dem Hintergrund einer zehn Jahre erduldeten Emigranten-Misere
»mit ständiger Furcht vor Verhaftungen und Auswei-
sungen, ohne Paß und Aufenthaltserlaubnis«. Kunde
hat die französischen Internierungslager in Les Milles
und Gurs erlebt, und er war schließlich dabei, als die
Satzung der »Bewegung Freies Deutschland in der
Schweiz« entworfen und eine der wichtigsten literari-
schen Emigrantenzeitschriften, »Über die Grenzen«,
erarbeitet wurde. (Ein Nachdruck dieser Zeitschrift soll
1988 in den »Edizioni San Pietro«, Ascona, und im
Verlag des Zentralantiquariats der DDR, Leipzig, erscheinen.)
Das Buch ist leicht lesbar und sorgfältig bearbeitet,
das heißt mit Fotos, Dokumenten und einem erläuternden Interview ausgestattet. Da ist ungeschminkt die
Rede von den Enttäuschungen und Schwierigkeiten
in Deutschland nach der Rückkehr aus dem Exil im
Mai 1945.
Kunde lebt heute in Ludwigsburg.

1.3.5 »Ich grüße keinen Geßlerhut«
Lina Haag und Alfred Haag über das KZ Kuhberg

Im Mai 1944, als es endlich soweit war, daß man das Ende des furchtbaren zwölfjährigen Nazimordens und ihres angezettelten Krieges mit Gewißheit voraussagen konnte, wurde mir klar, daß danach sofort Stimmen dasein mußten, die Zeugnisse und lautstarke Wahrheitsbeweise dokumentieren müßten: Überlebende aus den Gefängnissen und den Konzentrationslagern. Es mußten Menschen sein, denen geglaubt werden konnte. Persönlich und ideell integre Menschen, die beweisen konnten, daß sie gegen eine unwahrscheinliche Übermacht der Rechtlosigkeit und Gewalt mit nichts als ihren empörten Fäusten zurückschlagen konnten. Und auch das war wichtig: Unter ihnen gab es viele mutige Frauen.
Ich spürte die Notwendigkeit, daß alle überlebenden Antifaschisten, soweit sie körperlich noch dazu in der Lage waren, ihr Wissen um die massierten Verbrechen verbreiten müßten. Nicht mit unwahrer Heldenpose, sondern einfach so, wie es war, wie man es beweisen konnte.

Der Bericht, der da in Form eines langen Briefes an den Mann im Mai 1944 entsteht, ist Lina Haags »Eine Handvoll Staub«. Zwei Tage nach dem Einmarsch der Amerikaner übergibt sie das Manuskript einem jüdisch-amerikanischen Offizier. Anfang 1947 erscheint es als eines der ersten Widerstandsdokumente im Nürnberger Nest-Verlag (Haag, nach der Ausgabe von 1977, S. 5). Vierzig Jahre später, 1987, ist »Eine Handvoll Staub« in einer Auflage von fast einer halben Million Exemplaren weltweit verbreitet.
Dieses Buch ist ein »Klassiker« der Widerstands-Literatur, geschrieben in einer schmucklos-leidenschaftlichen, kaum gealterten Sprache. Besonders junge Leute, die nicht nur wissen, sondern auch fühlen wollen, was denn das Zerstörerisch-Menschenverachtende am NS-Staat war, sind von diesem Buch gefesselt.
Für Kuhberg-Besucher, speziell für Schüler (ab zwölf) und Lehrer, ist »Eine Handvoll Staub« fast eine Pflichtlektüre. Denn hier, im Landesgefängnis und im KZ Kuhberg, begann das Leiden des Alfred Haag und das Leiden seiner Frau Lina und ihrer beider Tochter Kätle (geboren am 10. August 1927).
Im folgenden sollen die Ulm betreffenden Passagen aus Lina Haags Buch sowie aus einem Interview mit Alfred Haag von 1980 (Wenke, S. 41–61) zitiert werden. Dazu kommen noch einige biographische Ergänzungen.

Pauline (Lina) Haag, geborene Jäger, am 18. Januar 1907 in Schwäbisch Gmünd als ältestes Kind einer Arbeiterfamilie zur Welt gekommen, arbeitet nach der Schule in verschiedenen Fabriken. Von 1929 bis 1931 lebt sie als Kindermädchen in Buenos Aires. 1925 bis 1927 ist sie in der kommunistischen Jugend, anschließend in der KPD. Sie heiratet am 14. April 1927 Alfred Haag und wird seine Mitarbeiterin, als er nach den Württembergischen Wahlen vom 10. April 1932 in den Landtag einzieht.

Alfred Haag ist am 15. Dezember 1904 als Kind einer Schwäbisch-Gmünder Arbeiterfamilie geboren. Er wird Schreiner, 1931 dann Geschäftsführer beim Stuttgarter Verlag der »Süddeutschen Arbeiterzeitung«. Haag wird 1921 Mitglied des kommunistischen Jugendverbandes (KJVD) und tritt 1925 in die KPD ein. Er wird Gemeinderat in Schwäbisch Gmünd und 1932 jüngster Abgeordneter im Württembergischen Landtag.
Haag war einer der kämpferischen Exponenten der Kommunisten in Württemberg und hatte vor allem als kompromißloser Nazigegner einen relativ hohen publizisti-

Alfred Haag, Mitglied des Württ. Landtags seit April 1932 (Fahrtausweis).

Lina Haag 1933 in ihrer Wohnung in Schwäbisch Gmünd.

schen Bekanntheitsgrad. Er war für die Nazis wohl als Kommunist das, was der zehn Jahre ältere Kurt Schumacher für sie als Sozialdemokrat war. Zusammen mit Schumacher gehört er dann im KZ Kuhberg zur »politischen Prominenz« und ist damit wie Schumacher Objekt besonderer Aufmerksamkeit und spezieller Schikanen. Haag wird am Morgen des 12. Februar 1933 (Sonntag) aus dem Bett geholt und mit 76 Anhängern der Partei verhaftet. Am Abend zuvor war es nach NSDAP-Wahlveranstaltungen in Mutlangen und Lindach (Oberamt Gmünd) zu Auseinandersetzungen, nach der Lindacher Veranstaltung wohl auch zu Schießereien gekommen. (Das Verhaftungsdatum entspricht dem Gerichtsurteil – DZOK-Archiv; das Datum 31. Januar bei Lina Haag und 11. Februar bei Wenke ist wohl unrichtig.)

»Gegen fünf Uhr morgens sind sie da«
Die Situation der Verhaftung

Gegen fünf Uhr morgens sind sie da. Sturmriemen unterm Kinn, Revolver, Gummiknüppel. Reißen die Kästen auf, werfen die Kleider heraus, stülpen die Schubladen um, durchwühlen den Schreibtisch. Ich kenne den politischen Kampf, auch Haussuchungen sind mir nicht neu. Aber das ist etwas anderes. Sie steigen auf die Stühle, fegen die Schachteln von den Schränken, hängen die Bilder aus, klopfen die Wände ab. Alles sehr rasch, rücksichtslos, mit einem widerlichen Eifer und sichtlicher Lust. Sie suchen nicht, sie hausen nur, treten mit ihren Stiefeln auf der frischen Wäsche herum, die am Boden liegt, lesen mit schamloser Neugierde unsere Briefe, lassen mich, zitternd vor Erregung und Kälte, im Unterrock an Kätles Bettchen stehen, laufen sinnlos hin und her, aus und ein, stecken die Köpfe zusammen, grinsen, fluchen, weiden sich an unserer Hilflosigkeit. Dabei sind wir ihnen keineswegs fremd, sie kennen uns und wir kennen sie, es sind erwachsene Menschen, Mitbürger, Nachbarn, wenn man will, Familienväter, kleine ordentliche Leute. Wir haben ihnen nichts getan, und dennoch betrachten sie uns jetzt voll Haß, die entsicherten Pistolen griffbereit vor sich auf Tisch und Schrank. Das begreife ich nicht.
Noch weniger begreife ich, daß du plötzlich im Mantel bist. »Was ist denn?« frage ich erschrocken. »Na, ja«, sagst du und zuckst die Achseln. »Los, los!« kommandiert einer dieser Menschen. »Du bist doch Abgeordneter«, rufe ich. »Abgeordneter«, lacht der Kerl, »habt ihr's gehört!« Dann fängt er zu schreien an.

»Kommune seid ihr«, schreit er, »aber mit euch Dreckspack wird jetzt aufgeräumt!« Kätle streckt die Hände nach dir aus und will dich halten. Sehen das diese Menschen nicht? Nein, sie sehen es nicht. Sie sagen, du sollst machen, daß du weiter kommst. »Adieu!« Keine Hand. Zwischen dir und mir steht der Kerl. Ich kann nur noch nicken. Die Tränen sitzen mir im Hals. Alles verschwimmt. Ich will dir nachrufen, da geht schon die Wohnungstür.

Haag kommt in Untersuchungshaft und wird am 26./27. April 1933 wegen »Landfriedensbruchs« und als »Rädelsführer« vor dem Landgericht Ellwangen zu einem Jahr Gefängnis verurteilt. Lina Haag wird am 28. Februar 1933 verhaftet und kommt bis Weihnachten 1933 ins Landesgefängnis Gotteszell-Gmünd in »Schutzhaft«. Die Gründe:

Sie holen mich, weil der Reichstag brennt. Der Reichstag brennt, weil sie einen Anlaß brauchen, um die KPD zu zerschlagen. Ich bin bei der KPD. Deshalb holen sie mich. Ich habe keine Verbrechen begangen, aber sie führen mich ab wie eine Verbrecherin. Sie sehen, daß das Mittagessen auf dem Feuer steht, daß ich ein Kind habe, daß ich nicht einfach alles liegen und stehen lassen kann. Trotzdem hetzen sie mich. Sie geben das Kind der Nachbarin. Sie nehmen meinen Mantel vom Haken und werfen ihn mir hin. »Hopp, hopp«, sagen sie. Sie haben es eilig. Sie müssen den neuen Herren beweisen, daß sie zuverlässig sind. Sie müssen die Gefängnisse füllen. Immer hopp-hopp. Die »unblutigste« Revolution aller Zeiten verlangt ihre Opfer. Und der Tag ist kurz.

»... ohne Begründung ins KZ ...«
Alfred Haag auf dem Kuhberg

Alfred Haag wird nach der Verbüßung der Haftzeit in Ulm nicht freigelassen, sondern kommt im Mai 1934 direkt auf den Kuhberg (Wenke, S. 48). Er berichtet:

Damals schon war es bei den Nazis Sitte, daß Häftlinge, die wegen politischer Delikte gesessen hatten, nicht in Freiheit kamen, sondern sofort – so war es auch bei mir – ohne Begründung und ohne sogenannten Schutzhaftbefehl ins KZ gebracht wurden. [...] Wie ich auf den Kuhberg kam, das ist eine kleine Geschichte: Wir wurden mit anderen Gefangenen aus ganz Württemberg im Polizeipräsidium Ulm gesammelt. Da empfing uns der berühmt-berüchtigte Polizeidirektor von Ulm – Dreher hieß er –; wir wußten aber nicht gleich, wer er war. Er fragte einen unserer Kameraden, Hugo Marquardt: »Warum bist du hier?«, worauf der antwortete: »Das geht dich einen Dreck an.« Wie gesagt, er wußte nicht, wer ihn da fragte. Als wir dann später auf dem Kuhberg ankamen, wurden wir auf das Schändlichste empfangen. Vor allem Hugo Marquardt wurde auf das Schrecklichste mißhandelt. Das Wachpersonal war offensichtlich schon vom Polizeipräsidium auf ihn aufmerksam gemacht worden. Wir mußten auf dem Kuhberg – wie schon bei der Polizei in Ulm – mit dem Gesicht zur Wand stehen. Ein SA-Mann nahm nun den Hugo Marquardt an seinen schwarzen Haaren und schlug ihn so gegen die Wand – vier- oder fünfmal, ich weiß es nicht mehr so genau –, daß ihm die ganze Haut aufplatzte und er blutüberströmt dastand.

Lina Haag erfährt über die Genossin Emmi Ramin (sie wurde zehn Jahre später, Ende November 1944, in Dachau erschossen; vgl. Schätzle 2, S. 46ff.) etwas von ihrem Mann:

Du seiest im Schutzhaftlager Kuhberg. Man habe dich zwingen wollen, eine Hakenkreuzfahne zu grüßen. Ich grüße keinen Geßlerhut, habest du geantwortet. Man habe dich furchtbar geschlagen. »Aber er lebt«, setzt sie hinzu. Ich kann die Tränen bis zum Abend hinunterschlucken, dann geht es nicht mehr.
Kurze Zeit später kommt auf vorgedrucktem Formular deine erste Nachricht aus dem Lager. Daß es dir gut ginge, schreibst du. Gut, schreibst du. Gut ...

Haag selbst erzählt über die Drill-Schikanen auf dem Kuhberg und deren Wirkungen auf die Solidarität unter den Häftlingen (Wenke, S. 49f.):

Wenige unserer Leute wurden mit irgendwelchen Arbeiten beschäftigt, denn da oben gab es keine Werkstätten. Die übrigen mußten – je nach Laune der SA-Leute – strafexerzieren, und das auf die schlimmste Art. Das wurde so weit getrieben, daß in der Regel einige Kameraden umgefallen sind. Es hieß: »Bergauf, bergab!«; ob Regen oder Schnee war, das hat gar keine Rolle gespielt. Es wurde einfach angesetzt und zwar für einige Stunden, fast jeden Tag. Es gab wenige Ausnahmen, zum Beispiel sonntags, wenn weniger Wachpersonal oben war.
Mit dieser Quälerei versuchte man, das moralische Rückgrat der Schutzhaftgefangenen zu brechen. Ich glaube aber, daß ihnen das nie gelungen ist. Auf dem Kuhberg bildeten die Gefangenen noch eine homogene Gruppe oder homogene Gruppen von Kommunisten, Sozialdemokraten, Gewerkschaftlern. Auch einzelne Pfarrer waren darunter und ganz wenige Parteilose. Aber bei keinem einzigen haben wir festgestellt, daß er der Lagerführung oder der SA zuliebe irgendetwas getan hätte. Mir selbst ist kein einziger Fall von Denunziation bekannt. [...]
Wir haben auch versucht, solche Kameraden, die angesichts der schlimmen Situation zu verzweifeln drohten, moralisch wieder aufzurichten. Man muß ja wissen, daß wir ohne richterliche Verfügung in das Lager eingewiesen worden waren und vor allen Dingen niemand von uns wußte, wie lange die Haft dauern sollte. Das stellte natürlich die Moral der Leute auf eine harte Probe.

Wieder versuchte Lina, über Dritte etwas von ihrem Mann zu erfahren:

Ich suche Leute auf, die am Kuhberg waren. Vielleicht kann man irgendetwas unternehmen. Wenn man bloß einen Brief durchschmuggeln könnte. Die Genossen verstummen, wenn ich davon spreche, und schauen sich ängstlich um. An den bürgerlichen Stammtischen nennt man dieses ängstliche Umschauen den »deutschen Blick«, ein vielbelachter Witz. Ein Witz, der wirklich gelungen ist. Viele erzählen nichts, so restlos ist dieser Witz gelungen. Sie haben bei ihrer Entlassung, genau wie ich, einen Revers unterschrieben, wonach sie sich jeder Äußerung über das Lager zu enthalten haben. Bei Zuwiderhandlung ist sofortige Verhaftung und strengste Bestrafung zu gewärtigen. Deshalb schweigen sie. Nicht, weil sie unterschrieben, sondern aus Furcht vor dem Tode. Deshalb schweigen sie. Bruno Lindner aber schweigt nicht.

Lindner, Parteifreund aus Schwäbisch Gmünd, lebt noch frei, aber illegal. Seinen Bericht referiert Lina Haag:

Der Lagerkommandant Buck hat dich vorher angekündigt und seiner SA und SS einen besonderen Spaß versprochen. Man habe dich zwingen wollen, wie ein Hund auf allen Vieren den Berg hinaufzulaufen und dabei zu sagen: Ich bin ein Lump und habe die Arbeiter belogen und betrogen. Du seiest oben angekommen, völlig zerschunden, das Gesicht unkenntlich von Blut. – Ach, mein Fred.
Ich sitze am Waldrand, den Kopf in den Händen, die Hände auf den Knien, ganz wach und doch wie ausgelöscht. Als wir uns vorher hier niedersetzten, war strahlender Tag, Sonne, Vogellaut und blühende Wiesen. Jetzt ist das alles fremd, unwirklich und peinigend, eine Welt, zu der ich gar nicht mehr gehöre. »Du mußt mit allen Mitteln versuchen, ihn da rauszubringen, die machen ihn sonst fertig.«
»Ja, ja«, sage ich mechanisch, »es muß etwas geschehen.«

»Es muß etwas geschehen«
Lina Haags Versuch, die Emigration nach Argentinien zu erreichen

Lina Haag unternimmt einen verzweifelten Versuch. Sie bittet in einem persönlichen Gespräch den württembergischen Innen- und Justizminister Jonathan Schmid, mit Mann und Kind nach Argentinien auswandern zu dürfen. Der Minister stellt die Entlassung in Aussicht, wenn Fahrkarten vorgewiesen werden könnten. Lina Haag löst die Wohnung auf, verkauft die gesamte Einrichtung und kauft die Schiffskarten.

Haag wird tatsächlich entlassen. Die Familie trifft sich im Januar 1935 am Stuttgarter Hauptbahnhof. Aber gleichzeitig ist die Gestapo da und verhaftet Haag erneut. Im Stuttgarter Gestapo-Gefängnis versucht sie noch einmal, ihren Mann freizubekommen. Sie begegnen sich. In Anwesenheit der Gestapo platzt es aus ihm heraus:

Dann fängst du zu sprechen an, stockend zuerst, schmerzhaft angestrengt nach Worten suchend, mit qualvollen Pausen, als sei dein Gedächtnis zugeschüttet. Du erzählst, wie brutal dich Buck und seine SS im Lager mißhandelt haben. Nicht nur dich, alle die vielen Kameraden auf dem Kuhberg. Ich höre mit wachsender Angst die furchtbare, schonungslose Anklage.

Es ist ganz ausgeschlossen, daß sie uns daraufhin noch fortlassen. Ich verstehe dich nicht mehr. Ich habe alles getan, um uns zu retten. Es nützt doch nichts, wenn du hier anklagst. Ich möchte dir am liebsten den Mund zuhalten. Doch du sprichst schon nicht mehr zu mir, du bist mir plötzlich ganz fremd mit den ausgemergelten Zügen und den dunklen Augenhöhlen, irgendein gepeinigter Mensch bist du, der nicht mehr von sich oder für sich redet, sondern der einfach die Menschheit anruft. Aber hier ist keine Menschheit, hier bin bloß ich. Und drei stramme deutsche Beamte mit Gummiknüppeln im Sack, verblüfften Mausgesichtern und herausgetriebenen Augen. Und ein alter Tisch, ein leerer Aktenschrank und ein paar Stühle. Und das Bild des Volkskanzlers Adolf Hitler. Ach, mein Fred. Der Stenograph schreibt fieberhaft mit. Das Protokoll lohnt den Eifer. Es sei dir, sagst du, bereits heute früh bei der Entlassung im Lager klar gewesen, daß Buck dich zurückhalten würde. Weil, sagst du, er deine Anklage zu fürchten habe. Groß im Beseitigen unbequemer Elemente, würde er auch dich fertigmachen, auch das sei dir klar. Aber bei dir ginge es nicht so billig, sagst du, nicht auf kaltem Wege wie sonst, unter Ausschluß der Öffentlichkeit. »Mit dieser Faust«, rufst du, »werde ich ihm ins Gesicht schlagen, wenn ich zu ihm zurückkomme!« Mir bleibt fast das Herz stehen. »Denn dann«, rufst du, »muß er mich entweder gleich erschießen oder vor Gericht stellen!« Du bist wie von Sinnen. Merkst du nicht, daß du dir damit selbst dein Urteil sprichst? »Auf jeden Fall erfährt es dann die Öffentlichkeit!«

Haag wird noch einmal für einen Tag zum Schein freigelassen, dann erneut verhaftet und zurück auf den Kuhberg gebracht. Der Traum, gemeinsam auswandern zu können, ist vorbei, die Schiffskarten sind verfallen, Wohnung und Einrichtung sind weg.

»Man führte dich im Triumph ins Lager zurück«
Alfred Haag kommt wieder auf den Kuhberg und im Juli 1935 nach Dachau

Da Haag nun zum zweitenmal auf den Kuhberg kommt, muß er zunächst 14 Tage in Arrest in der Zelle unter dem Eingang des Kommandanten-Turms. Lina Haag erzählt, was man ihr berichtet:

Man führte dich im Triumph ins Lager zurück. Buck hatte zu deinem Empfang die Gefangenen im Hof antreten lassen. Du wurdest gefesselt vor die Front geführt. Buck hielt eine Ansprache. Du hättest in Stuttgart Lügen verbreitet über die schlechte Behandlung der Leute im Lager. Du hättest beim Justizminister zu behaupten gewagt, die Leute würden hier mißhandelt und geprügelt. Du hättest den Dienststellen vorgelogen, daß sogar er, der Lagerkommandant, die Gefangenen schlagen würde. Ob das wahr wäre, frage er. Ob einer da wäre, der das zu behaupten wage, frage er. Als du dazwischenrufen wolltest, schlug er dir die Reitpeitsche ins Gesicht. Es meldete sich kein Mensch. Vielleicht war es gut so, sonst hätte dich Buck bestimmt zu Tode geprügelt. Robert Ditter, dein guter Kumpel, hatte in der Nacht vorher einen Holzkäfig bauen müssen. In diesen Käfig wurdest du gefesselt eingesperrt. Es gab Nazis, die sich einen Spaß daraus machten, dich durch die Gitter anzuspucken. Nach einigen Tagen wurdest du nach Ulm ausgeborgt, damit auch Bucks Freunde ihren Spaß an dir hätten. Den Vorsteher des Ulmer Landesgefängnisses hattest du früher einmal im Landtag wegen Gefangenenmißhandlung angeprangert. Außerdem war dieser Mensch im Ersten Weltkrieg von Frankreich wegen Mißhandlung von Kriegsgefangenen als Kriegsverbrecher unter Anklage gestellt worden. Zu diesem Menschen kamst du nun. Was dort mit dir geschah, war im Lager unbekannt. Jedenfalls erschrak man dort über dein Aussehen, als du von Ulm zurückkamst. Nun steckte man dich in Dunkelhaft. Diese Dunkelhaft bestand aus einer ausgehobenen Grube, über die Bohlen gelegt waren. Es war ein beliebter Sport der SA-Leute, mit ihren Motorrädern über diese Grube zu fahren, denn dann spritzte dir der nasse Dreck ins Gesicht. Es regnete auf dich herab und gefror an dir. Die Kameraden schmuggelten unter Lebensgefahr Brotrinden in deinen Klokübel. Liebster, Ärmster!

(Zum Vorsteher Klaus des Landesgefängnisses vergleiche Seite 63.) Nach der Arrestzelle und dem Landesgefängnis wird für Alfred Haag, zusammen mit Kurt Schumacher, noch eine spezielle Isolationshaft erdacht, die auf dem Kuhberg wohl kein zweites Mal verhängt wurde. Er berichtet (Wenke, S. 51):

Und dann kam ich in einen der ehemaligen Artilleriebeobachtungsstände. Schumacher war in dem zweiten Stand untergebracht. Das waren Bunker, oben auf dem Kuhberg selbst, ohne Wasser, ohne Licht, ohne Klosett, ohne die Möglichkeit, sich zu bewegen. Wir beide hatten nicht die Möglichkeit, uns irgendwie zu verständigen. Wir wurden täglich nur einmal, aber immer voneinander getrennt, herausgeholt. Dann konnten wir uns – unter Bewachung – eine Kanne Wasser holen und aufs Klosett gehen.

Haag und Schumacher werden in diesem Verlies bis zur Auflösung des KZ Kuhberg festgehalten und dann mit den verbliebenen Häftlingen ins KZ Dachau »verschubt«. Damit enden die Berührungspunkte des Haagschen Leidensweges mit Ulm.

Er bleibt bis 1939 im KZ Dachau, kommt dann ins KZ Mauthausen. Seine Frau erreicht im Dezember 1939 in einem verzweifelten Vorstoß bei Himmler persönlich, daß er dort am 1. Februar 1940 entlassen wird. Schon im Mai aber wird er als Soldat an die Ostfront geschickt. Nach der Kriegsgefangenschaft kehrt er 1948 nach Hause zurück. Lina Haag selbst war – das ist in ihrem Buch erschütternd und erhellend zugleich beschrieben – vom 15. April 1936 bis 15. April 1939 im Frauen-KZ Lichtenberg, Kreis Torgau.

Nach dem Krieg haben sich die Haags große Verdienste um den Aufbau der KZ-Gedenkstätte Dachau, der internationalen Dachauer Lagergemeinschaft und des VVN in Bayern erworben. Alfred Haag ist am 8. August 1982 in München verstorben. Lina Haag lebt, mittlerweile 81 Jahre alt, in München und hat sich als Mitglied des Ulmer Dokumentationszentrums für das Zustandekommen dieses Buches eingesetzt und bei diesem Kapitel Korrektur gelesen.

Zu Lina und Alfred Haag stehen in Ulm Ton- und Bilddokumente zur Verfügung, die eine wichtige Ergänzung zur Kuhberg-Ausstellung bzw. zu Lina Haags Buch darstellen (vgl. S. 125).

1.3.6 »... eine allgemeine Razzia gegen linksradikale Elemente in Backnang ...«
114 Backnanger werden am 16. Mai 1934 verhaftet,
30 kommen auf den Kuhberg,
unter ihnen der Bildhauer Hermann Krimmer

Am 15. Mai 1934 war in Backnang der Polizeiwachtmeister Hermann Bucke von einem sudetendeutschen Studenten mit tschechischer Staatsangehörigkeit erschossen worden. Der Student war fahnenflüchtig und machte von seiner Waffe Gebrauch, als Bucke im Flur des Gasthauses »Zum Engel« seine Papiere kontrollieren wollte.

Der Täter steht sofort fest, wird am selben Tag verhaftet, kurz danach in Stuttgart angeklagt und verurteilt und im Juni 1934 hingerichtet. Eine Beteiligung von Dritten an der Tat konnte nicht nachgewiesen werden, selbst die NS-Presse (Backnanger Kreiszeitung, NS-Kurier), die über den Fall berichtet, erwähnt nichts davon. Dennoch nutzt die Gestapo die Gunst der Stunde, um »unter den Linken aufzuräumen«. Es genügt der Hinweis auf die »politischen Motive« des Täters, um einen Tag später, am 16. Mai, mit Hilfe auswärtiger SA »eine allgemeine Razzia gegen linksradikale Elemente in Backnang« durchzuführen, 114 Personen zu verhaften und ins berüchtigte Stuttgarter Untersuchungsgefängnis in der Büchsenstraße einzuliefern. Unter ihnen ist Hermann Krimmer, der im Juni 1987 berichtet:

Bei der Verhaftung wurden meine Bücherregale geplündert, darunter waren u.a. deutsche Klassiker. Von Literatur hatten diese Rabauken offenbar keine Ahnung, und ich sehe heute noch den riesigen Bücherberg im Sitzungssaal des Rathauses, wohin die Verhafteten zunächst gebracht wurden.

Merkwürdigerweise waren etwa zwei Drittel der Verhafteten noch in Stuttgart entlassen worden, darunter auch solche, die der Gestapo angegeben hatten, sie hätten den tschechischen Studenten, welcher geschossen hatte, gekannt. So waren wir noch etwa 30 wirklich Unschuldige, für die Ende Mai 1934 der »Schutzhaftbefehl« für den Kuhberg ausgestellt wurde. Unter uns waren Franz Hopfensitz, Hermann Lachenmeier, Robert Ehret, der körperbehinderte Fritz Layher, Reichsbannerleute sowie Leute vom »Kampfbund gegen den Faschismus«, Pazifisten, Parteilose und mein »Fallennachbar« Fritz Wölpert.

Unser Empfang am Kuhberg war sehr eindrucksvoll! Der SA-Scherge Stein aus Ludwigsburg brüllte uns an: »Euch Polizeimörder nehmen wir aufs Gewissen wie die Katze die Bratwurst.«

Unser KZ-Alltag bestand, nachdem wir in der Hocke kahlgeschoren waren, im demütigenden Herumscheuchen: »Oberer Gang heraustreten!«, in raffiniert-sinnlosen Arbeitsdiensten, aber auch in Latrineleeren, Steineschleppen, Wassertragen. Dazwischen Verhöre durch den Kommandanten Buck. Frage an einen Schutzhäftling: »Wörner, immer noch Reichsbannermann?« Antwort: »Immer noch Reichsbannermann«, und schon hatte er die Kommandantenfaust im Gesicht.

Württ.Innenministerium.   Stuttgart, den 25.Mai · 1934.

Schutzhaftbefehl.

Hermann K r i m m e r , led.Bildhauer,
geb. 14.10.10 in Backnang,

ist wegen Gefährdung der öffentlichen Ordnung und Sicher -
heit im Schutzhaft zu nehmen und in das Württ.Schutzhaft -
lager U l m - Oberer Kuhberg einzuliefern.

G r ü n d e :

Polizeiwachtmeister B u c k e von Backnang wurde
am 15.Mai 1934 ermordet. Die Ermordung desselben ist, wie
einwandfrei feststeht, aus politischen Motiven erfolgt.
Jm Zusammenhang hiemit wurde am 16. Mai 1934 vom Politischen
Landespolizeiamt in Stuttgart eine allgemeine Razzia gegen
linksradikale Elemente in Backnang vorgenommen. Nach ein -
gehender Prüfung wurde einwandfrei festgestellt,dass sich
die vorstehend genannte Person bis heute noch keineswegs
umgestellt hat , sondern nach wie vor ihren kommunistischen
Jdeen huldigt . Zur Aufrechterhaltung der öffentlichen Ordnung und Sicherheit war es daher dringend geboten, die vorstehend genannte Person in Schutzhaft zu nehmen und in
das Schutzhaftlager Oberer Kuhberg in U l m a.D.einzuliefern,
da sie eine ständige unmittelbare Gefahr für den heutigen
Staat und das Volk ist .
                        (gez.) Dr. S c h m i d .
                        Beglaubigt:
                Stuttgart, den 25. Mai 1934.
                Württ.Jnnenministerium.

Der hier abgebildete Schutzhaftbefehl für das KZ Kuhberg ist, das kann die Wiedergabe des Orgina s aus dem DZOK-Archiv nicht deutlich machen, auf einem hektographierten Blatt ausgestellt. Nur Name, Beruf, Geburtsdatum des Häftlings sowie Datum, Unterschrift und Stempel der verantwortlichen Behörde sind original. Das bedeutet: Dieses Formular wurde mehrfach verwendet, mindestens dreißigmal. Was war geschehen?

Hermann Krimmer im Juli 1934 nach der Rückkehr vom Kuhberg. Die neue Sportmütze soll den KZ-Haarschnitt verdecken.

Krimmer war gelernter Holzbildhauer und wollte als freier Künstler leben. Am 14. Oktober 1910 in Backnang geboren, verbringt er seine Volksschulzeit an der Backnanger Seminar-Übungsschule zur Lehrerausbildung, was einen vertieften Kunstunterricht bedeutet. Nach einer Holzbildhauerlehre (1924 bis 1927) studiert er elf Semester an der Kunstgewerbeschule in Stuttgart (1927 bis 1933), er wird 1931 Meisterschüler bei Professor Alfred Lörcher, ist mit Fritz Ruoff und Erich Geßmann in einer Arbeitsgemeinschaft. Er ist geprägt von den nicht parteigebunden linksintellektuell-sozialistischen Strömungen der zwanziger Jahre, von den antibürgerlichen Normen der Stuttgarter Künstler, von den modernen Stilidealen und von Vorbildern wie Klee, Kandinsky, Grosz, Barlach, Lehmbruck bis hin zum Bauhaus. (Vergleiche das Buch »Künstlerschicksale im Dritten Reich in Württemberg und Baden«, 1987 herausgegeben vom Verband Bildender Künstler Württemberg e.V., Eugenstraße 17, 7000 Stuttgart 1.)

In den ersten Monaten des Nazi-Regimes wird die Stuttgarter Kunstgewerbeschule »gesäubert«. Geßmann und Ruoff werden verhaftet, Krimmer taucht unter. Er wandert zunächst durchs »Reich«, von München bis Königsberg, von Freiburg bis Hamburg. Am 19. September 1933 kehrt er nach Backnang zurück, schlüpft im Elternhaus unter, ernährt sich notdürftig.

Nach Verhaftung und Kuhberg-Aufenthalt wohnt er wieder daheim und lebt nun fast fünf Jahre als verfemter arbeitsloser Künstler von kleinsten Aufträgen und, zum Beispiel, ohne Krankenversicherung. Im Mai 1939 wird er als Soldat eingezogen und kehrt verwundet am 26. Juni 1942 aus dem Krieg heim. Von Februar 1943 bis April 1945 findet er bei Daimler-Benz in Backnang eine Arbeit im Konstruktionsbüro. Sein Direktor muß bis Kriegsende regelmäßig Berichte über ihn an die Gestapo liefern, was er erst später erfährt.

Der 20. April 1945 ist für Krimmer der Tag der Befreiung. Er kann seiner Vaterstadt einen entscheidenden Dienst leisten: als Parlamentär der Backnanger Widerstandsgruppe erreicht er die kampflose Übergabe der Stadt an die Amerikaner.

Gleich am 18. Mai 1945 wird er als »Unbelasteter« von den Alliierten im Kreis-Wirtschaftsamt Backnang eingesetzt. Bis zum Ruhestand im Januar 1974 ist er in »Brotberufen« tätig, zuletzt fast zwanzig Jahre als Arbeitsvermittler im Arbeitsamt Ludwigsburg, Nebenstelle Backnang. Leidenschaft und Berufung gehören freilich der Bildhauerei und dem Malen, wovon eine Reihe von Ausstellungen zeugt. Bis zu seinem Tod am 26. April 1988 lebte Krimmer in Backnang als »Künstler im Unruhestand«, geistig beweglich und unbürgerlich wie damals 1933, als der »Passionsweg durch die Tyrannei«, wie er sagte, begann.

Die Backnanger, die übrigens geschlossen in ihrer Gruppe, ohne Kontakt mit anderen Häftlingen, untergebracht waren, erleben aus der Perspektive des KZ Kuhberg die SA-Revolte, bei der die Nazis einen Großteil der innerparteilichen Opposition ermorden. Krimmer berichtet (vgl. auch Schätzle 2, S. 34ff; u.a. Willi Bechtle, DZOK-Archiv):

Nach der Röhm-Revolte am 30. Juni 1934 wird unsere Lage kritisch. Man hat SA-Leute in unsere Kasematten versteckt, die uns belauschen und bespitzeln sollen. Was haben die mit uns vor? Hat die SA vor uns oder vor der SS mehr Angst? Der eine und der andere der Wachmänner äußert sich, »das haben wir nicht gewollt, was man mit euch macht ...«
Stundenlang werden wir zur Einschüchterung in glühender Sonne mit dem Gesicht gegen eine Backsteinwand zum Schein-Erschießen aufgestellt. Sadismus tobt sich aus, und drunten im Tal läuten die Münsterglocken! Selig sind, die Verfolgung leiden ...

Ein für den Kuhberg interessantes Detail berichtet Krimmer: Im Frühsommer 1934 war es einer der Backnanger, nämlich der als Maler begabte Willy Riexinger, der über der Unterkunft der Wachmannschaften die Zeilen anzubringen hatte: »Wir werden hinter Hitler stehn, und sollt es durch die Hölle gehn.« (Vergleiche Seite 15 und 118.)

Ende Juli wird Krimmer entlassen. Zusammen mit Riexinger verlangt er in Backnang von Kreisleiter Dürr und dem Standartenführer Jonez die Rehabilitierung »wegen erwiesener Unschuld«. Doch Jonez höhnt: »Sie müssen sich fortan als Menschen zweiter Klasse fühlen. Und, was wollen Sie, auch wir tragen unseren Kopf unterm Arm.« Womit Jonez darauf anspielt, daß auch er zu den SA-Rebellen gehört.

Das erste, was Krimmer nach seiner Entlassung vom Kuhberg tut: »Ich habe mir damals eine Sportmütze gekauft, um meinen Kuhberg-Haarschnitt zu verdecken.« Doch die Mütze hilft nicht dabei, die Ankündigung des Standartenführers zu verhindern. Krimmer bleibt fortan im Nazi-Staat »ein Mensch zweiter Klasse«.

1.3.7 »Ich war ein junger Mensch und wollte nicht einfach kaputtgehen«
Die Flucht von Alfred Lauterwasser und Anton Waibel in der Nacht vom 1. auf den 2. Mai 1935

Soweit bekannt, waren Alfred Lauterwasser und Anton Waibel die einzigen Häftlinge während der KZ-Zeit auf dem Kuhberg, denen die Flucht geglückt ist, auch wenn sie zwei Tage später wieder geschnappt wurden. In einem Gespräch mit Georg Holzwarth (veröffentlicht in »Allmende« 1, 2. Jg 1982, S. 103–115) berichtet Lauterwasser u.a. über seine Kuhberg-Erfahrungen und seine Flucht. Die betreffenden Passagen werden hier mit freundlicher Genehmigung des Autors zitiert.

Alfred Lauterwasser,
eine Fotografie aus der
Nachkriegszeit

Anton Waibel,
nach seiner Flucht vom
Kuhberg am 2. Mai 1935

Zunächst biographische Angaben zu **Waibel**, von dem wenig bekannt ist. Er ist um 1895 in der Gegend von Augsburg geboren. Waibel muß schon während der Münchener Räterepublik eine nicht unbedeutende Rolle gespielt haben. Ein Foto zeigt ihn mit Erich Mühsam 1919 (vgl. Jürgen Serke: Die verbrannten Dichter, Weinheim 1977, S. 134). Am Ende der Weimarer Republik war er Wirt des Naturfreunde-Hauses in Sechselberg bei Backnang. Wahrscheinlich in Zusammenhang mit der Backnanger Massenverhaftung (vgl. S. 47) kommt er Ende Mai 1934 auf den Kuhberg und flieht von dort mit Lauterwasser am 2. Mai 1935. Nach Verbüßung der Haft kann er wohl 1936/37 in die Schweiz emigrieren. Er ist dort u.a. als kommunistischer Funktionär illegal tätig. Nach dem Krieg lebt er in West-Berlin und arbeitet im Amt für Wiedergutmachung. Anfang der siebziger Jahre ist er gestorben. Er war mit Lina und Alfred Haag befreundet.

Alfred Lauterwasser, geboren 25. September 1913 in Heilbronn, dort aufgewachsen und zur Schule gegangen (bis 1928), machte anstelle der erhofften Lehre als Automechaniker eine Metzgerlehre. Seine Eltern waren in keiner Partei. Er trat 1929 dem Kommunistischen Jugendverband (KJVD) und der »Kampfgemeinschaft für rote Sporteinheit« bei. Am 20. März 1933 wird er in Heilbronn verhaftet und am 21. April auf den Heuberg gebracht. Kurz danach kommt er, was als Verschärfung gedacht war, in Einzelhaft ins Ulmer »Garnisonsarresthaus« in der Frauenstraße, zusammen mit 25 Genossen.

Lauterwasser: Der Lagerkommandant Buck ließ uns antreten und teilte uns mit, wir würden anderweitig untergebracht, verschärfte Schutzhaft sozusagen. Dann drang durch, daß wir nach Ulm ins Garnisonsgefängnis kämen, insgesamt 25 Männer. Auch erfuhren wir, daß für den Fall, daß auf dem Heuberg eine Meuterei ausbrechen würde, man uns in Ulm sofort an die Wand stellen und erschießen würde.

Zur Behandlung der Gefangenen in Ulm, verglichen mit dem Heuberg, sagt Lauterwasser:

Da gab's einen himmelgroßen Unterschied. Wir waren dem Oberwachtmeister Gnaier unterstellt, einem in Ulm bekannten Polizisten. Als die SA abgefahren war, sagte er zu uns: »Meine Herren!« Und als er das sagte, da ging ein Aufatmen durch die ganze Mannschaft, keiner hatte so mit uns geredet. »Wir müssen jetzt miteinander auskommen. So wie ihr euch bettet, so liegt ihr.« Wir durften uns unsere Zellen selbst herrichten. Gnaier war ein wirklicher Demokrat, Mitglied der Zentrumspartei. Er hat uns als Menschen behandelt, wir durften lesen, Schach spielen ...

Da der Heuberg-Kommandant Buck von der humanen Behandlung in Ulm erfährt, holt er die Häftlinge am 20. Oktober auf den Heuberg zurück. Lauterwasser wird zehn Tage später entlassen.
Nach einem Jahr etwa findet die Gestapo jedoch einen Brief, aus dem sie erfährt, daß er in die Schweiz über die Situation in Deutschland Berichte geliefert hätte. Er kommt im 6. November 1934 in Untersuchungshaft und wird vor dem Volksgerichtshof in Berlin (damals schon unter Roland Freisler) wegen »Landesverrats« angeklagt. Das Verfahren wird eingestellt, doch er kommt in »Schutzhaft«, und zwar auf den Kuhberg im Februar 1935.

Lauterwasser: Die Unterbringung auf dem Oberen Kuhberg [...], das war das letzte, was man sich vorstellen kann. Das Wasser lief in den Kasematten von den Wänden, die Strohsäcke waren naß, es war unbeschreiblich. Dort habe ich mir zum ersten Mal in meinem Leben gesagt: Ich schäme mich, Deutscher zu sein ... Schumacher, der lange in Einzelhaft gehalten wurde, war zeitweise mein Nachbar. Er hat ja nur einen Arm gehabt. Wir mußten Steine transportieren. Ich habe manchmal zu denen, die die Steine aufluden, gesagt, legt ein paar zu mir rüber, der Mann mit dem einen Arm kann doch nicht. Die Nazis wollten den Schumacher fertig machen. Die Steine wurden von einem Eck ins andere getragen, eine völlig sinnlose Beschäftigung.

Was war der Grund, schließlich eine Flucht vom Kuhberg zu planen?

Lauterwasser: Diese unmenschlichen Verhältnisse waren der Grund. Ich war ein junger Mensch und wollte nicht einfach kaputtgehen. Da habe ich mir überlegt, wie man es anstellen könnte, aus diesen Kasematten zu fliehen. [...]
Ich hatte einen Kameraden, der war schon 1923 aus der Festung Landsberg ausgebrochen. Mit dem hatte ich gesprochen. Wir hatten damals noch nicht gewußt, das es bereits Gesetze für Konzentrationslager gab. Wir glaubten, KZs stünden außerhalb des Gesetzes. Wir wußten bei unserem Vorhaben nicht, daß dies als Meuterei galt. So habe ich mir einen Plan ausgearbeitet. Im Vorraum standen unter einer Schießscharte Tag und Nacht Toilettenkübel. In diesem alten Gemäuer war der Mörtel ziemlich brüchig. Nacht für Nacht habe ich um die Schießscharte herum einen Stein nach dem anderen gelockt, den Mörtel gleich in einen der Kübel geworfen und mit Holzkeilen die lockeren Steine wieder in der Mauer befestigt. [...]
Wir wollten in der Nacht vom 1. auf den 2. Mai 1935 ausbrechen. Am 1. Mai feiern die ihren nationalen Feiertag, da wird die Bewachung nicht so stark sein, dachte ich mir. [...]
Wir wollten in die Schweiz. Mein Kamerad war dagegen. Er meinte, die Schweizer könnten uns wieder zurückschicken. Deshalb müßten wir zuerst nach Stuttgart gehen, von dort müßten Genossen in der Schweiz verständigt werden, wenn die einen Antrag auf Ausreise stellen würden, könnten uns die Schweizer nicht mehr ausweisen. In der Nacht vom 1. zum 2. Mai habe ich noch eine halbe Stunde gebraucht, um den Rest freizumachen, dann habe ich meinen Kameraden geholt, der gar nicht mehr daran geglaubt hat, daß es klappen könnte. [...]
Ich bin als erster ausgestiegen, der andere ist in der Mauer hängengeblieben, er mußte durch, auch wenn Fleisch hängenblieb. Wir sprangen in den Wallgraben.

Auf der anderen Seite war eine dreieinhalb Meter hohe Mauer. In der Mitte dieser Mauer war ein Keil aus Eisen, ungefähr 30 cm breit. Er hat mich auf diesen Haken gehoben, ich habe mich vollends auf die Mauer hochgezogen und ihn nachgeholt. So sind wir freigekommen.

Die Flüchtlinge kommen bis Stuttgart, werden verraten und am 3. Mai in einem Gartenhaus in Degerloch verhaftet. Sie kommen zunächst in Untersuchungshaft in die »Büchsenstraße« und werden am 2. Juli 1935 vom Landgericht Stuttgart zu einem Jahr Gefängnis verurteilt. Am Tag danach berichtet das Stuttgarter Tagblatt darüber:

Lauterwasser kommt ins Jugendgefängnis Heilbronn in der Steinstraße, und zwar in Einzelhaft. Nach der Haftzeit kommt er am 2. Juli 1936 wieder in »Schutzhaft«, diesmal ins KZ Welzheim. Er wird empfangen von Buck und Eberle, die ihn beide vom Kuhberg kennen. Lauterwasser berichtet:

Sie können sich vorstellen, wie die sich gefreut haben, als sie mich wiedersahen. Ich habe selten so viel Prügel bekommen. Wenn man sich so gar nicht wehren kann, dann ist es noch viel scheußlicher. Die haben mich eine Viertelstunde lang die Treppe hinauf- und hinuntergejagt. Unter hat mich einer mit dem Bajonett in den

Hintern gestochen, und oben schlug mir einer mit dem flachen Teil auf den Kopf, hat mir einen Tritt versetzt, und ich flog die Treppe wieder hinunter. Zwischendurch fuhr mir der Hund zwischen die Beine und biß mich in die Wade. Als ihnen nach einer Viertelstunde das ganze Spiel selber zu dumm wurde, mußte ich hinauf in die Kleiderkammer, mich auszuziehen. Ich stand im Hemd da, wir bekamen grüne Schutzpolizeiuniformen angepaßt. Da kam Eberle, der Stellvertreter Bucks herauf. Sein liebster Griff war, einen Häftling am Kragen zu packen (den Arm herumzudrehen) und mit der Faust unters Kinn zu schlagen. Auch mit mir hat er das ein Weilchen gemacht, bis ich narret wurde. Da habe ich seine geschnappt und weggerissen. Da sagte er: »Was, der Kerl langt nach mir!« hat seine Pistole herausgerissen und gesagt: »Ich schieß dich über den Haufen!« Da habe ich mir das Hemd aufgerissen, ihm meine Brust gezeigt und gesagt: »Schieß! In jedem Gefängnis und Zuchthaus wird man als Mensch behandelt.« Da hat er sich umgedreht und ist gegangen. [...] Ja, es war gefährlich. Ein paar Jahre später hätte er mich mit Sicherheit umgelegt.

Im August 1937 kommt Lauterwasser nicht, wie viele, ins KZ Dachau, sondern für zwei Monate auf den Truppenübungsplatz Münsingen zum »Strafkommando Sonderabteilung V« zum Zweck militärischer Ausbildung. Er wird im Oktober 1937 nach Heilbronn entlassen. Zum 1. September 1939 erfolgt die Einziehung zum Wehrdienst, wo er – unter großem Druck – den ganzen Krieg als Soldat mitmacht. Er kommt in Minsk in Gefangenschaft, von dort ins Lager bei Stalingrad, wo er die politische Betreuung der antifaschistischen Bewegung im »Nationalkomitee Freies Deutschland« leitet. Ostern 1949 kommt er nach Hause.
Auf die Frage, ob er einen von denen, die ihn während der NS-Zeit gequält hatten, nach dem Krieg getroffen habe, antwortet Lauterwasser:

Das Schicksal Bucks ist für mich ein Teil der deutschen Tragödie. Buck wurde in Frankreich zum Tode verurteilt. Er hatte später in elsässischen Lagern gearbeitet. Nach kurzer Zeit wurde er begnadigt und an die westdeutschen Behörden ausgeliefert. Er kam nach ganz kurzer Zeit frei und lebte dann in Rudersberg bei Schorndorf, in seinem Geburtsort also. Ich habe ihn im Jahre 1955 zufällig wiedergesehen. Ich ging in Stuttgart die Marienstraße entlang, da kam mir Buck mit seiner Frau entgegen. Ich blieb stehen, schaute ihn an. Er schaute mich an, und ich sah, daß in seinen Augen etwas flimmerte. Also mußte er mich erkannt haben. Wahrscheinlich hat er Angst vor mir gehabt, er wußte ja nicht, was ich vorhatte. Ich wundere mich heute noch, und irgendwie ärgert mich das immer noch, daß ich nichts zu ihm gesagt habe. [...] Ich wollte nichts sagen, und ich konnte nichts sagen. Ich war so perplex, daß ich mir sagen mußte: Dieses Schwein läuft hier frei herum.

Nach dem Krieg gehört Lauterwasser der KPD, später der DKP an. Er ist aktives Mitglied des VVN und jahrelang Kassier der »Lagergemeinschaft Heuberg – Kuhberg – Welzheim«. Er stirbt am 15. Februar 1984.

1.3.8 Zum Beispiel Sepp Schuhbauer

Frieder Hitzers Erzählung »Freiheit, Vatterland, Natur« (Erschienen in: »Ulmanach. Lesebuch einer Stadt«, 1974, Seite 74 bis 94)

Dies ist eine autobiographische Erzählung des 1935 in Ulm geborenen, heute in München lebenden Autors. Hansjörg, das erzählerische Ich, Sohn eines kleinen Nazi-Mitläufers, macht sich in den sechziger Jahren auf die Spuren von Verfolgung und Widerstand in Ulm und Umgebung. Die KZ Heuberg und Kuhberg, die Ulmer Gefängnisse im Frauengraben und an der Talfinger Straße werden »entdeckt« und dort praktizierte Schikanen samt den dazugehörenden »Kommandanten« wie Buck und Klaus beschrieben.
Als Zeitzeuge kommt vor allem der Ulmer Kommunist, Kuhberg-Häftling (Dezember 1933 bis Juli 1935) und verdienstvolle Aktivist der »Lagergemeinschaft Heuberg – Kuhberg – Welzheim«, Sepp Schuhbauer, zu Wort. Er beschreibt unter anderem die Ulmer Konflikte und spätere Einigkeit der Arbeiterbewegung, vor allem von KPD und SPD, die erst im KZ zustandekam.

1.3.9 Bericht von Hans Rueß über seine Kuhberg-Haft

(Erschienen in: Karlheinz Fuchs [Hg.]: Ausstellungsreihe Stuttgart im Dritten Reich, Seite 424 bis 426)

Hans Rueß, KPD-Stadtrat in Esslingen, wurde schon Anfang März 1933 verhaftet, kam zunächst auf den Heuberg, danach, Weihnachten 1933, auf den Kuhberg. Er wurde dort erst mit der Auflösung des Lagers im Juli 1935 entlassen. Von Kriegsbeginn bis zur Befreiung war er im KZ Buchenwald.
Sein Original-Bericht liegt im VVN-Archiv in Stuttgart, er wurde Ende der vierziger Jahre geschrieben. Alle wesentlichen Aussagen von Rueß zu den Kuhberg-Schikanen sind in Schätzles Kuhberg-Kapitel aus »Stationen zur Hölle« eingegangen.

1.3.10 »Betrifft: Kommandant des ehemaligen Konzentrationslagers Oberer Kuhberg«
Wilfred Acker berichtet über Schikanen unter der Verantwortung von Karl Buck

Im Sommer 1955 wird Karl Buck, der von 1933 bis 1945 KZ-Kommandant am Heuberg, am Kuhberg, in Welzheim und im elsässischen Schirmeck-Vorbruck war, gnadenhalber aus französischer Haft entlassen und in die Bundesrepublik abgeschoben (vergleiche Seite 15 und 55).
Auf Initiative ehemaliger Häftlinge der Lager Heuberg, Kuhberg, Welzheim wird von der Staatsanwaltschaft Stuttgart im September 1955 ein Ermittlungsverfahren gegen solche Vergehen des ehemaligen KZ-Kommandanten eröffnet, für die er bisher nicht zur Verantwortung gezogen worden ist. (Vgl. Staatsanzeiger für Baden-Württemberg Nr. 75 vom 1.10.1955.) Viele Häftlinge schreiben in diesem Zusammenhang einen Bericht. Der ausführlichste stammt von Wilfred Acker vom 28. Oktober 1955 (VVN-Archiv).

Wilfred Acker, geboren am 16. Februar 1908 in Schwenningen, gelernter Feinmechaniker, später arbeitslos, war vor 1933 Leiter des KPD-Unterbezirks Schwenningen-Rottweil. Am 10. März 1933, bei der ersten Verhaftungswelle, wird er zunächst nach Stuttgart »in die ehemalige Reithalle an der Planie« eingeliefert und um den 20. März dann auf den Heuberg gebracht. Kurz vor Weihnachten 1933 kommt er auf den Kuhberg. Er wird dort am 28. September 1934 entlassen, mit dem ausdrücklichen Verbot, wieder nach Schwenningen zurückzukehren. Er lebt ein Jahr in Winnenden bei seiner Mutter und arbeitet illegal gegen das Regime. Als eine neue Verhaftung droht, gelingt es ihm 1935, in die Schweiz zu emigrieren. Erst nach der Befreiung kehrt er nach Deutschland zurück.

»Bis dann wieder Buck seine Untergebenen aufdrehte ...«
Rolle und Verantwortlichkeit von Karl Buck

Acker beginnt seinen Bericht mit dieser Vorbemerkung:

Es sei von vornherein schon festgestellt, daß bei der Behandlung der Gefangenen der Lagerkommandant Buck in den meisten Fällen nicht selbst anwesend war, er aber andererseits, wie durch viele Begebenheiten festgestellt werden konnte, der ausschließlich Verantwortliche war, wenn seine Untergebenen Gefangene mißhandelten und schikanierten. Es gab Zeiten, während denen die Wachmannschaften im Konzentrationslager sowohl auf dem Heuberg wie auf dem Kuhberg durchaus erträglich waren, d.h. die Mißhandlungen und Schikanen waren relativ selten. Bis dann wieder bei einem Rapport der Lagerkommandant Buck seine Untergebenen aufdrehte, scharf machte, dann pfiff wieder für lange Zeit ein scharfer Wind.

Auf den folgenden Seiten werden typische Schikanen auf dem Heuberg beschrieben: Drohen mit Erschießen bis hin zu Scheinerschießungen; das Benutzen von Provokateuren und Spitzeln; die sogenannten »Empfangsfeierlichkeiten«, d.h. brutale Prügel-Orgien für Neuankömmlinge im Lager. Schließlich die Übertragung von Hitlerreden per Lautsprecher: Die Gefangenen mußten »ob Sommer oder Winter in strammer Haltung stundenlang die Rede Hitlers mitanhören, ohne sich rühren zu können«. Als Acker einmal Durchfall hat, wird ihm im »Revier« Rizinus verabreicht.
Buck pflegte bei Verhören die Häftlinge als »Lumpen und Zigeuner« zu beschimpfen und refrainartig zu wiederholen, sie würden so schnell nicht wieder »die Berge ihrer Heimat sehen«.

»Alle Neueingänge kamen in die Stufe E«
Die »Eingangsstufe«, der »Panzerkreuzer«

Bezüglich des Kuhbergs beschreibt Acker zunächst die Kasematten und die Arrestzellen, was in etwa den Berichten der anderen Häftlinge entspricht. Ausführlich kommt er dann auf die sogenannte »Eingangsstufe« im Panzerkreuzer, der etwa einen Kilometer nördlich des Forts Oberer Kuhberg liegt, zu sprechen.

Auf dem Kuhberg wurde die sogenannte E-Stufe eingerichtet. Das heißt, alle Neueingänge kamen in die Stufe E. Dort wurden sie bei halber Kost zuerst vierzehn Tage mißhandelt, bevor sie zur nächsten Etappe, in die Stufe 3, eingewiesen wurden. In der Stufe E war folgendes an der Tagesordnung: In einem zementierten Vorraum wurde ein Tisch in der Mitte aufgestellt. Die Häftlinge mußten der Reihe nach immer wieder kehrt auf allen Vieren unter dem Tisch hindurchkriechen, vorn und hinten und links und rechts stand jeweils ein SA-Mann mit einem Kabelende oder sonst einem Knüppel in der Hand. Von dem Moment an, wo sich der Häftling bückte, um unter dem Tisch hindurchzukriechen, schlugen die SA-Leute mit dem Kabelende auf den Häftling ein, am anderen Ende des Tisches wurde er von den dortigen SA-Leuten in derselben Weise empfangen.
Auf dem Gelände, wo sich die Stufe E befand, befand sich ein zementierter Wassergraben, etwa 50 cm breit und ebenso tief. Der Graben war einige Meter lang. Die Häftlinge der Stufe E mußten sich jeweils kriechend durch ihn bewegen, und zwar so, daß sie an der tiefsten Stelle begannen. So mußten sie sich bis zum Ende des engen Grabens fortbewegen, ohne den Kopf über den Rand zu erheben. Während dieser Proze-

dur wurden im Laufschritt Eimer um Eimer mit Wasser gefüllt herangeschleppt, oberhalb des Grabens wurden die Kübel entleert, so daß der Häftling unwillkürlich den Kopf hochhielt, um nicht zu ertrinken. Dieser Moment war es, auf den die SA-Leute warteten, um mit ihren Kabelenden und anderen Knüppeln den Kopf des Häftlings zu traktieren, bis der Betreffende oftmals bewußtlos liegenblieb.

»... als wir einen Sonntag zum Kleiderappell antreten mußten«
Kleiderappell und »Sport« als Schikanen

Ich entsinne mich, als wir einen Sonntag zum Kleiderappell antreten mußten. Zur damaligen Zeit bestand unsere Bekleidung aus alten Uniformen der Berliner BVB, mottenzerfressenen, marengoschwarzen Anzügen. Buck selbst nahm den Kleiderappell ab, betrachtete sie nicht etwa nach der Sauberkeit, sondern faßte bei jedem einen Zipfel der Jacke und stellte fest, daß keiner ordentlich seinen Anzug gereinigt habe. Alle Häftlinge verstanden diesen satanischen Wink. Wir mußten uns in unsere Bunker begeben mit der Anweisung, in einer halben Stunde zum Appell wieder zu erscheinen. Es blieb uns nichts anderes übrig, denn das war der Sinn des Appells, als unsere Anzüge in Wasserkübel zu tauchen, uns tropfnaß im Anschluß daran dem Kleiderappell zu stellen. Buck schritt die Front ab, faßte die einzelnen Kleidungsstücke an, sagte selbstzufrieden: So, warum geht's denn jetzt? und zog wieder ab. Die Häftlinge saßen dafür den ganzen Sonntag unbeweglich in den feuchtkalten unterirdischen Katakomben mit nassen Kleidern, denn mehrere Kleider hatten sie nicht.
Ähnlich war es beim sogenannten Sport, der immer dann befohlen wurde, wenn draußen regnerisches Wetter war. Die Häftlinge mußten dann auf allen Vieren in dem nassen, lehmigen, hügeligen Gelände herumkriechen, bis alles von oben bis unten verschmutzt war, dann war der »Sport« beendet und kurz darauf wurde dann zum Kleiderappell befohlen.

»In der Auswirkung schlimmer als Prügel«: Schein-Entlassungen

Zum Schluß soll noch eine Methode des Kommandanten Buck erwähnt werden, die zwar keine körperliche Mißhandlung darstellte, in der Auswirkung aber schlimmer war als intensive Prügel. Wenn nachfolgende Begebenheit auch an mir selbst praktiziert wurde, so war dies nicht der einzige Fall dieser Art.
Es war etwa acht Tage vor Pfingsten 1934. Während der ganzen Zeit meines Aufenthaltes in beiden Lagern gehörte ich zur Stufe 3. Eines Tages versetzte man mich unmittelbar von der Stufe 3 in die Stufe 2. Das war eine wesentliche Verbesserung, weil ja die Stufe 3 im Rang einer Strafabteilung stand. Nach weiteren wenigen Tagen wurde ich ebenso unvermittelt in die Stufe 1 versetzt, das war die sogenannte Entlassungsstufe. Da Pfingsten vor der Tür stand, war damit zu rechnen, daß ich mit zu denen gehöre, die Pfingsten zur Entlassung kommen. Tatsächlich wurde die ganze Belegschaft der Stufe 1 am Freitagabend vor Pfingsten aufgerufen. Sie wurden in die Kleiderkammer geführt, einschließlich meiner Person. Dort mußten alle die Gefangenenkleider abgeben und empfingen dafür ihre Zivilanzüge. Am anderen Morgen, jeder wartete auf die Zusammenstellung des Transportes zur Entlassung, arbeiten brauchte keiner mehr, lediglich die Unterkünfte der Stufe 1 mußten sauber gemacht werden. Kurz bevor zur Entlassung aufgerufen wurde, wurde ich aus dem Haufen der Gefangenen wieder herausgeholt, man führte mich zur Kleiderkammer, nahm meine Zivilkleider ab und gab mir wieder die Häftlingskleidung. Inzwischen haben sich die zur Entlassung angetretenen Häftlinge vor der Kommandantur versammelt. Die Lastautos, die sie wegzubringen hatten, standen bereit. Mich führte man vor der Mannschaft der Entlassenen wieder zurück in die Stufe 3.

Hier endet Ackers Bericht. Anzumerken ist, daß diese und viele ähnliche Aussagen nach Meinung der Staatsanwaltschaft nicht ausreichen, um ein Verfahren gegen Buck zu eröffnen ...

1.3.11 »Ich, Hermann E.«

Das Vernehmungsprotokoll eines KZ-Wächters: Ein Versuch, einige Bedingungen von Persönlichkeit und Handlungsweise zu beschreiben

Er war »einer der wüstesten Gesellen unter Bucks Schirmherrschaft und schikanierte mich, wo er nur konnte«. Er »war sicher einer der Brutalsten und, wie könnte es anders sein, einer der Dümmsten.«

Die Rede ist von Hermann E., mit 25 Jahren kleiner KZ-Wächter auf dem Kuhberg, dann dort und in Welzheim Stellvertreter Bucks, schließlich als »Kriminalinspektor« Lagerverwalter des KZ Welzheim von 1941 bis Kriegsende. Der dies Urteil über E. fällt, ist Alfred Haag (24. Oktober 1955 in einem Brief, DZOK-Archiv, und 1969 im Kuhberg-Film von Walter Obermeier). Haag war mindestens ein Jahr als prominenter Kuhberg-Häftling E. ausgeliefert, und er hatte, wie von Mithäftlingen bestätigt wird, unter seinen Mißhandlungen extrem zu leiden. Haag sagt das ohne unmittelbare Rachegefühle, denn er weiß, daß dieser E. tot ist, sich am 28. Oktober 1949 in seiner Zelle im Schorndorfer Gefängnis während einer Spruchkammer-Verhandlung erhängt hat (vgl. Schätzle 2; Sauer, Württemberg, S. 441).

Von Hermann E. soll in diesem Abschnitt die Rede sein, stellvertretend, aber wohl auch repräsentativ für Dutzende anderer, die in der »Wachmannschaft« im KZ Kuhberg Dienst getan haben. Warum gerade E.?

Zum einen ist er einhellig von vielen Häftlingen, besonders aus der Welzheimer Zeit, im Sinne Haags charakterisiert worden, zum anderen ist er im Moment der einzige, von dem ein relativ spontane und ausführliches Selbstzeugnis zugänglich ist. Es handelt sich um ein vier Seiten umfassendes, maschinenschriftlich abgefaßtes Vernehmungsprotokoll, von ihm mit ungelenker Hand unterschrieben in Welzheim am 14. Juli 1945.

Er gab den Text an dem Ort zu Protokoll, den er knapp drei Monate zuvor, am 17. oder 18. April 1945, vor den anrückenden Alliierten verlassen hatte; verlassen mit einigen Dutzend Häftlingen und dabei versehen mit dem Befehl, sie als »lästige Zeugen« zu ermorden. Er hat sie nicht ermordet, vielleicht weil er schon massiv befürchtete, daß die »Zeit danach« nur eine »Abrechnung« mit Leuten wie ihm bringen könne. Und welche Abrechnung konnte er sich schon vorstellen als diejenige, die er und seinesgleichen an den Feinden des Regimes zwölf Jahre lang vollzogen hatten?

Nunmehr, Anfang Juli, ist er geschnappt worden, doch er beteuert am Ende des Protokolls, daß er sich habe »diese Woche in Ulm auf dem General-Guv. selber stellen« wollen. Er sei »von dieser Lehre endgültig geheilt«. »Ich bitte Sie inständig, geben Sie mich meiner Familie zurück.«

Er hat Angst, und er muß sich sicher sein, daß die Bitte um Gnade und nicht etwa die um Gerechtigkeit seine einzige Chance ist. Deshalb wohl berichtet er relativ offen. Wo er sich zu entlasten versucht, entlarvt die Unbeholfenheit, fast Naivität von Ausdrucksweise und Argumentation die KZ-Wirklichkeit, die »Banalität des Bösen« um so schonungsloser. Vor allem aber – und dies macht den Wert des Dokuments aus: Die Aussagen geben ein wenig den Blick frei auf die biographischen, sozialen und politischen Bedingungen, unter denen ein NS-Täter seines Typs »zustandekommen« konnte.

Deutlich gemacht werden muß, daß zum Beispiel Karl Buck (vergleiche Seite 51) ein völlig anderer Täter-Typ war. Buck war Offizier und gehörte bis zu seinem Tod 1977 der bürgerlichen Mittelschicht an. Er war mit Sicherheit intelligenter, formal gebildeter als E. Er war in jeder Phase seiner KZ-Zeit verantwortlicher Kommandant, während E. eher Instrument war, das mit seiner Duldung die »Dreckarbeit« der Gefangenenmißhandlung zu erledigen hatte.

Von Buck sind aus der Nachkriegszeit nicht Spuren von Verzweiflung oder gar Einsicht bekannt. Als er am 28. Oktober 1955 bei einer Sitzung der Entschädigungs-Kommission des Landgerichts Stuttgart als Zeuge geladen war (VVN-Archiv), geht es ihm vorwiegend darum, die Zeugen unglaubwürdig zu machen und sich auf Kosten des toten »Sündenbocks« E. zu entlasten.

E. muß allerdings auch als »Tätertyp« von solchen Mitgliedern der Wachmannschaft abgegrenzt werden, die aus vergleichbaren sozialen Verhältnissen und aus der Arbeitslosigkeit zu SA und Hilfspolizei kommen, die dann aber im Gegensatz zu E. keine oder kleinere Karrieren machen und sich vor allem weniger Übergriffe zuschulden kommen lassen. (Vergleiche das kurze Interview mit dem Kuhberg-SA-Mann Fritz L. bei Burkhardt, S. 143f.)

Die im folgenden zitierten Passagen aus E.s Protokoll sind gegenüber der Vorlage inhaltlich und sprachlich unverändert. Offensichtliche Tippfehler sind ausgebessert, auch die Einteilung in Kapitel und die Überschriften sind Zusätze. Die Namen seiner Mütter sind anonymisiert; ebenso sein eigener Name (er wird an anderer Stelle ausgeschrieben), um das Exemplarische, Verallgemeinerbare seiner Person deutlicher werden zu lassen. (Bezüglich E. vergleiche auch die Erinnerungen von Friedrich Schlotterbeck, »Je dunkler die Nacht«, Stuttgart 1986.)

»... geb. am 8.2.08 ...«
Lebensdaten und sozialer Hintergrund

Ich Hermann E. bin geb. am 8.2.08 in Ebingen Krs. Balingen, als Sohn des Hermann E., Flaschnermstr. und seiner Ehefrau Karoline geb. R. Meine Mutter starb schon 8 Tage nach meiner Geburt. Daraufhin verh. sich mein Vater wieder mit der Christiane geb. B. in Ebingen. Auch meine zweite Mutter starb im Jahr 1920. Im Jahr 1921 verehelichte sich mein Vater zum 3.mal mit seiner jetzigen Frau Babette verw. B. Mutterliebe habe ich noch nie verspürt. Ich besuchte die Volksschule in Ebingen und noch ein Jahr in Gerstetten wo meine Eltern wohnhaft sind. Nach meiner Schulentlassung kam ich in die Lehre als Flaschner u. Installateur in meines Vaters Geschäft in Gerstetten. Die Gesellenprüfung legte ich mit Erfolg ab im Jahr 1925. Danach war ich in verschiedenen Geschäften als Flaschner und Installateur tätig. Darunter 2 Jahre in der Schweiz. Im Jahr 1931 trat ich als Mitglied auf wiederholtes Drängen einiger Kameraden die schon seit 28 in der Partei waren in Gerstetten der NSDAP bei.

Damals hatte ich überhaupt noch keine Ahnung von Politik. Von 1932–1933 im Winter war ich im Arbeitsdienst in Heubach u. wurde dort vor der Machtübernahme [entlassen], da infolge der Schneeverhältnisse nicht mehr weitergearbeitet werden konnte.

Aus der Spruchkammer-Akte (VVN-Archiv, 8.8.1949) ist zu ergänzen: E. wurde am 1.1.1931 NSDAP- und SA-Mitglied, am 1.6.1933 wird er SS-Sturmscharführer.

März 1933: »... meldete ich mich in Ulm zur Hilfspolizei.«
E. auf dem Kuhberg

Nach der Machtübernahme meldete ich mich in Ulm zur Hilfspolizei. Im Jahre 1934 wurde ich einem Wachkommando zugeteilt u. lag in der Grenadierkaserne in Ulm. Wir mußten Wache schieben im Schutzhaftlager in Ulm. Bei der Auflösung des Lagers wurde uns mitgeteilt, daß sich jeder nach einer Arbeit umsehen solle. Auch ich hatte damals eine Stelle in Aussicht in der Pumpstation von Gerstetten habe sie aber nicht bekommen. Daraufhin kam ich dann mit noch anderen nach Stuttgart zur Gestapo bezw. damals Politische Polizei. Dort mußte ich Akten ablegen.

15. Oktober 1935: »... auf, E., wir machen ein Gefängnis auf ...«
Die Anfänge des KZ Welzheim

Am 15. Oktober 1935 kam morgens Herr Buck zu mir ins Zimmer u. sagte, auf, E., wir machen ein Gefängnis auf, haben Sie Lust. Mittags fuhren wir mit dem Auto nach Welzheim u. machten das Gefängnis auf. Die Belegschaft war in den ersten Jahren immer so 40–50 Gefangene. Buck kam jede Woche ein paarmal u. war Samstags und Sonntags immer da. Da waren dann Vernehmungen, Appelle. Wer beim Appell aufgefallen ist bekam halbe Kost oder Arrest. Mit den Jahren wurde dann immer vergrößert. Jedesmal wann Buck kam oder meistens war es so, daß er etwas fand u. gleich war der Teufel los. Ging mal einer flüchtig war ich der Sündenbock u. wurde nach allen Regeln der Kunst angeschnauzt, daß ich mich einmal bei Herr Thum der Stellvertreter war beschwerte, daß ich so nicht mehr weiter mache. Als Thum ihm das mitteilte sagte er zu ihm, ich kann ihn doch nicht loben. Als dann der Krieg ausbrach, ging es erst recht los. Die Belegschaft stieg auf 150 – 160 – bis 200 Häftlinge hauptsächlich Ausländer. Buck kam dann im Jahre 1940 oder 41 weg. Kam aber jeden Monat zur Abrechnung u. zur Kontrolle des Gefängnisses.

»... hatte er schon einige weg.«
Einlieferungen und Vernehmungen in Welzheim

Ich gebe zu, daß es bei den Einlieferungen doch manchesmal zu bunt zuging. Sie mußten antreten im Gang, wurden dann gefragt warum eingesperrt u. es hat geheißen »Auf Bauer losgegangen« usw. »Oder ich weiß nicht«; hatte er schon einige weg. Das meiste war jedoch das Geschrei. Ich geb zu, daß ich oft bezw. immer unheimlich geflucht u. geschrien habe. Was ich heute tief bereue. Ich möchte dazu noch sagen, daß ich keinem Häftling etwas nachgetragen habe. Das müssen mir alle Häftlinge bezeugen. Wie oft kam es vor, daß die Häftlinge auf den Räumen selber Krach miteinander hatten oder sie stahlen einander das Brot usw. Dann kam eine Meldung zu mir, dann gab es halbe Kost. So auch bei schlechtem Bettenbau – Geschirr nicht sauber usw. Es waren nicht alle Gefangene gleich, es gab solche und solche. Wie viele [Gefangene] haben schon gesagt: E. ist streng aber gerecht. In Stgt. im Gefängnis haben schon viele gesagt, lieber wieder nach Welzheim, da Essen usw. gut. Was dann wieder die Vernehmungen anbetrifft, war es manchesmal verheerend [von den Beamten und Angestellten]. Das gebe ich selbst zu. Vorausschicken möchte ich, daß ich nie dabei war.

»Dann die Exekutionen ...«
Über die Ermordung von ausländischen KZ-Häftlingen

Dann die Exekutionen, die hier oder auswärts stattfanden. Meistens waren es Polen, die wegen Verkehr mit deutschen Frauen oder wegen Vergewaltigung gehenkt wurden. Da wurde telefonisch 2 Tage oder auch nur 1 Tag vorher mitgeteilt durch Herrn Thumm, Mauch, Braun oder 1 Dolmetscher, daß an dem u. dem Tag der u. der Häftling gehenkt werde in Welzheim oder aber an einem andern Ort, daß alles gerichtet sei, der Leiter oder sein Stellvertreter oder Obersturmführer Raff komme mit. Größtenteils fanden sie auswärts statt. Da war dann immer ein kleines Kommando dabei und wann dann der Wagen kam wurde aufgeladen und abgefahren. Akten waren hier keine, aber der Dolmetscher [...] sagte es uns dann immer, was und wie es derselbe wo gehenkt wird gemacht hat. Oftmals war es tatsächlich nicht glaubhaft, denn dann hätte bestimmt auch das Weib aufgehenkt gehört, das haben wir oft zueinander gesagt. Der Leiter der Exekution von den oben angeführten Herren war immer einer dabei, auch Herr Thumm oder wenn es ein Russe war, Herr Mauch. Henken mußten ihn immer 2 Polen, und zwar solche, die nicht auch daran kamen. In der ersten Zeit wurden den beiden jeweils 5 RM gutgeschrieben, später bekamen sie nur noch einige Zigaretten und dann gar nichts mehr. Schon letztes Jahr wurde es immer weniger, es hieß, daß von Berlin angeordnet worden sei, daß man die Leute dringend im Arbeitseinsatz brauche. Von da ab kamen sie ins KZ. Wie oft habe ich die Transportzettel liegen lassen von solchen, die ich von meinem Standpunkt als anständig angesehen habe, wie Stark, der wegen seinem Glauben hier war, das war ja der beste Mensch. Und ich hätte diesen nicht auf Transport geben können. Wie oft hat Thumm u. Braun zu mir gesagt, tue die Leute jetzt fort, sonst mußt du dich Berlin gegenüber äußern u. dann ist es passiert. Ich machte es nicht. Ich weiß, was ihm passiert wäre. Heute bin ich froh darüber.

Mit »Berlin« meint E. das nach Kriegsbeginn (27.9.1939) in Berlin (Prinz-Albrecht-Straße 8) begründete »Reichssicherheitshauptamt« (RSHA), dem die Staatsbehörde »Sicherheitspolizei« und die SS-Behörde »Sicherheitsdienst« (SD) unterstanden.

Mit »Stark« ist wohl der Ulmer »Zeuge Jehovas« gemeint, dessen Sohn Jonathan in Sachsenhausen hingerichtet wurde (vgl. S. 85). Auf den folgenden zwei Seiten, die hier weggelassen werden, geht E. auf diejenigen Morde in Welzheim ein, die dann später Gegenstand des Verfahrens gegen ihn waren. Sie sind bei Schätzle 2, S. 56ff., in der Sache fast identisch referiert worden. Es handelt sich um die Ermordungen von Hermann Schlotterbeck, Josef Aljberdowsky und von fünf russischen Häftlingen.

Schließlich berichtet E. über Auflösung und Evakuierung des KZ Welzheim ab dem 18./19. April 1945.
Es geht vor allem darum, ob, einem Himmler-Befehl folgend, die restlichen etwa 50 Häftlinge erschossen werden. Drei, Gottlieb Aberle, Hermann Schlotterbeck, Andreas Stadler werden bei Riedlingen von Beamten der Stuttgarter Gestapo erschossen (Schätzle 2, S. 61). Alle anderen können fliehen oder werden entlassen.

»... so wahr mir Gott helfe ...«
Ein diensteifriger Beamter, ein Christ, ein Familienvater

E. schließt seine Vernehmung mit einer dreifachen Beteuerung: nämlich tüchtig gewesen zu sein, ein gläubiger Christ und ein treusorgender Familienvater. Es wäre sicher falsch, dies als Heuchelei zu interpretieren. Es war wohl so.

Ich weiß, ich war sehr streng, vielleicht auch manchmal zu streng. Ich hätte es auch so machen sollen, wie die andern, essen, spazieren fahren und trinken. [...]
Ich bereue alles tief und verspreche hoch und heilig, daß ich von dieser Lehre endgültig geheilt bin, so wahr mir Gott helfe.
Ich bitte Sie inständig, geben Sie mich meiner Familie zurück, meiner Frau und meinen 2 lieben kleinen Kindern. Wir sind ja jetzt so arm, haben nichts mehr, haben alles verloren. Ich verspreche Ihnen, daß ich mich nur noch meiner Familie widmen werde. Ich wollte mich diese Woche in Ulm auf dem General-Guv. selber stellen, was ja ein Brief an dasselbe ausweist. Ich verspreche weiter, daß ich nicht flüchtig gehe und ich mich täglich auf der Polizei melde. Ich bitte Sie nochmals, haben Sie ein Einsehen mit mir, ich werde Sie nicht enttäuschen.

(gez.) Hermann E.

1.3.12 »Die Schicksale der Gruppe G«

Die selbst erzählte Geschichte einer Stuttgarter Jugendgruppe im Widerstand und auf dem Weg durch die Konzentrationslager (Von Fritz Kaspar, das ist ein Pseudonym für Fritz Brütsch, Franz Franz, Hans Gasparitsch, Albert Kapr, Neuauflage 1985)

Am trüben Abend des 14. März 1935 verläßt ein sechzehnjähriger Junge in Knickerbockern ein Mietshaus in der Stuttgarter Martinstraße, wo er mit seiner Mutter wohnt. Es ist der Tag, an dem er sonst mit seinen Freunden aus dem Arbeitersport zum Schwimmabend geht. Bedacht, von keinem Bekannten gesehen zu werden, eilt er aus den Häuserzeilen den nahen Schloßanlagen zu. Dort, bei der Rossebändiger-Gruppe neben der Durchgangsstraße, wird er von seinen Feunden erwartet. Er schreibt mit roter Mennige auf den Sockel der Skulpturen: »KPD lebt« und »Hitler = Krieg«. Wenige Stunden danach wird der Junge enttarnt; im Buch heißt er »Micha«, in Wirklichkeit aber Hans Gasparitsch. Sechzehn Tage vor seinem siebzehnten Geburtstag beginnt sein Weg durch Gefängnisse und KZ: Stuttgart, Landesgefängnis Ulm (30.3.1936 bis 26.10.1937), Stuttgart, Welzheim, Dachau, Flossenbürg, Dachau. Am 18. Juli 1944 kommt er nach Buchenwald, wo sich die Gefangenen am 11. April 1945 befreien. »Micha« ist nun 27.

In den Tagen nach »Michas« Verhaftung werden weitere 23, zwischen 14 und 24 Jahre alte Mitglieder der Gruppe verhaftet, deren politisches Spektrum von katholischen Gesellen über Jungsozialisten bis zu kommunistischen Gruppierungen reicht. Deren Leidensweg führt ebenso wie der von »Micha« über Gefängnisse und KZ, aber auch über eine Irrenanstalt (Zwiefalten), die Strafkompanie 999, die Front.
1946 finden sich vier Überlebende zusammen und schreiben ihre Erlebnisse auf. Das Buch erscheint erstmals 1960 in der DDR und 1985 in einem Reprint in der Bundesrepublik.
Die erzählte Wirklichkeit eines Erlebnisberichts kann den Nachgeborenen besser als historische Abhandlungen verständlich machen, was das eigentlich war, deutsche Konzentrationslager. Dieses Buch ist in unserem Zusammenhang besonders wichtig, weil es an regionale Ereignisse anknüpft. In dieser Beziehung ist es neben Lina Haags »Eine Handvoll Staub« ein literarisches Zeugnis, das in allen Schultypen als aufregend-spannende, dabei einfach lesbare Einführungslektüre in die Thematik »Verfolgung und Widerstand« dienen kann.

Hans Gasparitsch begleitet heute in Stuttgart »Alternative Stadtrundfahrten« (auch an der Rossebändiger-Gruppe vorbei), macht Führungen durch das Ulmer Dokumentationszentrum (vergleiche Seite 120) und ist hin und wieder auch bereit, in Gruppen und Schulklassen zu erzählen und aus seinem Buch zu lesen. (Vergleiche auch Bernd Burkhardt, Jugend im Widerstand, in: Fuchs, Stuttgart im Dritten Reich, S. 379–387; außerdem Bohn. Stuttgart geheim!, S. 109ff.)

Hans Gasparitsch an seinem 15. Geburtstag (30.3.1933). Er liest in der Küche seines Elternhauses Erich Maria Remarques Antikriegsroman »Im Westen nichts Neues«. Zwei Jahre später, am 17. Geburtstag, hat sein Leidensweg durch Gefängnisse und KZ begonnen.

1.4 Einige historische Voraussetzungen und Begleiterscheinungen des KZ Oberer Kuhberg

Dieses Kapitel soll die in den vorangegangenen drei Abschnitten (1.1, 1.2, 1.3) dargestellten Dokumente und Texte anhand einiger wichtiger historischer Voraussetzungen, Bedingungen und Begleiterscheinungen erläutern und einordnen helfen. Lokal- und regionalgeschichtliche wie landes- und nationalgeschichtliche Aspekte ergänzen einander. Weiterführende Literatur wurde in der Regel nur bei den lokalen Aspekten erwähnt.

Das Konzentrationslager Heuberg

Die Gebäude der früheren Kinderheimkolonie Heuberg.

Auf Veranlassung der kommissarischen Regierung wird in der früheren Kinderheim-Kolonie in Heuberg ein Konzentrationslager für politische Gefangene eingerichtet. Zu diesem Zweck werden die Wohngebäude einem Umbau unterzogen und für die Unterbringung der Inhaftierten eingerichtet.

»Ulmer Tagblatt«, 27. März 1933.

Vorläufig kein Urlaub für die Häftlinge

Stuttgart. Vom Polizeipräsidium (Württ. Landeskriminalpolizeiamt) wird mitgeteilt: In den letzten Tagen ist auf dem Truppenübungsplatz Heuberg ein geschlossenes Konzentrationslager für politische Schutzhäftlinge errichtet und in Betrieb genommen worden. Das Lager vermag zunächst etwa 1500 Gefangene aufzunehmen und bietet damit die Möglichkeit, aus dem ganzen Lande alle ruhe- und ordnungsgefährdenden Elemente laufend bis auf weiteres zu entfernen, sicherzustellen und damit die örtlichen Polizeibehörden zu entlasten. Die Beaufsichtigung des Lagers wird durch ein starkes Aufgebot von Hilfspolizei unter schutzpolizeilicher Leitung durchgeführt. Die Gefangenen sind gemeinschaftlich untergebracht und werden zu geeigneter Arbeit herangezogen werden. Sie können in beschränktem Umfang Post empfangen (Schutzhaftlager Heuberg bei Stetten am Kalten Markt) und absenden. Die Post unterliegt einer scharfen polizeilichen Kontrolle. Besuche sind bis auf weiteres n i c h t gestattet. Urlaub wird nicht erteilt. Entsprechende Gesuche sind daher zwecklos. Das Lager untersteht der Aufsicht des Landeskriminalpolizeiamts, das auch über Haftentlassungsgesuche nach Anhören der beteiligten örtlichen Stellen entscheidet. Entsprechende Gesuche sind schriftlich einzureichen; mündliche Vorstellungen und Verwendungen können nicht berücksichtigt werden.

Unter der Hauptüberschrift »Der Marxismus wird ausgerottet« erschien dieser kleine Bericht am 24. März 1933 im Stuttgarter »NS-Kurier«. Dies ist eine der prägnantesten offiziellen Kurzbeschreibungen der KZ-Konzeption in der Anfangsphase der NS-Zeit.

1.4.1 Der Kuhberg: Konzentrations- oder Schutzhaftlager?

Die Bezeichnung »KZ Oberer Kuhberg« ist zwar historisch zutreffend, sie war aber nicht die offizielle der NS-Behörden. Auf Briefkopf und Stempel des Lagers stand »Württ. Schutzhaftlager Ulm/Donau«, in manchen Schreiben ist auch vom »Schutzhaftlager Oberer Kuhberg bei Ulm« die Rede. In der öffentlichen Rechtfertigung knüpfen die Nazis dabei an die juristische Definition der »Schutzhaft« aus der Weimarer Zeit an: Das einzelne Individuum müsse vor dem »Volkszorn« geschützt werden, für den die SA in der Regel pünktlich sorgte. Daß der Begriff »KZ« von den Machthabern für den Kuhberg bewußt vermieden wurde, hing auch damit zusammen, daß bei der innerdeutschen Opposition bzw. bei der ausländischen Presse die KZ schon ab Frühjahr 1933 zu einem Schlüsselbegriff der Kritik an den NS-Verhältnissen geworden waren. Für den Heuberg gebrauchen die neuen Machthaber im

59

März/April 1933 noch völlig ungeniert den Begriff »Konzentrationslager«, wie der regionalen zeitgenössischen Presse (Ulmer Bilderchronik IV, Ulmer Tagblatt, Ulmer Sturm, dem Stuttgarter »NS-Kurier« u.a.) zu entnehmen ist.

Ein Beleg unter vielen für das Gesagte (aus dem NS-Kurier vom 16. März 1933): Unter der Überschrift »Konzentrationslager für die KPD-Arbeiterverräter« mit der Unterzeile »Aus der Tätigkeit des Polizeikommissars von Jagow« steht u.a., es komme »ein Erlaß heraus, der allen Personen, die sich aus politischen und rassenmäßigen Gründen bedroht fühlen, anratet, sich in Schutzhaft zu begeben, da sonst keine Gewähr für ihre Sicherheit gewährleistet werden kann«. Eine Möglichkeit, dem »Rat« nicht zu folgen, gab es nicht.

1.4.2 Die rechtliche Grundlage der KZ-Haft

Die rechtliche Grundlage der KZ-Haft ist die »Verordnung des Reichspräsidenten zum Schutz von Volk und Staat« vom 28. Februar 1933, einen Tag nachdem der Reichstag in Berlin gebrannt hatte. Sieben Artikel der Weimarer Verfassung werden außer Kraft gesetzt. Wörtlich heißt es: »Es sind daher Beschränkungen der persönlichen Freiheit, des Rechts der freien Meinungsäußerung, einschließlich der Pressefreiheit, des Vereins- und Versammlungsrechts, Eingriffe in das Brief-, Post-, Telegraphen- und Fernsprechgeheimnis, Anordnungen von Haussuchungen und von Beschlagnahmen sowie Beschränkungen des Eigentums auch außerhalb der sonst hierfür bestimmten gesetzlichen Grenzen zulässig.«

Wird auch diese »Verordnung« im Moment ihres Inkrafttretens mit der »Abwehr kommunistischer staatsgefährdender Gewaltakte« begründet, so zeigt sich doch schon nach wenigen Tagen, was der damit begründete KZ-Staat bedeutet:

»Der Hauptzweck der Konzentrationslager war die Ausschaltung jeden wirklichen oder vermuteten Gegners der nationalsozialistischen Herrschaft. Absondern, diffamieren, entwürdigen, zerbrechen und vernichten – das waren die Formen, in denen der Terror wirksam wurde« (Eugen Kogon in seinem Standardwerk »Der SS-Staat« von 1946).

1.4.3 Vom Kuhberg bis Auschwitz: die Entwicklungsstufen des KZ-Systems

Natürlich sind das KZ Kuhberg und das Vernichtungslager Auschwitz in ihrer Erscheinungsform nicht zu vergleichen. Dennoch berechtigt sowohl die Intention der Machthaber als auch die historische Betrachtung der Gesamtentwicklung zu der Feststellung: Der Kuhberg war die erste Stufe eines Systems, dessen letzte Auschwitz war. In vereinfachten Stichworten hier die wichtigsten Entwicklungsstufen (nach Kogon und Broszat):

1933: Ausschaltung der gesamten politischen Opposition, vor allem von Kommunisten, Sozialdemokraten, Gewerkschaftern. Es entstehen im Reich etwa einhundert »wilde« Lager, in die etwa 150 000 Menschen verschleppt werden. Es gibt noch keine allgemein verbindlichen Lagerordnungen. Das Wachpersonal ist ungeschulte, im März/April rekrutierte »Hilfspolizei« aus den Reihen der SA, aber auch der SS, des Stahlhelm und (im Raum Ulm) des »Schwabenbanners«. Zu dieser Kategorie zählt der Heuberg, zum Teil auch noch der Kuhberg.

1934–1937: Aufbau eines umfassenden KZ-Systems nach dem »Dachauer Modell« und in Organisation der SS. Als neue Häftlingskategorien kommen nun »volksschädigende Elemente« wie »Arbeitsscheue«, »Asoziale«, Kriminelle in die Lager. Der Kuhberg bleibt den »Politischen« vorbehalten, mit einigen Ausnahmen.

1938–1939: Verschärfter Rassismus; es werden Tausende Juden und andere »nichtarische« Gruppen wie Sinti und Roma ins KZ gebracht. Dazu kommen Zeugen Jehovas und politische Häftlinge aus Österreich und der Tschechoslowakei. SS-Betriebe größeren Ausmaßes, zum Beispiel in Mauthausen, werden gebildet.

1939–1942: Nun stehen die KZ im Zeichen des Krieges. Arbeitskräfte werden benötigt. Angesichts der großen Zahl von Häftlingen aus den besetzten Gebieten gilt weitgehend das Prinzip: »Vernichtung durch Arbeit«. Es entstehen die Massenlager wie Auschwitz, Treblinka, Maidanek. 1942 kommen die KZ unter die Verwaltung des »SS-Wirtschafts-Verwaltungshauptamtes«, das für seine Unternehmen hauptsächlich Häftlinge arbeiten läßt und sie auch an Privatunternehmen »vermietet«.

1942–1945: Die »Wannsee-Konferenz« ist das Signal für die sogenannte »Endlösung der Judenfrage« und damit für systematische Massen-Vernichtungsaktionen. In diesem Stadium finden in großem Ausmaß auch »medizinische Experimente« an Häftlingen statt.

1.4.4 Polizei-staatliche Zuständigkeiten für KZ und Schutzhaftlager ...

... besonders im Hinblick auf Württemberg und das »Schutzhaftlager« Ulm

Unmittelbar nach den Reichstagswahlen vom 5. März 1933 ging das NS-Regime – in Württemberg unter Leitung des neuen »Polizeikommissars« Dietrich von Jagow – daran, die reguläre Polizei »gleichzuschalten«, das heißt von politisch unzuverlässigen Beamten zu »säubern« und diverse partei-loyale neue Institutionen aufzubauen. Der Polizeiapparat wird ab 12. März mit **Hilfspolizei** aus nationalsozialistischen (SA, SS) und deutschnationalen paramilitärischen Verbänden (Stahlhelm, Schwabenbanner) vor allem zum Zweck des »Schutzhaft-Vollzugs« aufgebläht. Am 25. März 1933, zehn Tage nach der Konstituierung der nationalsozialistischen Landesregierung, machen diese Polizeikräfte bereits 45 Prozent der regulären Polizei aus. (Hier und im folgenden Sauer, Württemberg, S. 58 ff.) Im Herbst 1933 wurde die Hilfspolizei aufgelöst, ein Teil wird in die reguläre Polizei übernommen, besonders »alte Kämpfer«.

Am 28. April 1933 verfügt der württembergische Innenminister die Bildung der **»Württembergischen Politischen Polizei«**. In sie wurde die Abteilung IV des Polizeipräsidiums Stuttgart (Landeskriminalpolizeiamt) übernommen, die bis dahin für die »Schutzhaft« zuständig gewesen ist. Nunmehr bekommt die »Politische Polizei« unter Leitung des »Sonderkommissars« beim Innenministerium, dem SA-Mann und Amtsrichter Dr. Hermann Mattheiß, die Aufsicht über »Schutzhaftlager« und »Schutzhaftangelegenheiten«, ab 21. April zum Beispiel über den Heuberg. Die »Politische Polizei« in der Stuttgarter Dorotheenstraße wird zu einer Art »Überbehörde« zum Zweck der Kontrolle und Überwachung aller irgendwie politisch relevanten Vorgänge im Land.

Am 28. August 1933 wird in Ulm und Friedrichshafen je eine »Außenhauptstelle« der Stuttgarter Zentrale eingerichtet. Mattheiß wird im Mai 1934 durch den SS-Mann Dr. Stahlecker ersetzt und im Zusammenhang mit dem Röhm-Putsch am 1. Juli 1934 erschossen.

Am 27. Januar 1934 entsteht, zunächst auf Landesebene, die **»Geheime Staatspolizei«** (Gestapo), die unter der Bezeichnung »Politisches Landespolizeiamt« in unmittelbarer Aufsicht des Innenministers steht. Zu ihren Aufgaben zählt das Auffinden von Vergehen, die einen Menschen ins KZ, zum Beispiel auf den Kuhberg, bringen können: Erfassung aller wichtigen politischen Vorgänge und Ereignisse; Ermittlung und Bekämpfung politischer Gewalttaten, von Hoch- und Landesverrat sowie Spionage; polizeiliche Presse-Kontrolle; Zentrale für den politischen Nachrichtendienst im Land. Wichtigste Befugnis aber der Gestapo war die Verhängung von »Schutzhaft« ohne Kontrolle der Justizbehörden und ohne Einspruchsmöglichkeiten der Betroffenen.

Im Juni 1936 tritt an die Stelle des »Politischen Landespolizeiamtes« die »Staatspolizeileitstelle Stuttgart«, und zwar nunmehr als Landesdienststelle der in Berlin zentralisierten **»Sicherheitspolizei«** unter SS-Gruppenführer Reinhard Heydrich. Die Auflösung der Landeshoheit in Polizei- und damit auch KZ-Angelegenheiten zugunsten des Reiches, das heißt konkret der SS, wurde Ende 1933 begonnen und von Himmler im Juni 1936 vollendet. Am 9. Dezember 1933 schon wurde er als »Reichsführer SS« zum Kommandeur der Württembergischen Politischen Polizei ernannt. Am 30. Januar 1934 ging die Polizeihoheit auf das Reichs-Innenministerium über.

Diese von den Nazis so genannte »Verreichlichung« bedeutete auch im Bereich der Konzentrationslager eine Vereinheitlichung, Systematisierung, »Effektivierung« des Terrors gegen die Gegner des Systems.

Für den Kuhberg hatte die Reichs-Zentralisierung der Polizei wohl noch keine Bedeutung, im Gegensatz etwa zu Welzheim und Dachau. Dies belegt zum Beispiel der Stempel mit dem württembergischen Wappen und der Inschrift: »Württ. Innenministerium/Württ. Politische Polizei/Schutzhaftlager Ulm a.D.« (vgl. S. 59).

Zu der **Wachmannschaft des Kuhberg** ist in organisatorischer Hinsicht folgendes zu sagen: Neben dem Kommandanten und seinem Stellvertreter waren auf dem Oberen Kuhberg fünf Polizei- und Verwaltungsfachleute fest angestellt (Stand 18. Januar 1934). Ein Ulmer war nebenberuflich als Lagerarzt tätig.

Die Bewachung oblag den ehemaligen Hilfspolizisten von SA und SS, die mittlerweile formal der Schutzpolizei angehörten und weitgehend in der Ulmer Grenadierkaserne kaserniert waren. Sie hatten zunächst grüne Polizei-Uniformjacken, bekamen aber dann im Lauf des Jahres 1934 schwarze SS-Uniformen. Im Februar 1934 zählte das Wachpersonal 91, im Januar 1935 nur noch 35 Mann. Ein Großteil der Wachmannschaft dürfte kaum mehr als 20 Jahre alt gewesen sein.

Etwa einen Monat nach Auflösung des Konzentrationslagers Oberer Kuhberg, am 6. August 1935, tat die Ulmer »Landespolizeiabteilung« den »Schwur auf den Führer« und wurde gleichzeitig in die Wehrmacht eingegliedert. (vgl. Sieger, S. 24).

1.4.5 Dachau, Heuberg, Ankenbuck, Gotteszell, Kislau, Welzheim
Die Konzentrationslager in nächster historischer und geographischer Nähe zum Kuhberg

Das **KZ Dachau** wurde im März 1933 auf dem Gelände einer stillgelegten Munitionsfabrik eingerichtet, am 22. März kamen die ersten Häftlinge. Es war zunächst nur für Bayern, also auch für Neu-Ulm das zuständige »Schutzhaftlager«. Spätestens mit Auflösung des KZ Oberer Kuhberg (die letzten 31 Häftlinge wurden am 11. Juli 1935 nach Dachau gebracht) kamen »schwerere Fälle« aus dem Reich und auch aus Württemberg nach Dachau. Inzwischen war in Dachau der KZ-Terror systematisiert und zu einer Art Modell des deutschen KZ-Systems geworden (vgl. Puvogel, S. 92ff., dort weitere Literatur).

Das **KZ Heuberg** bei Stetten am Kalten Markt war das zeitgleich, wenn nicht etwas früher bezogene Pendant zu Dachau für Württemberg und Baden. Auf dem Gelände eines damals ausgedienten (heute von der Bundeswehr benutzten) Truppenübungsplatzes eingerichtet, war es nach der »Machtergreifung« Deutschlands größtes KZ. Bis 29. März sind 1500, bis Mitte August 1933 3490 Gefangene nachgewiesen. Im Zuge der Remilitarisierung Deutschlands wurde das Gelände ab Januar 1934 wieder für die Reichswehr benötigt, so daß das KZ zwischen August und Weihnachten 1933 aufgelöst wurde. Die württembergischen Häftlinge kamen auf den Kuhberg (vgl. Puvogel, S. 35f.; Schätzle, S. 15ff ; Sauer, Württemberg, S. 162ff.).

In dem staatlichen Hofgut **Ankenbuck**, zwischen Dürrheim und Donaueschingen gelegen, war von April 1933 bis Februar 1934 ein kleineres Durchgangslager für Baden. Mit der Auflösung des KZ Heuberg kamen von dort etwa 40 bis 50 Häftlinge (vgl. Puvogel, S. 15; Schätzle 2, S 39).

Das **KZ Kislau** zwischen Heidelberg und Karlsruhe in den Räumen eines ehemaligen Schlosses untergebracht, wurde ab 1. April 1933 zentrales KZ für Baden, speziell Nordbaden/Mannheim. Bei Auflösung des Konzentrationslagers Heuberg war es neben dem Kuhberg und Ankenbuck das dritte Aufnahmelager für die verbliebenen Häftlinge. Kislau wurde 1938 aufgelöst, die letzten Häftlinge kamen nach Dachau (Puvogel, S. 37f.; Schätzle 2, S. 40ff.). – 1984 sind die »Briefe aus dem Konzentrationslager Kislau« des dort am 28. Mai 1934 ermordeten Sozialdemokraten Ludwig Marum herausgegeben worden: eine sehr sorgfältige Edition (Elisabeth Marum-Lunau und Jörg Schadt) und ein erstrangiges historisches Zeugnis.

Gotteszell, das erste Konzentrationslager für Frauen (etwa 50) in Württemberg/Baden, war von März bis Herbst 1933 in dem gleichnamigen Kloster bei Schwäbisch Gmünd untergebracht (Puvogel, S. 54; Schätzle 2, S. 25f.; Lina Haag, S. 17ff.).

Das **KZ Welzheim**, nordwestlich von Schwäbisch Gmünd, wurde im ehemaligen Amtsgerichtsgefängnis im Oktober 1935 mit der offiziellen Bezeichnung »Polizeigefängnis« eingerichtet. Welzheim war das württembergische Nachfolgelager für den Kuhberg, und zwar für solche Häftlinge, die aus unterschiedlichen Gründen nicht gleich nach Dachau kamen. Nach der »Kristallnacht« (November 1938) wurden viele württembergische Juden eingeliefert und schwer mißhandelt. Während des Krieges waren vorwiegend polnische und russische Zwangsarbeiter dort, über fünfzig wurden ermordet. Das Lager löste sich erst bei Kriegsende auf. Kommandant war zunächst Karl Buck, ab 1941 Hermann Eberle (Puvogel, S. 71f.; Schätzle 2, S. 54ff.; Sauer, Württemberg, S. 441).

1.4.6 Ulmer Gefängnisse

Das **Gefängnis bzw. Arresthaus der Ulmer Garnison** wurde ab Mai 1933 eine »Filialstelle« des KZ Heuberg für etwa 60 Häftlinge. Im Mai und im Oktober 1933 kamen in zwei großen Schüben vom Heuberg solche Kommunisten und Sozialdemokraten, die unter »verschärftem Arrest« isoliert von den anderen Häftlingen sein sollten. Ihre Bewachung war korrekt, sie geschah durch in der Pionierkaserne untergebrachte Schutzpolizei, nicht durch die neue Hilfspolizei wie am Heuberg und am Kuhberg. Verantwortlich war der Polizeioberwachtmeister Gnaier, ein alter »Weimarer« Beamter und Zentrumsmitglied, ob seiner Menschlichkeit durchgehend gelobt.
Nach der Einrichtung des KZ Kuhberg ab November 1933 – die nötigen Arbeiten mußten zum Teil von Insassen des Garnisons-Gefängnisses getan werden –, wurde dieses wohl mindestens bis 1935 nicht mehr für politische »Schutzhäftlinge« verwendet. Ein Beispiel für eine spätere Belegung ist die Inhaftierung von zehn Ulmern, unter ihnen die ehemaligen Zentrums-Politiker Wiedemeier und Witzigmann, sowie Georg Siegwarth, KPD, und Johannes Weißer, SPD, nach dem 20. Juli 1944. Der Bau ist von außen im alten Zustand heute noch erhalten: Frauenstraße 134 (vgl. Schätzle 2, S. 28).

Das **Landesgefängnis Ulm in der Talfinger Straße 30** (heute noch dort in alter Funktion) war gerichtlich verurteilten Strafgefangenen vorbehalten. Darunter befanden sich vor und nach 1933 viele politische Häftlinge. Der Gefängnisdirektor, Justizrat Klaus (bis März 1939, vgl. Ulmer Sturm, 13.3.1939), war ob seiner Methoden berüchtigt. In den Protokollen des Württembergischen Landtags 1932 (S. 554ff.) ist die Anfrage des KPD-Abgeordneten Alfred Haag bezüglich Klaus' Brutalität wiedergegeben.

In der **»Untersuchungshaftanstalt« im Frauengraben** (heute noch in alter Funktion) waren auch viele politische U-Häftlinge, zum Beispiel Robert Scholl.

Wohl erst im Krieg gab es noch als Außenstellen von Talfinger Straße und Frauengraben die »Zweiganstalt Bettenreute« und die »Außenarbeitsstelle Langenauer Ried«.

1.4.7 Magirus und Unterfahlheim: Zwei Dachauer Außenlager im Raum Ulm/Neu-Ulm

In der zweiten Kriegshälfte gab es im Raum Ulm/Neu-Ulm zwei Außenlager des KZ Dachau. (Vgl. zu den KZ-Außenlagern in Baden, Württemberg und im Bezirk Schwaben u.a.: Schätzle 2, S. 64ff.; Puvogel, S. 15–150; Römer 2; Ziegler; Vorländer.)
Dabei ist über den Einsatz von KZ-Häftlingen in der Rüstungsproduktion von **Magirus** (Klöckner-Humboldt-Deutz) bisher ausschließlich ein ungefährer Zeitraum des Bestehens greifbar: 4. Januar bis 11. März 1945 (vgl. Internationaler Suchdienst). Alle anderen Daten, wie Zahl, Herkunft und Unterbringung der Häftlinge, Ort und Art der Arbeit, konnten noch nicht ermittelt werden. Bekannt ist, daß bei der Suche nach unterirdischen Produktionsstätten für die Kriegsindustrie 1944/45 auch Festungsteile in Ulm und Neu-Ulm und der Ulmer Gold-Ochsen-Keller ins Auge gefaßt worden waren (Römer 2, S. 10).

Gleichfalls noch sehr unvollständig sind die Angaben zum Dachauer Außenlager in **Unterfahlheim**, zwischen Neu-Ulm und Leipheim an der heutigen B 10. Zum Zweck der Bewirtschaftung von Fischzuchtanlagen, die 1933 der SS-Major Dr. Karl Rühmer für 12 000 RM erworben hatte, waren hier spätestens seit Sommer 1942 KZ-Häftlinge aus Dachau als billige Arbeitskräfte eingesetzt. Die 36 Fischteiche liegen »am Biberhaken« im Bibertal. Untergebracht war eine Gruppe der Häftlinge (etwa sieben Bibelforscher, Polen, Ukrainer) in zwei Baracken an den Teichen, eine Gruppe straffällig gewordener SS-Leute im Unterfahlheimer Armenhaus. Spezielle Lagerschikanen gegenüber den Häftlingen sind bisher nicht bekannt ge-

worden. Ein Häftling, der geflohen war, wurde in Anwesenheit der Mithäftlinge in Dachau erschossen. Am 19. September 1986 starb ein bekannt gewordener ehemaliger Häftling, Johannes Vanloo aus Salzgitter (vgl. Neu-Ulmer Zeitung, 12.2. und 30.9.1986; weitere Angaben bei Römer 2, S. 113–116). Als örtlicher Sachverständiger kann Kurt Fahrner, Amselstraße 5, 7916 Nersingen, angesprochen werden. Auch das im Dezember 1987 erschienene Ober- und Unterfahlheimer Heimatbuch von Hans Enderle enthält Informationen.

1.4.8 Das Fort Oberer Kuhberg als Teil der »Festung Ulm« und seine Nutzungsgeschichte

»Fort Oberer Kuhberg (Werk XXXII) Außenfort der ehemaligen Bundesfestung Ulm. Bauzeit 1848-1857, verstärkt bis 1905. Gesamtfläche 3 ha.« (Aus dem Text der Informationstafel am ehemaligen Lagereingang). Das Fort Oberer Kuhberg ist ein Baustein innerhalb der ehemaligen Bundes-, ab 1873/75 Reichsfestung Ulm. Seit 1815 wurde Ulm als »Waffenplatz und verschanztes Lager« vom Deutschen Bund geplant, und zwar, entsprechend den frischen Erfahrungen aus den Napoleonischen Kriegen, gegen den »Feind im Westen«, Frankreich. Der dritte Befestigungsentwurf wird am 11. August 1842 genehmigt, am 18. Oktober ist Baubeginn. Ende der ersten Bauphase, bei der zeitweise bis zu 8 000 (Fremd-)Arbeiter beschäftigt waren, ist 1857. Planungsbeauftragter und späterer Festungsbau-Direktor war der preußische Ingenieur-Major Moritz Karl Ernst von Prittwitz (1795–1885). Die Ulmer Festung, die auch ein großes Gebiet rechts der Donau umfaßt und damit gewissermaßen die Stadt Neu-Ulm historisch konstituiert, ist der größte Festungs-Bau Europas und das aufwendigste Bauwerk in der Geschichte Ulms, das Münster eingeschlossen. (Hier und zum Folgenden vgl. Schäuffelen; Koine/Traub; Specker 1, S. 299ff.).
Bis 1905, zum Teil bis 1918, wird die Ulmer Festung ständig verändert, ergänzt, verstärkt, gleichzeitig aber etwa ab 1900 zum Teil aufgelassen und abgerissen.

Gründe dieser Änderungen waren neue Waffen- und andere Technologien, neue Baumaterialien, neue Militär-Strategien, vor allem aber veränderte gesellschaftlich-ökonomische Verhältnisse, andere politische Feindbilder und ideologische Macht-Vorstellungen. Spätestens 1890 wurde die Festung als architektonische Zwangsjacke für die geographische Ausweitung und damit die ökonomisch-industrielle Entwicklung Ulms empfunden. Mit dem Ende des Ersten Weltkriegs ist sie militärisch funktionslos und damit insgesamt zur Ruine mit diversen Ersatzfunktionen geworden.

Am Beispiel des Forts Oberer Kuhberg seien neben der »Nutzung« als KZ (November 1933 bis Juli 1935) einige weitere Ersatz-Nutzungen aufgezählt (vgl. Schäuffelen, S. 58, 148f.; Koine/Traub, S. 36ff.):

➤ als Kriegsgefangenen-Lager in den Kriegen 1870/71, 1914/18 und 1939/45;
➤ als Übungsgelände von Reichswehr (1918–1933) und Wehrmacht (1935–1939);
➤ als Produktionsstätte für Rüstungsgüter (z.B. der Firmen Hörz, Wieland, Kässbohrer), u.a. als »Munitionsanstalt für Küsten-Artillerie-Munition« ab 1939;
➤ als Luftschutzräume (1945);
➤ als Notwohnungen mit Kleintierhaltung für Ausgebombte und Flüchtlinge, nach 1945;
➤ als »Wirtschaft zum Hochsträß« (Reduit-Gebäude, 1945–1957);
➤ als Lagerräume für verschiedene Ulmer Firmen bis in die siebziger Jahre.

Der »Denkmalschutz« seit 28. Oktober 1960 und die neuen Nutzungen als KZ-Gedenkstätte einerseits und militärgeschichtliches Denkmal andererseits bewahrten das Fort schließlich vor dem Schicksal des größten Teils der Festung Ulms, nämlich nur noch als Baumaterial zu dienen.

1.4.9 Die Festungs- und Garnisonsstadt Ulm, das KZ Oberer Kuhberg und die NS-Zeit in Ulm/Neu-Ulm

Für das Thema dieses Buches, »Das KZ Oberer Kuhberg und die NS-Zeit in Ulm/Neu-Ulm«, geht der Zusammenhang mit der historischen Erscheinung der Bundesfestung weit über den räumlichen Zusammenhang, daß das KZ im Fort Oberer Kuhberg untergebracht war, hinaus. Auch wenn die Festung als Bauwerk im 20. Jahrhundert nutzlos geworden war, so leitete sie doch eine in ihrer Bedeutung für die Region Ulm/Neu-Ulm kaum zu überschätzende Entwicklung als militärischer Standort ein. Das heißt: Die gesamte Wirtschaftsstruktur der Region, von den Schlüssel-Industrien bis zu kleinen Handwerks-, Zuliefer- und Dienstleistungs-Betrieben, war durch den Festungsbau und die damit verbundene Zentralisierung militärischer Macht grundlegend von den Erfordernissen des Militärs und damit der Rüstungs- und Kriegsproduktion geprägt. Die wirtschaftliche Abhängigkeit hatte notwendig ihre Entsprechungen in der Alltagskultur (man denke nur an die vielen Wirtshäuser), im Bewußtsein und in den Wertvorstellungen großer Teile der Bevölkerung, natürlich besonders auch in den Interessen der sozialen Eliten. (Als zugänglichste Quelle vgl. Ulmer Bilderchronik, Bände 1–4.)

So erscheint es folgerichtig, daß der weitgehende Verlust des Militärs in der Region Ulm/Neu-Ulm im Jahr 1919 einen existenziellen Einbruch bedeutete. Ein einziges Beispiel, das Zahlenverhältnis Zivilbevölkerung/Militärpersonen in Ulm in den Jahren 1910, 1916, 1925, macht das verständlich (Ulm/Neu-Ulmer Adreßbuch 1935, S. 16*):

1.12.1910: 48 322 Zivilpersonen, 7 787 Soldaten;
1.12.1916: 47 124 Zivilpersonen, 21 512 Soldaten;
16. 6.1925: 57 819 Zivilpersonen, 1 538 Soldaten.

Die einschneidende Verkleinerung des Militärs als wirtschaftliche Lebensgrundlage mußte die Bevölkerung der Ulmer Region anfälliger für die Feinde der Weimarer Republik machen als in vielen anderen Städten des Reichs. Die Parolen von bürgerlichen Rechten und Rechtsradikalen bis hin zur jungen NSDAP, wie zum Beispiel die von der »Schmach von Versailles« oder dem »Verrat der Weimarer System-Parteien«, mußten in Ulm ebenso auf fruchtbareren Boden als anderswo fallen wie der Ruf nach Wiederaufrüstung. Liegt angesichts dieser Voraussetzungen nur ein historischer Zufall oder doch eine gewisse Folgerichtigkeit darin, daß ein Teil der Ulmer Festung, das Fort Oberer Kuhberg, für diejenigen NS-Gegner als Gefängnis diente, die vor allem eine Einsicht verband: »Hitler bedeutet Krieg«?

1.4.10 Was wußten die Ulmer vom KZ auf dem Kuhberg?

Im weiteren Zusammenhang mit der Ulmer »Lebensader« Militär ist auch die Frage zu erörtern, was die Ulmer von »ihrem« KZ wußten.

Einerseits ist festzustellen: Die Gefangenen wurden in der Regel gegenüber der Öffentlichkeit radikal abgeschirmt. Den Häftlingen war es nach der Entlassung streng verboten, unter Androhung der Wiedereinlieferung, über die Haft-Zustände zu reden; nicht aber darüber, schon der Einschüchterung der Bevölkerung wegen, daß sie überhaupt in »Schutzhaft« gewesen waren. Und schließlich wurde in den Ulmer Zeitungen bewußt das KZ Kuhberg, im Gegensatz zum Heuberg, kaum mehr erwähnt. Eine Ausnahme bildet der Artikel über die »Schutzhaft für katholische Geistliche« am 8. Januar 1934 im Ulmer Tagblatt.
Ganz allgemein galt: ein falsches Wort in der Öffentlichkeit, selbst unter Bekannten, konnte Zuchthaus oder KZ oder wenigstens eine Vorladung bei der Politischen Polizei bedeuten.

Andererseits steht fest: Einzelne Häftlinge und kleinere Gruppen wurden, zum Teil angekettet, durch die Stadt geführt oder auf Lastwagen gefahren. Donnerstags fuhr zum Beispiel immer ein Kuhberg-Lastwagen durch Ulm, wahrscheinlich war dies der »Badetag« im Garnisonsgefängnis. Auch kleinere Arbeitstrupps waren regelmäßig unterwegs. Einige Häftlinge erinnern sich dankbar, daß von mildtätigen Ulmern sogenannte »Bären«, etwa eine Zigarette oder ein Stück Brot, gelegt wurden, wenn sie Häftlinge sahen. Wahrscheinlich im Sommer 1934 wurde sogar vor einem Haus am südlichen Münsterplatz eine wohl drei Meter hohe, bekränzte und illuminierte Porträtzeichnung Hitlers zwei Tage ausgestellt. Sie sei mit dem Hinweis versehen gewesen, dies sei von Häftlingen »des Konzentrationslagers Kuhberg aus reiner Verehrung für den ›Führer‹ gemalt« worden (Riester, S. 40).

Diese wenigen Hinweise lassen vermuten, daß die Existenz eines Kerkers für Regime-Gegner allgemein bekannt gewesen ist, allerdings ohne nähere Kenntnis interner Vorgänge. Dennoch ist zu unterstellen, daß mit diesem Wissen bei der großen Mehrheit und vor allem der die soziale Elite darstellenden bürgerlichen Mittelschicht keinerlei Unrechtsbewußtsein verbunden war; ebenso übrigens wie gegenüber dem Antisemitismus. Im Gegenteil, es dürfte eine weitgehende Sympathie dafür vorauszusetzen sein, daß die politischen »Unruhestifter« der Weimarer Zeit, Kommunisten und Sozialdemokraten, deren Wählerschaft in Ulm zusammengenommen um die 8000 (etwa 25 Prozent) betrug, nun endlich aus dem Verkehr gezogen waren.
Für den Ulmer Protestantismus, der ja zusammen mit dem Militär kultur- und bewußtseinsprägend in dieser Stadt war, bestätigt das der Ulmer Schuldekan Mayer in seiner 1984 erschienenen Schrift über den »Ulmer Bekenntnistag 1934« (S. 33f.): Gleichgültig ob den NS-hörigen »Deutschen Christen« oder der »Bekennenden Kirche« sich zurechnend, die Ulmer Protestanten empfanden gegenüber der »Schutzhaft« oder dem »KZ unmittelbar vor den Toren der Stadt« keinerlei Rechts- oder Moral-Verstoß. Der Kuhberg wurde wie andere Gefängnisse der Stadt gesehen und so wie diese vom zuständigen Pfarrer seelsorgerlich betreut.

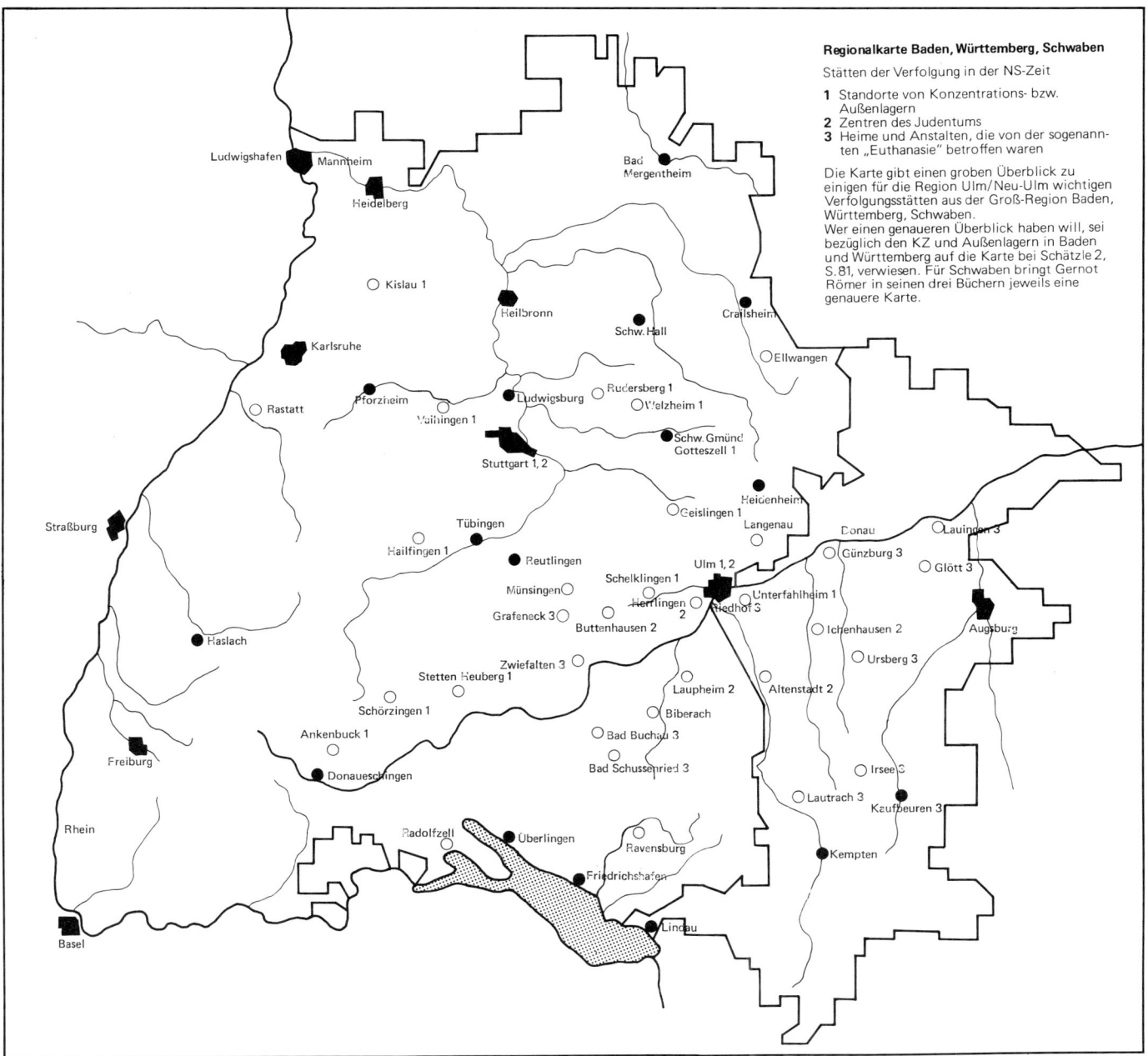

Regionalkarte Baden, Württemberg, Schwaben

Stätten der Verfolgung in der NS-Zeit

1 Standorte von Konzentrations- bzw. Außenlagern
2 Zentren des Judentums
3 Heime und Anstalten, die von der sogenannten „Euthanasie" betroffen waren

Die Karte gibt einen groben Überblick zu einigen für die Region Ulm/Neu-Ulm wichtigen Verfolgungsstätten aus der Groß-Region Baden, Württemberg, Schwaben.
Wer einen genaueren Überblick haben will, sei bezüglich den KZ und Außenlagern in Baden und Württemberg auf die Karte bei Schätzle 2, S. 81, verwiesen. Für Schwaben bringt Gernot Römer in seinen drei Büchern jeweils eine genauere Karte.

Ludwigshafen
Mannheim
Heidelberg
Bad Mergentheim
Kislau 1
Heilbronn
Crailsheim
Schw. Hall
Karlsruhe
Ellwangen
Rastatt
Pforzheim
Rudersberg 1
Vaihingen 1
Ludwigsburg
Welzheim 1
Straßburg
Schw. Gmünd
Gotteszell 1
Stuttgart 1, 2
Heidenheim
Geislingen 1
Langenau
Tübingen
Donau
Lauingen 3
Hailfingen 1
Günzburg 3
Glött 3
Reutlingen
Schelklingen 1
Ulm 1, 2
Münsingen
Herrlingen 2
Unterfahlheim 1
Grafeneck 3
Buttenhausen 2
Riedhof 3
Ichenhausen 2
Augsburg
Haslach
Zwiefalten 3
Laupheim 2
Altenstadt 2
Ursberg 3
Stetten Heuberg 1
Biberach
Schörzingen 1
Bad Buchau 3
Ankenbuck 1
Bad Schussenried 3
Irsee 3
Donaueschingen
Lautrach 3
Kaufbeuren 3
Freiburg
Rhein
Radolfzell
Überlingen
Ravensburg
Kempten
Friedrichshafen
Basel
Lindau

2. Die NS-Zeit in der Region Ulm/Neu-Ulm. Vergleichende Chronologie und ausgewählte Dokumente

Erläuterungen zu diesem Kapitel

Die in drei Spalten aufgeteilte Zeittafel stellt einerseits den Versuch dar, die regionalen Ereignisse der NS-Zeit (Spalten 2 und 3, ergänzt durch Bild- und Text-Dokumente auf der Seite gegenüber) von den Vorgaben in Reich (Spalte 1) und Land (zum Teil Spalte 2) abzuheben. Andererseits sollen die ulm-spezifischen Ereignisse von Verfolgung und Widerstand (Spalte 3) konfrontiert werden mit den Ereignissen nationalsozialistischer Machtentfaltung (Spalten 1, 2).

Die Aufteilung ist als Hilfe für den Leser gedacht, auch wenn die Zuordnung zu den einzelnen Spalten nicht konsequent zu verwirklichen war. Chronologie und Dokumente zusammen bilden eine Art historischen Stichwortkatalog für Thema und künftige Aufgabe des DZOK, nämlich die NS-Zeit in der Region Ulm/Neu-Ulm anschaulich zu machen. Ein Anspruch auf Vollständigkeit besteht nirgendwo. Was die Regionalspalten anlangt, so ist zur Ergänzung auf eine Chronologie zu verweisen, die erst nach Drucklegung dieses Buches erscheint: Band 5 der »Ulmer Bilderchronik«.

Die wichtigsten regionalgeschichtlichen Quellen-Werke der Chronologie sind (vgl. Literaturverzeichnis): Arbeitskreis Schule und Archiv 3; Sauer, Württemberg; Ulmer Bilderchronik 4.

Die reichsgeschichtlichen Daten wurden Werken entnommen, die nicht im Literaturverzeichnis aufgeführt sind:

Heinz Bergschicker: Deutsche Chronik [...], Berlin 1983;

Wilhelm von Kampen: Holocaust. Materialien [...], Bundeszentrale für Politische Bildung 1982;

Der große Ploetz, Würzburg 1980;

Renzo Vespignani: Faschismus [...], Berlin 1976.

Ausgewählte Dokumente I

Wer den Nazis in Ulm/Neu-Ulm zur Macht verholfen hat. Einige Stichworte

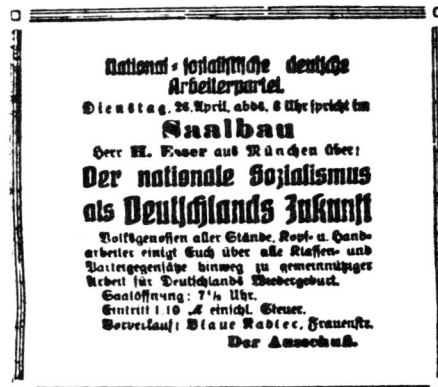

Anzeige zur ersten Versammlung der NSDAP im Ulmer Saalbau am 26. April 1921 im »Ulmer Tagblatt« vom 25. April 1921. Redner war der Münchener Journalist und erste Propagandaleiter der jungen Partei, Hermann Esser, mit der Mitgliedsnummer 2. – Die Ulm/Neu-Ulmer NSDAP wurde am 6. November 1922 gegründet und am 23. November 1923 wegen des Hitler-Putsches wieder verboten. Am 6. August 1926 wird sie offiziell unter dem Ortsgruppenleiter Wilhelm Dreher (1892 bis 1969) aus Ay bei Senden neu gegründet. Am 1. Oktober 1932 entstehen für Ulm und Neu-Ulm getrennte Ortsvereine.

Als die NSDAP nach den Wahlen im Mai 1928 erstmals mit zwölf Abgeordneten in den Reichstag einzieht, ist Dreher einer von ihnen; ab Dezember 1931 ist er auch Ulmer Gemeinderat. Er ist die zentrale Figur der regionalen NSDAP vor 1933.

Zur Hochburg des Nationalsozialismus in Württemberg wird Ulm mit den Reichstagswahlen vom 14. September 1930, und zwar mit einer Steigerung von 3,1 auf 22,2 Prozent der Wählerstimmen; der Landesdurchschnitt der NSDAP lag bei 9,4 Prozent. War die Partei in Ulm bis 1928/29 weitgehend ein Sammelbecken der sich sozial und wirtschaftlich bedroht fühlenden **unteren Mittelschicht** (kleine Angestellte und Beamte, Handwerker, Arbeiter), so stießen danach angesichts der Wirtschaftskrise im großen Umfang nationalkonservative, bürgerliche Unterstützer und Wähler dazu.

Neu-Ulmer »Scharnhorst-Jugend« 1933. Die Jugendorganisation (bis 17 Jahre) des »Stahlhelm-Bundes der Frontsoldaten« ging am 1.10.1933 in der Hitlerjugend auf (vgl. die vier Hakenkreuz-Armbinden). Der »Stahlhelm« gehörte zu den in Ulm/Neu-Ulm sehr starken, weil von vielen ehemaligen Reichswehrangehörigen getragenen militaristisch-antidemokratischen Organisationen. Seine erste württembergische Ortsgruppe entstand 1919 in Ulm, war zunächst dem Landesverband Bayern angegliedert und übte sich illegal in den Kasematten der Neu-Ulmer Festungsanlagen in »Wehrgeist und Waffenhandwerk«.

Abbildung rechts: Verkleinertes Faksimile aus: Hermann Braun, Schwabenbanner Ulm [...], Ulm 1939, S. 47. Die im Oktober 1920 in Ulm gegründete Organisation **»Schwabenbanner«** ging ab 1930 langsam und ab 1933 ganz in die NS-Bewegung über. Die Organisation gründete auf der Schwäbischen Alb rund um Ulm bis 1930 62 Schützenvereine. Zentrale Programmpunkte waren u.a.: »Aufrechterhaltung des Wehrgedankens« zum Zweck der »sittlichen Erziehung und Ertüchtigung«; Bürger-Bewaffnung gegen die Entwaffnung des deutschen Volkes durch das »Diktat von Versailles«; Selbstschutz/Bürgerwehr gegen »innere Angriffe (Bolschewismus)« auf die staatliche Ordnung und zum »Schutz des persönlichen Eigentums«. Die hier abgebildete Honoratioren-Liste zeigt repräsentativ einen wesentlichen Teil derjenigen sozialen Basis, der der Nationalsozialismus in der Region seine Macht verdankt.

Vergleichende Chronologie

NS-Herrschaft auf Reichsebene

1933

30.1. Hitler wird zum Reichskanzler berufen, setzt am nächsten Tag die Auflösung des Reichstages und Neuwahlen durch. Die Serie von Notverordnungen, die 1930 begann, wird fortgesetzt, brauner Straßenterror im Wahlkampf folgt.

4.2 »Zum Schutz des deutschen Volkes«, Notverordnung zur Einschränkung der Presse- und Versammlungsfreiheit.

28.2. Einen Tag nach dem Reichstagsbrand setzt die Reichsverordnung zum »Schutz von Volk und Staat« wesentliche Verfassungsartikel außer Kraft. Sie bildet die Grundlage für die Einrichtung von »Schutzhaft«-Lagern und schließlich des gesamten KZ-Systems.

20.3. Errichtung der Konzentrationslager Heuberg und Dachau. 1933 werden im Reich insgesamt 100 KZ eingerichtet und 150 000 Menschen dorthin verschleppt.

24.3. »Ermächtigungsgesetz«: Reichsgesetze können von der Regierung beschlossen werden und dürfen von der Verfassung abweichen. Hitler bekommt freien Handlungsspielraum; Verlängerung um vier Jahre am 30.1.1937.

31.3. und 7.4. Erstes und zweites »Gleichschaltungsgesetz«: 1. Alle Landtage und kommunalen Selbstverwaltungsorgane werden aufgelöst und entsprechend dem Reichstags-Wahlergebnis neu zusammengesetzt. – 2. »Reichsstatthalter« sind für die Durchführung der Richtlinien des Reichskanzlers verantwortlich in den Ländern.

1.4. Boykott aller jüdischen Geschäfte, organisiert von der SA: Beginn der Verdrängung der Juden aus Berufen und Wirkungsbereichen aller Art.

7.4. Gesetz zur »Wiederherstellung des Berufsbeamtentums«. Beamte können entlassen werden, wenn sie »nicht arischer Abstammung sind« und wenn sie »nach ihrer bisherigen politischen Betätigung nicht die Gewähr dafür bieten, daß sie jederzeit rückhaltlos für den nationalen Staat eintreten«. Ab 19.7. müssen alle Beamten den Hitlergruß übernehmen.

1.5. Der 1. Mai wird zum »Tag der nationalen Arbeit« erklärt und ist künftig Feiertag. Am 2. Mai Verbot der freien Gewerkschaften, am 10. Mai Gründung der Deutschen Arbeitsfront (DAF), Überführung des Vermögens der aufgelösten Gewerkschaften in die DAF.

NS-Herrschaft in Württemberg und der Region Ulm/Neu-Ulm

1933

5.3. Letzte Reichstagswahlen: Die NSDAP erringt in Neu-Ulm 48,5, in Ulm 45, in Württemberg 43 und im Reich 43,9 Prozent der Stimmen.

7.3. Marsch von SS, SA, Stahlhelm zum Rathaus. Dreher und Kreisleiter Maier sprechen vom Balkon. Erstmals Hakenkreuzfahnen am Rathaus und anderen öffentlichen Gebäuden der Stadt.

8.3. Die Reichsregierung übernimmt gemäß Notverordnung vom 28.2. »die vollziehende«, das heißt polizeiliche Gewalt in den Ländern. Sie setzt in Württemberg Dietrich von Jagow und in Bayern General Epp als Polizei-Reichskommissare ein. SA, SS, Stahlhelm und Schwabenbanner werden am 11.3. auch für Ulm mit Hilfspolizeifunktionen, unter anderem zur Bewachung der Schutzhaftlager betraut. Die Hilfspolizei macht im Land am 25.3. schon 45 Prozent der regulären Polizei aus.

13.3. Die NSDAP-Fraktion im Gemeinderat verlangt die Auflösung des Gemeinderats und Neuwahlen. Der Gemeinderat stimmt seiner Selbstauflösung zu mit 23 Stimmen gegen 7 (SPD), bei 10 Enthaltungen. Der Antrag kommt wegen der neuen Gesetzeslage (31.3.) nicht mehr zur Ausführung.

15.3. NS-Gauleiter Wilhelm Murr wird Staatspräsident in Württemberg. Die seit der letzten Landtagswahl (April 1932) geschäftsführende Regierung unter Eugen Bolz wird abgelöst.

17.3. Besetzung des Ulmer Rathauses durch SS und Schutzpolizei. – Oberbürgermeister Dr. Emil Schwamberger (im Amt seit 1919) wird beurlaubt. Er wird am 9.5. seines Amtes enthoben, am 14.7. der Stadt verwiesen und am 26.7. entlassen. – Zum Staatskommissar für die Verwaltung der Stadt (bis 4.4.) wird Rechtsanwalt Dr. Hermann Schmid ernannt, Stadtrat der früheren Deutschnationalen Volkspartei. – Ernennung Wilhelm Drehers zum Chef (»Unterkommissar«) der Polizeidirektion Ulm, am 30.6. wird er Polizeidirektor.

18.3. Der Gemeinderat tritt zum letztenmal zusammen. Beurlaubung von Albrecht Hieber (SPD) als Leiter des Liegenschaftsamtes und von Professor Julius Baum, Direktor des Städt. Museums (als Jude entlassen am 29.5.).

18.3. In ganz Württemberg finden »Schulfeiern der nationalen Erhebung« statt, wobei Schüler der »Nationalen Jugendverbände« in Uniform erscheinen.

Verfolgung und Widerstand in der Region Ulm/Neu-Ulm

1933

Januar Es gibt im Reich etwa 6 Millionen, in Württemberg 133 604, in Ulm etwa 3500 registrierte Erwerbslose. Das sind auf 1000 Einwohner 92 (Reich), 51 (Land), 67 (Ulm). – Ulm hat 62 472 Einwohner, davon 31 139 Erwerbspersonen. – Am 30.1. beschließt der Ulmer Gemeinderat im Rahmen des »Reichsarbeitsbeschaffungsprogramms« für eine halbe Million Mark Arbeiten.

12.2. Staatspräsident Eugen Bolz prangert beim Ulmer Landesparteitag des »Zentrums« Rechts- und Verfassungsmißbrauch der Nazis an. Er wird am 8.3. von den Nazis des Amtes enthoben, kommt am 19.6. auf den Hohenasperg in Schutzhaft. Er wird am 23.1.1945 in Plötzensee hingerichtet.

12.2. und 3.3. »Kampftage der Freiheit« mit Kundgebungen der »Eisernen Front«, dem republikanisch-sozialistischen Kampfbund, am Weinhof. Letztes Auftreten der sozialdemokratischen Kabarett-Gruppe »Die roten Spatzen«.

15.2. Dem neuen Reichskanzler Hitler werden von Kommunisten in der Stuttgarter Stadthalle die Kabel für eine Rundfunk-Rede gekappt. Auch im Ulmer »Drei-Linden-Saal« (Frauenstraße) warten 400 Nazis auf die Übertragung vergebens.

10.3. Die sozialdemokratische Zeitung »Donauwacht« erscheint zum letzten Mal, das Gebäude in der Sterngasse 11 wird am 25.3. beschlagnahmt, zieht die Ulmer Nazizeitung »Ulmer Sturm« dort ein. In Ulm gibt es keine demokratische Presse mehr.

10./11.3. In Ulm werden etwa 50 Funktionäre der Kommunistischen Partei Deutschlands in »Schutzhaft« genommen, darunter Stadtrat Hans Arnold.

Ende März Der Arbeiter-Sportverein VfL Ulm wird aufgelöst und sein ganzes Vermögen beschlagnahmt.

1.4. Die SA organisiert auch in Ulm einen Boykott jüdischer Geschäfte.

1.4. Der SPD-Parteisekretär Weißer wird in Schutzhaft genommen.

2.4. Das Naturfreundehaus »Spatzennest« bei Weidach wird von SA besetzt. Die Nazis nennen es kurzfristig »Starennest«, während die illegal sich weiter treffenden Naturfreunde es nun »Kuckucksnest« nennen. Etwas später wird es als »Spatzennest« HJ-Heim und Wochenendhaus für lokale NS-Größen.

Ausgewählte Dokumente II

Vergleichender Überblick zu den Reichstagswahl-Ergebnissen
(in Prozent der abgegebenen Stimmen) 1928–1933

Reich

	20.5. 1928	14.9. 1930	31.7. 1932	6.11. 1932	5.3. 1933
SPD	29,8	24,6	21,6	20,4	18,3
KPD	10,9	13,1	14,6	16,9	12,3
NSDAP	3,5	18,3	37,4	33,1	43,9
DNVP	14,3	7,1	5,9	8,3	8,0
Zentrum Christlichsoz.	15,2	14,8	15,7	15,0	14,0
Volksdienst	–	2,5	1,1	1,0	1,0
DVP	3,7	4,5	1,2	1,9	1,1
DDP	4,9	3,8	1,0	0,9	0,8

Ulm

	20.5. 1928	14.9. 1930	31.7. 1932	6.11. 1932	5.3. 1933
SPD	28,0	20,9	18,3	15,2	15,6
KPD	1,9	3,8	5,9	9,2	5,2
NSDAP	3,1	22,2	39,7	34,2	45,0
DNVP	17,8	10,2	7,7	12,0	11,2
Zentrum Christlichsoz.	19,0	19,9	20,3	19,4	17,8
Volksdienst	–	5,9	2,8	3,6	2,1
DVP	11,3	–	0,9	1,2	0,6
DDP	10,0	8,2	2,4	3,0	2,1

Tübingen

	20.5. 1928	14.9. 1930	31.7. 1932	6.11. 1932	5.3. 1933
SPD	15,6	17,7	13,6	10,8	11,3
KPD	2,6	5,0	6,2	7,3	5,3
NSDAP	2,7	13,7	39,8	33,8	49,1
DNVP	17,0	8,1	11,1	14,7	12,8
Zentrum Christlichsoz.	8,5	10,2	12,6	11,9	10,0
Volksdienst	6,3	10,6	5,8	8,4	4,8
DVP	15,3	22,4	3,2	5,6	2,3
DDP	26,5		5,2	5,1	3,7

Württemberg

	20.5. 1928	14.9. 1930	31.7. 1932	6.11. 1932	5.3. 1933
SPD	23,6	20,1	17,6	15,2	14,8
KPD	7,2	9,4	11,0	14,5	9,2
NSDAP	2,1	9,4	30,3	26,3	41,9
DNVP	6,2	3,9	3,8	5,3	5,1
Zentrum Christlichsoz.	20,4	21,6	21,8	20,5	17,6
Volksdienst	–	6,5	3,6	4,2	3,1
DVP	5,5	–	0,9	1,5	0,7
DDP	9,5	9,7	2,4	3,0	2,2

Neu-Ulm

	20.5. 1928	14.9. 1930	31.7. 1932	6.11. 1932	5.3. 1933
SPD	34,3	32,3	22,2	18,8	18,5
KPD	1,8	3,6	7,6	11,2	6,1
NSDAP	6,0	29,7	41,6	37,3	48,5
DNVP	15,1	5,9	6,6	8,5	7,4
Bayr. Volksp.	21,1	17,3	18,0	19,3	16,4

Reutlingen-Betzingen (Industriestadt)

	20.5. 1928	14.9. 1930	31.7. 1932	6.11. 1932	5.3. 1933
SPD	39,7	36,3	32,0	28,4	28,2
KPD	4,1	9,7	12,3	15,7	10,2
NSDAP	1,1	6,0	25,4	21,2	32,2
DNVP	5,1	5,6	5,9	7,8	8,8
Zentrum Christlichsoz.	4,0	4,2	5,4	4,8	5,2
Volksdienst	6,0	9,8	8,0	9,9	8,3
DVP	5,0	20,0	2,2	2,7	1,7
DDP	22,5		5,5	6,4	4,1

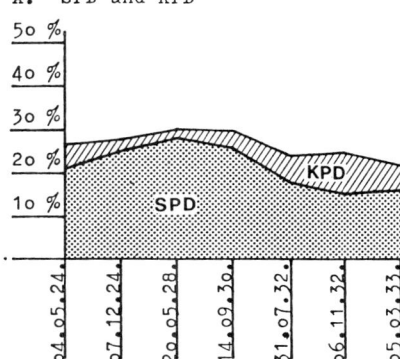

A. SPD und KPD

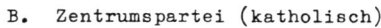

B. Zentrumspartei (katholisch)

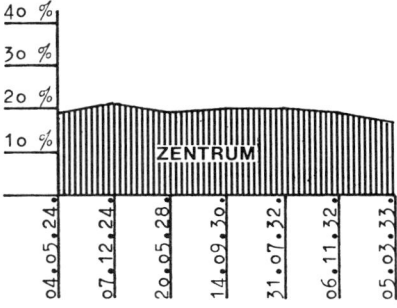

C. Mitte- u. Rechtsparteien

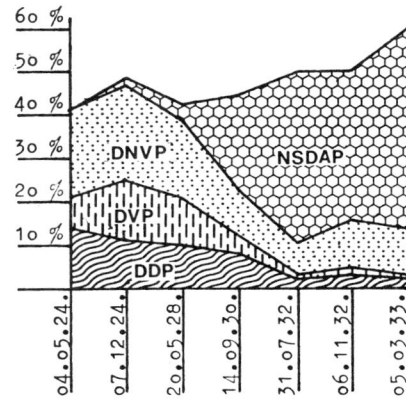

Literatur zu Wahlen und Wahlverhalten in der Region Ulm/Neu-Ulm bis März 1933 sowie zur Machtergreifung: Arbeitskreis Schule und Archiv in Ulm III; Moser; Neu-Ulmer Zeitung 29.1.1983; Rotermund; Schanz; Heinz Dieter Schmid; Schnabel, Württemberg; Der Stadtkreis Ulm (Kurt Füller); Ulmer Bilderchronik IV.

Die Grafik rechts zeigt, daß in Ulm die drei großen Wählerblöcke (Links-Parteien, SPD und KPD; Zentrum; Mitte- und Rechtsparteien) von 1924 bis 1933 in sich etwa gleich stark blieben. Das bedeutet, daß die NSDAP in Ulm ihre Zugewinne aus den liberalen und national-konservativen bürgerlichen Parteien holte. (Graphik: H. Feuchter und H. Moser.)

71

1933

10.5. Bücherverbrennungen.

2.6. Beginn der »Adolf-Hitler-Spende« der deutschen Industrie, die in zwölf Jahren 700 Millionen Reichsmark an die Nazis zahlt.

14.7. »Gesetz über die Verfassung der deutschen evangelischen Kirche«: Errichtung einer Reichskirche, die sämtliche Landeskirchen zusammenschließt, und Ausschreibung von Neuwahlen für kirchliche Vertretungen auf den 23.7. – Ludwig Müller wird am 27.9. Reichsbischof.

14.7. Gesetz »gegen die Neubildung von Parteien«. Als »einzige politische Partei in Deutschland« wird die NSDAP zugelassen, sie wird am 1.12. zur Staatspartei erklärt.
Am 14.3. Verbot der KPD, 22.6. Verbot der SPD. Zwischen 26.6. und 5.7. lösen sich die bürgerlichen Parteien selber auf.

Die beiden Fotos auf dieser Seite sind Ausschnitte aus einem Gesamtbild: ...

1933

21.3. In Ulm (Neu-Ulm folgt am 27.4.) werden die ersten Straßen umbenannt, unter anderen die Einstein- in Fichtestraße, die Promenade in Adolf-Hitler-Ring. Insgesamt werden bis 1939 17 Straßen und Plätze in Ulm und Neu-Ulm umbenannt.

22.3. Aus Anlaß der Eröffnung des Reichstags in Potsdam findet in Ulm die erste große Militärparade samt abendlichem Fackelzug statt. »Die Schulen, die nationalsozialistischen Verbände, die Kriegervereine haben Aufstellung genommen«, es sprechen »Stadtpfarrer Oehler, Garnisonspfarrer Notz und Oberstleutnant Ruoff«. – Solche Veranstaltungen sind von nun an häufig und damit zentrale Punkte der NS-Machtentfaltung. (Ulmer Bilderchronik 4, S. 78f.)

25.3. Errichtung eines Sondergerichts für den Bezirk des Oberlandesgerichts Stuttgart mit vereinfachtem Prozeßverfahren und unter Ausschluß von Rechtsmitteln gegen Entscheidungen. Am 8.4. ergehen die ersten Urteile.

4.4. Baurat Friedrich Foerster wird zum Staatskommissar für die Verwaltung der Stadt Ulm ernannt und tritt am 3.8. offiziell das Amt des Oberbürgermeisters an.

28.4. Aufbau der Politischen Polizei in Württemberg (Aufgabe unter anderem Aufsicht über Schutzhaftlager). Kommandeur wird am 9.12.1933 der Reichsführer SS, Himmler.

1.5. Der »Tag der nationalen Arbeit« wird mit einem Festzug durch Ulm und einer Kundgebung samt Festgottesdienst beider Konfessionen im Stadion begangen. Es nehmen teil: Staats- und Betriebsgruppen, Arbeiter, Angestellte und Unternehmer.

5.5. NS-Gauleiter Murr wird Reichsstatthalter von Württemberg, der von nun an alleinige politische Entscheidungsbefugnis im Land hat. Der gleichgeschaltete württembergische Landtag tritt erstmals am 8.6. zusammen.

15.5. Der neue, seiner demokratischen Legitimation beraubte Gemeinderat wird vereidigt. Er besteht aus 15 NSDAP-Mitgliedern und zehn weiteren Stadträten, die weitgehend mit der NSDAP sympathisieren. Die SPD hatte ihre verbliebenen vier Mandate vorher niedergelegt. Hitler, Murr, Dreher werden am 15.5. zu Ehrenbürgern ernannt. Ulmer Künstler gestalten für Hitler eine Mappe »als Zeichen der Treue und Dankbarkeit«.

2.6. »Die Ortsgruppe Ulm/Neu-Ulm des Reichsverbands der Deutschen Presse hat eine Gleichschaltung vorgenommen.«

1933

18.4. Oberbürgermeister Foerster verfügt die Auflösung des Volkschores »Harmonia«.

29.4. Gemäß der Notverordnung vom 4.4.1933 werden die Magirus-Betriebsräte Henle, Jall, Ziegler, Renz, Bader, Fliegner entfernt. Sie hätten es »durch ihre marxistische und klassenkämpferische Einstellung in vierzehnjähriger Wühlarbeit verstanden«, die Belegschaft zu »verhetzen« (Ulmer Sturm, 29.4.).

2.5. Die SA besetzt das Ulmer Gewerkschaftshaus. Die Ulmer Gewerkschaftsfunktionäre werden verhaftet und im Garnisonsgefängnis in der Frauenstraße (das seit dieser Zeit als Filiale des KZ Heuberg genutzt wird) in »Schutzhaft« genommen. Die »Deutsche Arbeitsfront« richtet im ehemaligen Gewerkschaftshaus des ADGB im »Mohren« ihre Zentrale ein. Am 24.6. wird auch das Geschäftszimmer der christlichen Gewerkschaften besetzt.

... Vereidigung des ersten »reinen« Ulmer NS-Gemeinderats, 22.8.1933. Es spricht OB Foerster.

Ausgewählte Dokumente III

»Wer Nutznießer des Dritten Reiches ist und nicht umlernen will ...«
Ein Ulmer Kriminal-Lehrstück von 1935; oder: wie die Nazis mit Beamten aus der Weimarer Republik umgingen

»Der Sohn des Volksfeindes. Kindheitserinnerungen eines in Ulm Geborenen, 1925–1935.« Dies ist der Titel eines 34-Seiten-Manuskripts, 1984 veröffentlicht. Es ist im Stadtarchiv wie in der Stadtbibliothek von Ulm vorrätig, und es ist vom Autor zu beziehen. Leider aber sind diese Erinnerungen in Ulm kaum bekannt, wiewohl sie in mehrfacher Hinsicht von exemplarischem Interesse sein könnten.

Der Autor heißt **Helmut Merkel** (Schweidnitzer Straße 50, 8000 München 50) und ist der jüngste, heute 64jährige Sohn des Leiters des Ulmer Versorgungsamtes von 1923 bis 1935, des Regierungsrats **Paul Merkel**. Als verwundeter Berufsoffizier des Ersten Weltkriegs hatte Paul Merkel 1923 den Auftrag bekommen, in Ulm ein Versorgungsamt für 16 Oberämter von Münsingen bis zum Bodensee aufzubauen. Als Reichsbehörde war es zuständig »für die Bearbeitung sämtlicher Versorgungsangelegenheiten der ehemaligen Angehörigen der alten Wehrmacht und ihrer Hinterbliebenen.«

Vater Merkel »dachte konservativ« und »sympathisierte mit den Deutschnationalen«, die NS-Bewegung war ihm eher »unheimlich«. Leben, Alltag, Erziehungsstil der Familie Merkel (mit Genauigkeit beschrieben) sind wohl typisch für Ulms gehobenes Bürgertum der zwanziger Jahre.

Es war im Frühjahr 1935, daß eine Kassen-Revision »Verfehlungen« in der Kasse des Versorgungsamtes feststellt. Leiter Merkel stellt den verantwortlichen Mitarbeiter zur Rede, der sich daraufhin in der Wilhelmsburg erhängt. Da dieser Mann »Alter Kämpfer« war, inszenieren die Nazis eine vom »Ulmer Sturm/Ulmer Tagblatt« (9.–11.5.1935) mitgetragene Hetzkampagne gegen den Amtsleiter und seinen Stellvertreter und denunzieren sie als »Mörder« und »Volksschädlinge«.

Am Abend des Selbstmords randalieren 300 SA-Leute vor der Wohnung Merkels mit dem Transparent »Mörder gehören nicht auf das Versorgungsamt, sondern an den Galgen«. Die Beerdigung, in Anwesenheit von OB Foerster, des Neu-Ulmer Bürgermeisters Ostermann und mit einer Hetzrede des Stadtpfarrers Griesinger, wurde zu einer Groß-Demonstration gegen ein nicht völlig NS-höriges Beamtentum. Der »Ulmer Sturm« hatte am 9. Mai den Ton angegeben: »Wer als Beamter Nutznießer des Dritten Reiches ist und nicht umlernen will, soll ihm den Rücken kehren oder aber die Folgen tragen!«

Die Familie Merkel verfiel von Stund an einer totalen Sippenhaft und mußte noch 1935 Ulm verlassen. Die 1938 erfolgte NS-offizielle Rehabilitierung des Vaters wurde in Ulm nie öffentlich zur Kenntnis genommen.

1. Mai 1933: NS-Demonstration in Ulm, u.a. unter (Zwangs-)Beteiligung der Ämter. Auf dem Bild die Gruppe des Versorgungsamtes Ulm, barhäuptig im Stresemann und mit EK I Paul Merkel, rechts daneben sein Stellvertreter, Regierungsamtmann Ehinger (im »Kleppermantel«), beide eskortiert von SA-Leuten.

1933

20.7. Reichskonkordat zwischen dem Deutschen Reich und dem Vatikan. Die Kurie »billigte die Beseitigung der politischen und sozialen Organisationen der katholischen Kirche in Deutschland und erkannte das NS-Regime an, während dieses die freie Religionsausübung, den Schutz der kirchlichen Körperschaften, das Recht zur Verbreitung der Hirtenbriefe und die Erhaltung der Bekenntnisschulen versprach« (Sauer, Württemberg, S. 185).

22.9. Errichtung der Reichskulturkammer (dem Reichsminister für »Volksaufklärung und Propaganda«, Goebbels, unterstellt) mit Kammern für bildende Künste, Schrifttum, Musik, Theater, Film, Rundfunk und Presse. Wer als kulturell Tätiger der jeweiligen Kammer nicht angehört, hat quasi Berufsverbot.

12.11. Reichstagswahl und Volksabstimmung, nur die NSDAP steht zur Wahl.

1933

2.7. Das Landes-Schützenfest in Ulm wird eine Gleichschaltungs-Demonstration.

20.7.–1.8. Das »Deutsche Turnfest« in Stuttgart wird zu einer Machtdemonstration; viele potentielle Gegner werden in »Schutzhaft« genommen.

23.7. Bei den von den Nazis angesetzten Kirchenwahlen kommen in Ulm 15 der 28 Neugewählten aus den Reihen der nationalsozialistischen »Deutschen Christen«. Auch auf Landesebene bekommen sie die Mehrheit.

14.8. Der seit 1802 nicht gefeierte Schwörmontag wird von den Nazis wiederbelebt, um die »Treue zwischen Führer und Gemeinschaft« zum Ausdruck zu bringen. OB Foerster wird vereidigt.

28.8. Einrichtung von fünf Außenstellen und zwei Außenhauptstellen (Ulm und Friedrichshafen) der württembergischen Politischen Polizei. Der »Sicherheitsdienst-Reichsführer SS« (SD) überzieht von nun an das Land mit einem Netz von »V-Männern«, die öffentliches und Privatleben überwachen und über die Stimmung der Bevölkerung berichten.

4.–6.9. Anläßlich von Reichswehr-Manövern auf der Alb hält sich Hitler in Ulm, Blaubeuren und Umgebung auf und bekommt einen »triumphalen Empfang«.

10.9. In Temmenhausen wird der siebeneinhalb Meter hohe »Hitlerturm« eingeweiht.

20.9. Eröffnung der ersten »Braunen Messe« Württembergs in Ulm, zum Zwecke der »nationalsozialistischen Wirtschaftsbelebung«.

28.9. Gleichschaltung im Ulmer »Volksbildungsverein«, im November folgt die Gleichschaltung der »Künstlergilde« und des »Kunstvereins«.

8.10. »Ulm steht zum erstenmal im Zeichen des Eintopfgerichtes, das während des Winters jeweils am ersten Sonntag des Monats auf den Tisch des deutschen Bürgers gestellt werden soll ...«

12.11. Bei der Reichstagswahl erhält die NSDAP als einzige zur Wahl stehende Partei in Ulm nach eigenen Angaben 92,8% der Stimmen. Bei der Volksabstimmung wird ein Bekenntnis zur Politik der Regierung Hitler verlangt, das von 95,7% der Ulmer gegeben wird.

23.12. »Auf verschiedenen Plätzen der Stadt werden von den Ortsgruppen der NSDAP ›Christbäume für Alle‹ aufgestellt und dabei Gaben für die armen Volksgenossen gesammelt.«

1933

27./28.5. Erstes Diözesantreffen des katholischen Jungmännerverbands. Bischof Joannes Baptista Sproll fordert beim Festgottesdienst im Stadion die etwa 10 000 Zuhörer zu unbedingter Treue gegenüber Kirche und Bischof auf. Beim anschließenden Bekenntnismarsch kommt es zu Auseinandersetzungen mit cer HJ.

18.9. Bei einer Polizeirazzia gegen Bettler werden in Ulm 38 Personen festgenommen.

Ende November Erste Häftlinge (aus dem Ulmer Garnisonsgefängnis) richten das Fort Oberer Kuhberg als KZ ein. Am 23./24.12. kommen die letzten etwa 30 Häftlinge vom Heuberg, gleichzeitig wird die Ulmer »Filialstelle« des KZ Heuberg (das Garnisonsgefängnis in der Frauenstraße) aufgelöst.

14.12. Am Obersten Landesgericht in München werden vierzehn Neu-Ulmer Kommunisten angeklagt, zwölf werden zu Strafen zwischen fünf und dreißig Monater verurteilt. Die Verurteilten waren seit dem Sommer im KZ Dachau gewesen, unter anderen Christian Wittmann, Karl Haas, Wilhelm Wetzel.

Ausgewählte Dokumente IV

»... die größte deutsche Garnison ...«
Ulm und Neu-Ulm als Soldatenstädte von der Reichswehrzeit bis Kriegsbeginn 1939

»Die Doppelstadt Ulm/Neu-Ulm soll vor dem Zweiten Weltkrieg die größte deutsche Garnison gewesen sein. Im relativen Verhältnis der Zahl der Einwohner zu der der Soldaten war sie es sicher.« (Ulm. Garnison und Festung, Seite 170)

Zwei relativ leicht zugängliche Bücher belegen anschaulich Umfang und Bedeutung von Militär und Militärischem in Ulm/Neu-Ulm, speziell in der Zeit vom Ersten zum Zweiten Weltkrieg. Da ist **Karl Siegers** **»Soldat in Ulm«** (1937) und die »Festschrift zum Garnisonstreffen 1954« mit dem Titel **»Ulm. Garnison und Festung.«** Das erste ist eine Schrift, die NS-Bewegung und Wehrmacht am Beispiel Ulms zu verschmelzen sucht. Das zweite vermittelt den nachhaltigen Eindruck von einem durch die Erfahrung zweier Kriege und der NS-Zeit kaum angekratzten militärischen Selbstverständnis.

Ein erstrangiges historisches Zeugnis für das Ulm der Reichswehrzeit sind **Richard Scheringer**s Erinnerungen **»Das große Los«**. Scheringer war einer der drei »Leutnants von Ulm«, die im Oktober 1930 wegen verbotener NS-Aktivitäten bei der Reichswehr vom Leipziger Reichsgericht verurteilt wurden. Der Zeuge Hitler beschwor dabei, die Macht nur mit legalen Mitteln erreichen zu wollen.
Scheringer wechselte im März 1931 zur KPD. All das wurde auch in Ulm heftig diskutiert.

Hitler besucht mit Reichswehrminister v. Blomberg (zweiter von rechts) vom 4. bis 6. September 1933 das Herbstmanöver der in Ulm stationierten 5. Division. »Montag, den 4. September 1933, traf der Führer im Flugzeug um 18.20 Uhr auf dem Lerchenfeld ein. Seine Fahrt durch die Stadt zum ›Russischen Hof‹ glich einem Triumphzug [...]« (Sieger, S. 20 und 22).

„Kämpfer des Führers ...."

„Wir Kämpfer des Führers, die wir unsere Kraft gerade auch aus dem deutschen Soldatentum geschöpft haben, wissen deshalb jene Kräfte, die aus der deutschen Wehrmacht allezeit — auch in der allem Soldatischen verständnislos gegenüberstehenden Nachkriegszeit — geflossen sind, wohl zu schätzen. Wir sind stolz darauf, daß Ulm wieder zur richtigen Soldatenstadt geworden ist. Schon in der Kampfzeit sind uns aus den Truppen des Standorts wertvolle Mitkämpfer erwachsen, was mit dazu beigetragen hat, daß nach der nationalsozialistischen Machtergreifung das Verhältnis zwischen Wehrmacht und Bewegung sich in Ulm sofort sehr herzlich gestaltet hat, und so ist es bis heute geblieben. Wir alle streben ja dem gleichen Ziel zu in unwandelbarem Gehorsam und in unwandelbarer Treue zu unserem Führer."

Kreisleiter und Gauinspekteur Eugen Maier
bei der Begrüßung der neuen Truppenteile
am 15. Oktober 1935.

„Wir sind stolz auf Euch!"

„Nach 15 Jahren des Niedergangs wurde uns wieder eine Wehrmacht gegeben, die alle Ulmer mit Stolz auf ihre Soldaten erfüllt. Wir Ulmer sind von jeher durch und durch soldatisch gewesen, und die Verbundenheit zwischen Wehrmacht und Einwohnerschaft reicht weit zurück in der Ulmer Geschichte. Die alte Reichsstadt war von Anfang an gezwungen, ihre Bürger zur Wehrhaftigkeit zu erziehen; denn der Kaiser war meist weit, der Feind aber oft sehr nahe. Dieser sehr früh erwachsene Geist der Wehrhaftigkeit ist in Ulm bis auf unsere heutige Zeit erhalten geblieben. Die Soldaten gehören zu uns und wir gehören zu ihnen."

Oberbürgermeister Foerster
bei der Begrüßung der neuen Truppenteile
am 15. Oktober 1935

Faksimile aus: Sieger, S. 25. – Friedrich Foerster (17.10.1894–20.11.1970) war ab 4. April 1933 bis Kriegsende Ulmer Bürgermeister. Eugen Maier (13.11.1899–16.1.1940) kam 1931 von Geislingen nach Ulm, wurde Leiter der NSDAP-Ortsgruppe Ulm/Neu-Ulm, am 1.10.1932 Kreisleiter und 1933 Gauinspektor der NSDAP.

Parade zum »Tag von Potsdam« (21.3.1933) auf dem Münsterplatz (22.3.).

1934

1.1. Das »Gesetz zur Verhütung erbkranken Nachwuchses« tritt in Kraft. Einrichtung von »Erbgesundheitsgerichten«, auch in Ulm, die über Zwangs-Sterilisierungen und -Abtreibungen (u.a.) entscheiden.

20.1. Gesetz »zur Ordnung der nationalen Arbeit«. Es wendet sich von dem »das bisherige Recht beherrschenden Gedanken des Klassen- und Interessenkampfes und dem Begriff des sozialen Gegenspielers ab und setzt an deren Stelle die Forderungen des Führerprinzips, der Betriebs- und Volksverbundenheit sowie der sozialen Ehre und Anständigkeit«. Unternehmer werden zu Betriebsführern, aus Arbeitnehmern wird »Gefolgschaft« (Winkel, S. 17).

30.1. Gesetz »über den Neuaufbau des Reiches«: Volksvertretungen der Länder werden aufgehoben, die Hoheitsrechte der Länder gehen auf das Reich über, die Landesregierungen unterstehen der Reichsregierung, die neues Verfassungsrecht setzen kann.

1.2. Auflösung und Verbot der »Internationalen Bibelforschervereinigung« (Zeugen Jehovas).

24.4. Einrichtung des Volksgerichtshofes zur Aburteilung von Hoch- und Landesverrat.

15.6. und 20.8. In den Handwerksinnungen sowie den Industrie- und Handelskammern werden Zwangsmitgliedschaft und Führerprinzip eingeführt.

30.6. bis 2.7. Zerschlagung der Röhm-Gruppe in der NSDAP und in der Reichswehr durch Mordaktionen. Am 20.7. wird die SS selbständige Organisation, nachdem sie vorher Teilorganisation der SA war. Am 3.7. Legalisierung der Morde (»Staatsnotwehr«).

2.8. Gesetz »über das Oberhaupt des deutschen Reiches«: nach dem Tod von Hindenburg werden die Ämter des Reichspräsidenten und Reichskanzlers vereinigt. Hitlers neuer Titel: Reichskanzler und Führer. Vereidigung der Wehrmacht auf Hitler.

1934

22.1. »1000 Luftschutz- und Blockwarte des Ulmer Stadtbezirkes Münster« werden durch »den Schulungsleiter der Ortsgruppe Ulm des Reichsluftschutzbundes« auf die »Gefahren eines Luftangriffes und die wirksamen Gegenmaßnahmen« hingewiesen.

Frühjahr Die Ortsgruppe Ulm der »Deutschen Gesellschaft für Rassenhygiene« konstituiert sich. Der Vorsitzende des Ulm/Neu-Ulmer Ärztevereins leitet sie. Kurz vorher hatte Ulm ein »Erbgesundheitsgericht« bekommen.

4.3. Öffentliche Eingliederung auch der Ulmer evangelischen Jugend in die HJ.

21.3. NS-»Großkampftag der beginnenden Arbeitsschlacht«: Hitler eröffnet in der Region Ulm die Arbeiten an der Reichsautobahn; am 30.10.1937 ist die Strecke München–Stuttgart fertig.

1.5. Das »Ulmer Tagblatt« und der nationalsozialistische »Ulmer Sturm« werden zu einer Zeitung zwangsvereinigt. Am 26.6.1933 war der »Ulmer Sturm« schon offizielles Amtsblatt für das Oberamt Ulm geworden.

2.8. Die Offiziere, Unteroffiziere und Soldaten werden auf Adolf Hitler vereidigt.

5.8. 40 000 Besucher kommen zum Garnisonstreffen der Angehörigen aller Ulmer Truppenteile des Ersten Weltkriegs. In diesem Zusammenhang Einweihung der »Gedenkhalle für die Gefallenen des Ersten Weltkrieges« im Ulmer Münster.

30.9. Predigt von Reichsbischof Müller im Münster. Am 13.5.1935, Müllers nächstem Ulm-Besuch, sperrt die Kirchenleitung das Münster, er tritt im Saalbau auf.

15.10. In Württemberg beginnt die propagandistische Vorbereitung der Olympischen Spiele 1936.

1934

17.1. Von »Ulmer Jugend auf Abwegen« berichtet das »Ulmer Tagblatt«. Vor dem Stuttgarter Sondergericht werden »neun frühere Mitglieder der Kommunistischen Jugendbewegung in Ulm« (KJVD) wegen »Vorbereitung zum Hochverrat«, das heißt wegen »Vorrätighaltung oder Verbreitung kommunistischer Druckschriften«, verurteilt. Unter ihnen war Ernst Bauer (geboren 7.12.1916), der als 16jähriger am 13.7.1933 verhaftet worden war.

18.1. Polizeidirektor Dreher löst den katholischen Arbeiterverein St. Michael auf.

31.1. Die Zweite Große Strafkammer des Landgerichtes Ulm verkündet, entsprechend dem neuen Gesetz vom 1.1., zum erstenmal die »Anordnung der Entmannung« eines Brandstifters.

28.3. Drei Ulmer Sozialisten (Jakob Girr, Otto Hiller, Wilhelm Thorwarth) werden von dem Sondergericht Stuttgart zu im Durchschnitt sechs Monaten Gefängnis verurteilt. Vorwurf: Sie hätten »den organisatorischen Zusammenhalt einer anderen politischen Partei als der NSDAP aufrechterhalten«; gemeint war die SAP bzw. deren Jugendorganisation.

Frühjahr Benediktinerpater Franziskus Deininger, in Ulm aufgewachsen, schreibt in Beuron seine Ansicht zur Sterilisations-Aktion des Reiches: »Sterilisierung und Seelsorge«.

22.4. »Kundgebung der Bekennenden Deutschen Evangelischen Kirche« im Ulmer Münster. Dies ist der öffentliche Anfang der »Bekennenden Kirche«, und zwar in ihrem Anspruch, die »rechtmäßig ev. Kirche Deutschlands« (im Unterschied zur NS-konformen »Reichskirche«) zu sein.

15.6. »In der vergangenen Nacht fand ein Probealarm der ganzen Ulmer Revierpolizei statt, dem ein Aufruhr im Schutzhaftlager Oberer Kuhberg zugrundegelegt war.«

2.8. Paul Ströbel aus Ulm (geboren 14.3.1911) wird vor dem Stuttgarter Sondergericht als ehemaliger Leiter des Kommunistischen Jugend-Verbandes Ulm zu zweieinhalb Jahren Zuchthaus verurteilt. Im Februar 1936 kommt er ins KZ Dachau.

5.11. Zwei Ulmerinnen und zwei Ulmer werden vor dem Stuttgarter Sondergericht wegen Aktivitäten für die SAP verurteilt. Willi Sauter (geboren 13.8.1903) bekommt zwei Jahre Gefängnis und kommt anschließend ins KZ Dachau.

Ausgewählte Dokumente V

»Das ist die Vorbereitung eines Krieges gegen die Sowjetunion«
Die sozialistische Ulmer Jugendbewegung; zum Beispiel Ernst Bauer

»Ich berichtete in einem Brief vom Truppenübungs-platz Münsingen über Organisation und Vereine, die dort Wehrübungen absolvierten. Wegen des Satzes ›das ist die Vorbereitung eines Krieges gegen die So-wjetunion‹ wurde ich im Januar 1934 wegen ›Vorberei-tung zum Hochverrat‹ verurteilt. Ich war im Juli 1933 als 16jähriger verhaftet und durch sechs Gefängnisse und Lager fast ein halbes Jahr lang geschleppt, ge-schoben oder geschleust worden.«

Die Rede ist von **Ernst Bauer** (Eigenbericht 3/82; An-klageschrift vom 15. Dezember 1933), am 7. Dezem-ber 1916 in Ulm als Sohn eines Postbeamten gebo-ren. Er besuchte die Wagner-Grundschule, das Real-gymnasium und die höhere Handelsschule in Ulm. Zunächst war er Mitglied in Jungschar und Jungvolk des »Christlichen Vereins Junger Männer« (CVJM), bekam dann aber, zum Beispiel über den Ulmer Kom-munisten Heiner Martin, Verbindung zur sozialisti-schen und kommunistischen Jugend.
Bauer war laut Anklageschrift nach dem »Verbot der KPD und ihrer Organisationen am 14. März 1933 für den Stadtteil I des Unterbezirks Ulm innerhalb der Kommunistischen Jugendverbands Deutschland (KJVD)« zuständig. Bauers Versuch, 1932/33 »immer wieder kommunistische und sozialistische Jugendli-che und christliche Jugendliche ins Gespräch zu bringen«, macht ihn in Ulm in dieser Zeit zu einer wohl einzigartigen Erscheinung. Denn eben-so wie im (auch Ulmer) Protestantismus der weltan-schauliche Kampf gegen den Kommunismus im Vor-dergrund stand (vgl. Mayer, S. 23), ebenso gehörten für die Kommunisten Kirche und Klerus zum Feindbild (vgl. zum Beispiel die Zeitung der Ulmer Kommuni-sten »Ulmer Pranger«).
Bauer ist heute als »wandelndes Lexikon« für die dreißiger Jahre (auch in Ulm) und als Persönlichkeit mit dem aufrechten Gang diese einzigartige Erschei-nung geblieben.

In seinen Erinnerungen an das erste Halbjahr 1933 schrieb er 1982: »Innerhalb weniger Monate organi-sierte sich die Masse des Bürgertums und der nicht organisierten Arbeiter um zu Marschierern und Mit-marschierern, formierte sich zu Wehrertüchtigten, zu Parteianwärtern, SA-Männern und SA-Reserven, Motor-SA und Reiter-SA. Und die besten durften bei den fast täglichen Märschen in der schwarzen Uniform am Schluß marschieren, den Zug verteidigen und, wenn man angriff, die danach aussehenden Stra-ßenpassanten verklopfen, die die Fahne nicht grüß-ten. [...]
Und das geschah alles, weil fast alle Väter und alle

Der Schüler Ernst Bauer (als Fünfzehnjähriger, Som-mer 1932) versuchte, kommunistische, sozialistische und christliche Jugendliche miteinander ins Gespräch zu bringen.

Der gelernte Fotograf Heinrich Martin, Ulmer Kom-munist, der auch auf dem Oberen Kuhberg war, ver-kauft die »Arbeiter-Illustrierte-Zeitung« (AIZ) Som-mer 1932 an der Unterführung vor dem Ehinger Tor. Martin betrieb ab November 1932 eine Arbeiter-Buch-handlung in der Hafengasse.

Mütter zu ihren Kindern sagten: ›Laß ja die Finger von der Politik‹, denn was die Braunen trieben, war nicht Politik, sondern ›Dienst am Vaterland‹. Politik war hinterlistig, jüdisch, bolschewistisch, einfach cha-rakterverderbend. Da war es nur konsequent, daß am 27. Februar 1933 die ›Schwatzbude‹ in Berlin ver-brannte und sofort ein Gesetz da war ›zum Schutze von Volk und Staat‹ [...] Und die Mehrheit der Bürger freute sich, denn das war das Ende der Politik, jetzt war ›unser Staat stark‹.«

Literaturhinweise: Zur »Ulmer Jugend im Wider-stand« vgl. die Zulassungsarbeit von Hannelore Hoff-mann; zur NS-Jugend Renate Finckhs »Mit uns zieht die neue Zeit«; zur Ulmer Sozialdemokratie die Zulas-sungsarbeiten von Schanz und Peschl und das Ma-nuskript von Marianne Obermeier-Weißer. Im Privat-archiv Obermeier-Weißer liegen auch Walter Ober-meiers unvollendet gebliebene Vorstudien zur »Ge-schichte der Arbeiterbewegung in Ulm«, ein Thema, das dringend einer Bearbeitung bedürfte.
Vergleiche außerdem Frieder Hitzer sowie Helmut Bausch bei Ippers.

1935

16.3. Gesetz für den »Aufbau der Wehrmacht«. Wiedereinführung der allgemeinen Wehrpflicht.

26.6. Einrichtung des vorher noch formal freiwilligen Reichsarbeitsdienstes mit sechsmonatiger Dienstpflicht für alle männlichen, ab 4.9.1939 auch für alle weiblichen Jugendlichen.

15.9. Der Reichstag beschließt auf einer Sondersitzung die »Nürnberger Gesetze«, das »Reichsbürgergesetz« und das »Gesetz zum Schutze des deutschen Blutes und der deutschen Ehre«. Sie sind die Grundlage für die Ausschaltung der Juden aus allen öffentlichen Arbeitsverhältnissen und für die Deklassierung in ihren politischen Rechten.

Oktober Bildung des »Wehrwirtschaftsstabes« des Oberkommandos der Wehrmacht.

1936

24.4. Einweihung von drei NS-Ordensburgen für NS-Führer-Ausbildung, u.a. in Sonthofen.

12.7. Errichtung des KZ Sachsenhausen bei Berlin.

26.7. Aufstellung der »Legion Condor« zur Unterstützung der faschistischen Putschtruppen in Spanien. 28.3.1939 Ende des spanischen Bürgerkriegs.

1. – 16.8. Olympische Spiele in Berlin.

8. – 14.9. Annahme des kriegsvorbereitenden Vierjahresplanes auf dem Reichsparteitag in Nürnberg. Die ersten Gesetze zur Durchführung (22.–29.10.) führen zu einer Verschmelzung des staatlichen und privatwirtschaftlichen Lenkungsapparats.

1.12. Die HJ wird zur »Staatsjugend« erklärt und danach endgültig zur Zwangsorganisation für die »gesamte deutsche Jugend«.

1937

14.3. Die Papst-Enzyklika »Mit brennender Sorge«, die in acht Thesen verhalten Kritik an der faschistischen Ideologie übt, vermag nicht die Auflösung katholischer Vereine und Schulen durch die Nazis zu verhindern. Sie wird am 21.3. in den Kirchen verlesen.

30.4. Durch den Rüstungsboom und die Arbeitsdienstpflicht sinkt die Zahl der Arbeitslosen erstmals unter eine Million.

16.7. Errichtung des Konzentrationslagers Buchenwald bei Weimar.

1935

Mai Ehrung von hundert württembergischen Bauerngeschlechtern wegen »Schollentreue« in Neenstetten.

10.8. Der Beauftragte der NSDAP für die Gemeinden, Kreisleiter Maier, beruft 27 vom OB vorgeschlagene Bürger der Stadt zu Ratsherren; Vereidigung am Schwörmontag, 12.8.

29.10. Nach der Wiedereinführung der Wehrpflicht treffen in Ulm die ersten Rekruten ein. Sie werden auf dem Münsterplatz am 7.11. »auf den Führer« vereidigt.

1936

29.3. Bei den Reichstagswahlen geben in Ulm von 45 663 Wahlbeteiligten 45 127 ihre Stimme für den »Führer« ab. Zur Wahl stand nur die NSDAP.

28.4. Einführung der deutschen Volksschule in Ulm; die in Württemberg bis dahin garantierte konfessionelle Schule wird abgeschafft, und die »Gemeinschaftsschule« wird zur Regelschule. Aufgrund einer von Zellen- und Blockleitern durchgeführten Befragung der Eltern werden drei katholische Klassen eingerichtet, evangelische Klassen kommen nicht zustande.

6.12. Einrichtung der Ulmer »Mütterschule« als Institution des »Reichsmütterdienstes«.

1935

10.2. Ulmer Bischofstag mit Bischof Sproll und 12 000 katholischen Jugendlichen im Kloster Wiblingen; ebenso am 31.10.1937.

16.3. Mit der Wiedereinführung der allgemeinen Wehrpflicht fordert die Wehrmacht das Fort Oberer Kuhberg zurück, die Auflösung des KZ beginnt und ist am 11.7. beendet.

1936

4.5. Die katholische Ein-Klassen-Schule Söflingen wird wegen eines von Pfarrer Weiß organisierten Schulstreiks in Söflingen nach Ulm verlegt. Pfarrer Weiß organisiert für seine Schüler einen Bus-Pendeldienst.

15.10. Entfernung der Kruzifixe aus den ehemaligen katholischen Schulhäusern.

1937

Februar Der Söflinger Pfarrer Weiß wird von Bischof Sproll beurlaubt, um eine »acies ordinata« aufzubauen. Sie entwickelt sich zu einer Vereinigung von etwa 3000 katholischen Geistlichen im ganzen deutschen Reich gegen das NS-Regime.

1.4. Auflösung der katholischen Mädchenrealschule St. Hildegard in Ulm.

16.9. Fünf Ulmer Kommunisten werden vom Stuttgarter Sondergericht mit Strafen bis zu zwei Jahren verurteilt, u.a. Otto Hornischer (geboren 6.2.1906) und Sepp Schuhbauer (geboren 20.2.1906).

National = Sozialistische Deutsche Arbeiterpartei

Gliederung der Parteiorganisation in Ulm
Gauinspektion II (Württemberg-Südwest).
Geschäftsstelle: Karlstr. 44. ☛ 4518.
Gauinspektor: Eug. Maier, M.d.R.,
Sedelhofgasse 18. ☛ 4519
Kreisleitung Ulm a. D., Geschäftsstelle:
Karlstraße 44. ☛ 4518. Kreisleiter:
Eug. Maier, M.d.R., Gauinspektor,
Sedelhofgasse 18. ☛ 4519
Kreisgericht Ulm a. D., Karlstraße 44.
☛ 4518
Amt für Beamte. Kreisamtsleiter: Otto
Zichert, Verw.-Inspektor, Wagner-
straße 8. ☛ 7491
Amt f. Erzieher. Kreisamtsleiter: Rektor
Hermann, Keplervolksschule.
☛ 2041
Amt für N.S.B.O. und D.A.F.
Kreisamtsleiter: Karl Bauer, Wein-
hof 23. ☛ 3408
Amt für Volksgesundheit, N.S.D.-Aerzte-
bund Kreis Ulm-Laupheim (Dr. med.
Schwarze), Frauenstr. 34. ☛ 3200
Amt für Technik u. N.S.-Bund Deutscher
Technik. Kreisamtsleiter: Frz. Het-
zelberger, Zeitblomstr. 6. ☛ 2755
Kreisbauernschaft Alb. Kreisbauernschafts-
führer: Erwin Stöcker, Unt. Ried-
hof. ☛ 4588
Ortsgruppe Ulm-Deutsch. Haus. Geschäfts-
stelle: Hirschstr. 14 (Eing. Lauten-
gasse) ☛ 2381. Ortsgruppenleiter:
Fritz Geisler, Adolf-Hitler-Str. 18.
☛ 4707
Ortsgr. Ulm-Grimmelfingen. Geschäftsstelle: Grimmelfingen, Eisenbahnstraße 24. ☛ 4557. Ortsgruppenleiter: Erwin Wölper, Werkmeister,
Eisenbahnstraße 24. ☛ 4557
Ortsgruppe Heinrich Jörg. Geschäftsstelle:
Krafftstr. 11. ☛ 3739. Ortsgruppenleiter: Mich. Volk, Krafftstr. 11.
☛ 3739
Ortsgruppe Ulm-Kuhberg. Schellingstr.
4. Ortsgruppenleiter:
Ludwig Enderle, Schellingstr. 4
Ortsgruppe Ulm-Michelsberg, Geschäftsstelle: Bodenstr. 3. ☛ 4551. Ortsgruppenleiter: Mag Held, Alpen-
straße 60. ☛ 4551
Ortsgruppe Ulm-Münster. Geschäftsstelle:
Marktpl. 6. ☛ 2260. Ortsgruppen-
leiter: Josef Denninger, Breite
Gasse 4. ☛ 2260

Ortsgruppe Ulm-Neustadt. Geschäftsstelle:
Stuttgarter Tor-Bahnhof. ☛ 3995.
Ortsgruppenleiter: Christian Bin-
zinger, Brenzstraße 10, ☛ 3995
Ortsgruppe Ulm-Söflingen. Geschäftsstelle
Klosterhof 14. ☛ durch 2151. Orts-
gruppenleiter: Johannes Genwitz,
Söflinger Straße 230
Ortsgruppe Ulm-Weststadt. Geschäftsstelle:
Wagnerstr. 70. ☛ 3507. Ortsgrup-
penleiter: Friedrich Gagel, Wagner-
straße 70. ☛ 3507
Ortsgruppe Ulm-Zeughaus. Geschäftsstelle:
Danziger Freiheit 3. ☛ 4351. Orts-
gruppenleiter: Hermann Freuden-
berger, Berblingerstraße 3. ☛ 4351
N.S.-Frauenschaft, Kreis Ulm. Geschäfts-
stelle: Herrenkellergasse 6. ☛ 3996.
Kreisamtsleiterin: Marga Baum-
garten, Lange Straße 21
N.S.-Gemeinschaft „Kraft durch Freude".
Geschäftsstelle: Glöcklerstraße 6.
☛ 3426
N.S.-Kriegsopferversorgung e. V., Bezirk
76 Ulm. Geschäftsstelle: Bastei-
straße 14. ☛ 2714
N.S.-Kriegsopferversorgung e. V., Orts-
gruppe Ulm, Geschäftsstelle: Karl-
straße 68. ☛ 2352
N.S.-Volkswohlfahrt, Kreis Ulm. Frauen-
straße 118. ☛ 4556
N.S.-Volkswohlfahrt, Ortsgr. Deutsches
Haus. Geschäftsstelle: Sterngasse 11
N.S.-Volkswohlfahrt, Ortsgruppe Ulm-
Heinrich-Jörg. Geschäftsst.: Boden-
straße 3. ☛ 2813
N.S.-Volkswohlfahrt, Ortsgruppe Ulm-
Michelsberg. Geschäftsstelle: Karl-
straße 38¹. ☛ 4551
N.S.-Volkswohlfahrt, Ortsgruppe Ulm-
Neustadt. Geschäftsstelle: Frieden-
straße 1. ☛ 3468
N.S.-Volkswohlfahrt, Ortsgruppe Ulm-
Weststadt. Geschäftsstelle: Wagner-
straße 70. ☛ 3507
N.S.-Volkswohlfahrt, Ortsgruppe Ulm-
Zeughaus. Geschäftsstelle: Frauen-
straße 12. ☛ 2675 (Verm.)
Deutsche Arbeitsfront, Ulm. Kreis-
geschäftsstelle d. D.A.F. u. N.S.B.O.
Weinhof 23. ☛ 3408. Kreisleiter:
Karl Bauer, Moltkestr. 90. ☛ 3408
Deutsche Arbeitsopferversorgung, Geschäfts-
stelle: Frauenstraße 19. ☛ 3864
Deutsche Arbeitsopferversorgung: Kepler-
straße 2

N.S.D.A.P., Partei-Organisation
Deutsche Arbeitsfront, Kreis Ulm
Reichsbetriebsgemeinschaft 1 Nahrung und
Genuß, Weinhof 23. ☛ 3610
— 2 Textil, Weinhof 23. ☛ 4733
— 3 Bekleidung, Weinhof 23. ☛ 4733
— 4 Bau, Weinhof 23, ☛ 2509
— 5 Holz, Weinhof 23. ☛ 3408
— 6 Eisen und Metall, Weinhof 23.
 ☛ 3408
— 7 Chemie, Weinhof 23. ☛ 2191
— 8 Druck, Weinhof 23. ☛ 3408
— 9 Papier, Weinhof 23. ☛ 2191
—10 Verkehr und öffentliche Betriebe,
 Weinhof 23. ☛ 3408
—13 Freie Berufe, Weinhof 23. ☛ 3408
—14 Landwirtschaft, Landesfürsorge-
 anstalt Riedhof. ☛ 2462
—15 Leder u. Erde, Weinhof 23. ☛ Gebr. Leb-
 recht. ☛ 2156
—17 Handel (N.S.-Hago), Sterngasse 11.
—18 Handwerk (N.S.-Hago), Sterng. 11.
— **Frauenamt**, Reichsfachgruppe Haus-
 gehilfen: Geschäftsstelle: Weinhof 23.
 ☛ 3408

Nationalsozialistische Deutsche Arbeiterpartei

Gliederung der Parteiorganisation
in Neu-Ulm.
Kreisleitung Neu-Ulm. Geschäftsst.: Lud-
wigstraße 11. ☛ 7272, ab 1, 8, 35
Maximilianstr. 2 (Rathaus). Kreisleiter: Hermann Boch, Offenhauser
Straße 7. ☛ 7272
Kreisgericht Neu-Ulm. Geschäftsst.: Amtsgericht Neu-Ulm. ☛ 7077. Vorsitzender: Dr. Karl Bauer, Schützen-
straße 1. ☛ 7077
Amt für Beamte. Kreisamtsleiter: Karl
Gertis, Neu-Ulm, Dammstraße 3,
☛ 7272

Amt für Erzieher. Kreisamtsleiter: Karl
Metzger, Oberelchingen. ☛ Nersin-
gen 21
Amt für Volksgesundheit. N.S.D.-Aerzte-
bund Kr. Neu-Ulm (Dr. med. Herm.
Bißhuber) Insel 1. ☛ 7353
Amt für Technik u. N.S.-Bund Deutscher
Technik. Kreisamtsleiter: Freiherr
v. Malsen-Ponikau, Reutti. ☛ Neu-
Ulm 7291
Bezirksbauernschaft. Bezirksbauernschafts-
führer: Xaver Böck, Bürgermeister,
Weißenhorn. ☛ Weißenhorn 1
Deutsche Arbeitsfront, Kreis Neu-Ulm.
Geschäftsstelle: Maximilianstr. 38.
☛ 7439. Kreiswalter: Hans Kurer,
Kleine Donau 3
Gefolgschaftsrechtsberatungsstelle:
Geschäftsstelle: Maximilianstr. 38.
☛ 7439
Ortsgruppe Neu-Ulm. Geschäftsst.: Lud-
wigstr. 7. ☛ 7272. Ab 1, 8, 35 in
Maximilianstr. 2 (Rathaus). Orts-
gruppenleiter: Josef Ostermann,
Ritter-von-Epp-Straße 1. ☛ 7273
N.S.-Arbeitsopferversorgung. Ortsgrup-
penwalter: Leonh. Rieg, Neu-Ulm,
Krankenhausstraße 19
N.S.B.O. Kreisgeschäftsstelle: Maximilian-
straße 38. ☛ 7439
N.S.-Gemeinschaft „Kraft durch Freude".
Geschäftsstelle: Maximilianstr. 38.
☛ 7439
N.S.-Hago. Kreisgeschäftsstelle: Bahnhof-
straße 51. ☛ 7309. Kreisamtslei-
ter: Josef Böck, Bahnhofstraße 51.
☛ 7309
N.S.-Kreisfrauenschaft. Geschäftsstelle:
Gabelsbergerstr. 17. ☛ 7439. Leite-
rin: Anna Mayer, Gabelsberger-
straße 17. ☛ 7439
N.S.-Kriegsopferversorgung: Geschäftsst.:
Reuttier Straße 8. ☛ durch 7491.
Amtsleiter: Heinr. Büttner, Reut-
tier Straße 8. ☛ durch 7491
N.S.-Volkswohlfahrt, Kreis Neu-Ulm.
Geschäftsstelle: Wilhelmstr. 27, ☛
7028 u. 7048. Kreisamtsleiter: Dav.
Marquard, Wilhelmstr. 27. ☛ 7028
und 7048
N.S.-Volkswohlfahrt, Ortsgr. Neu-Ulm.
Geschäftsst.: Maximilianstr. 2 (Rat-
haus) ☛ 7231. Ortsgruppenamts-
leiter: Oberbürgermeister Nußll,
Maximilianstraße 2. ☛ 7231
Deutsche Arbeitsfront, Kreis Neu-Ulm,
Maximilianstraße 38. ☛ 7439

1937

19.7. In München wird die Ausstellung »Entartete Kunst« mit 730 Werken von 112 Künstlern eröffnet; ein Höhepunkt des »unerbittlichen Säuberungskrieges« gegen alle »Kunstverirrungen« (Hitler).

1937

22.9. Acht oppositionelle Söflinger werden in einem politischen Prozeß vor dem Stuttgarter Sondergericht zum Teil drakonisch bestraft, ein Lehrer zu sechs Jahren Zuchthaus, unter anderem wegen »Heimtücke«. Die Untersuchungshaft hatte teilweise zwei Jahre gedauert.

4.10. Abtransport der im Ulmer Museum von einer Kommission der Reichskulturkammer beschlagnahmten Werke (27 Gemälde, 6 Mappen, 127 Einzelblätter) »entarteter Kunst« nach Berlin. Sie werden dort wohl am 20.3.1939 zum Großteil verbrannt. Einzig Karl Hofers »Trunkene« kehrt 1985 nach Ulm zurück.

November/Dezember Im Zusammenhang mit reichsweiten Verhaftungen (gegen »bündische Umtriebe«) werden u.a. auch in Ulm vier der Geschwister Scholl und Ernst Reden verhaftet. Hans Scholl und Ernst Reden hatten seit 1935 eine kleine Ulmer Gruppe der »Deutschen Jungenschaft vom 1.11.1929« (d.j. 1.11.) aufgebaut.

1937/38 Die nach Ulm strafversetzten Eisenbahner Mesmer und Fritz Züfle verbreiten illegale Emigranten-Flugblätter aus der Schweiz. Die Gruppe fliegt auf. Züfle kommt 1938 im Stuttgarter Gestapo-Gefängnis um, offiziell durch Selbstmord.

1938

13.3. Einverleibung des österreichischen Staatsgebiets; seitdem »Großdeutsches Reich«.

5.10. Einziehung der Reisepässe von Juden; neue Pässe erhalten den Aufdruck »J«. Ab 1.9.1941 wird der »Judenstern« eingeführt.

28.10. Ausweisung von 17 000 nichtdeutschen Juden und Zwangstransport nach Polen.

9./10.11. »Reichskristallnacht«: staatlich organisiertes Pogrom gegen Juden. Zerstörung von Synagogen, Geschäften, Wohnhäusern. Verhaftung von über 26 000 männlichen Juden und Einweisung u.a. in die KZ Dachau, Buchenwald und Sachsenhausen.

12.11. »Verordnung zur Ausschaltung der deutschen Juden aus dem Wirtschaftsleben«: Ein Programm, das systematisch mit der »Erfassung jüdischen Vermögens« (Februar 1937) eröffnet, durch vielerlei Verordnungen 1938 fortgesetzt wurde, in der »Kristallnacht« einen äußeren Höhepunkt gefunden hatte und bei Kriegsbeginn abgeschlossen war.

16.12. Stiftung des »Ehrenkreuzes der deutschen Mutter« in drei Stufen: Höchste Stufe für »arische Mütter« mit acht und mehr Kindern.

1938

10.4. Die Volksabstimmung über die Eingliederung Österreichs in das deutsche Reich und die damit gekoppelte Frage nach der Befürwortung der Regierung Hitlers bringt nach NS-Angaben in Ulm folgendes Ergebnis: 100% Wahlbeteiligung, 46 128 Ja-Stimmen, 56 Nein-Stimmen und 3 Ungültige.

1938

10.4. Bischof Sproll verweigert öffentlich die Teilnahme an der Volksabstimmung und wird deshalb von Reichsstatthalter Murr aus dem Gaugebiet Württemberg-Hohenzollern am 24.8. ausgewiesen.

12.–14.5. Auf der Flucht vor dem gegen ihn gerichteten Nazi-Terror verbringt der Rottenburger Bischof Sproll zwei Tage im Söflinger Pfarrhaus. Pfarrer Weiß und seine Ulmer Kollegen Josef Gantert und Albert Nusser wollten ihn wieder in sein Amt zurückbringen, was aber mißlang.

28.9. »Geht die Arisierung jüdischer Firmen in derselben Weise wie in den letzten Wochen weiter, so werden in kurzer Zeit im Kammerbezirk keine jüdischen Unternehmungen von nennenswerter Bedeutung zu finden sein.« (Aus einer Beiratssitzung der IHK Ulm; Winkel, S. 105.) Dies ist Ende des Jahres der Fall.

27.10. Siebzehn Ulmer Juden mit polnischer Staatsangehörigkeit werden verhaftet und nach Polen abgeschoben.

Ausgewählte Dokumente VII

Bischof Sproll, Pfarrer Weiß, Pfarrer Hanssler, Pfarrer Burkhart, Pater Deininger und andere ... Exponenten des katholischen Widerstands in der Region Ulm/Neu-Ulm

»Wenn die Lage und das Verhalten der Christen im Dritten Reich unter dem Stichwort Widerstand verhandelt werden, wird alles schief. Widerstand ist ein politischer Begriff. Widerstand, der sich selber ernst nimmt, muß den Umsturz wollen. Umsturz wollen heißt, die Mittel der Gewalt einsetzen.«
Diese Begriffsbestimmung stammt von **Bernhard Hanssler** (geboren 1907, heute in Stuttgart lebend), der gleich nach der Priesterweihe 1932 Ulmer Jugendpfarrer wurde, es bis 1938 blieb und in dieser Zeit für die katholische Jugend Ulms ein wichtiger Orientierungspunkt im Kampf gegen die Nazis war.
Und Hanssler fährt fort: Sei »Widerstand im Sinn des Gewaltgebrauchs« gegen den »Staat als solchen« der Kirche prinzipiell unmöglich gewesen (die von manchen Katholiken diskutierte Ausnahme, nämlich die Theorie vom »Tyrannenmord«, erwähnt Hanssler nicht), so sei es andererseits ihre »ureigenste Pflicht« gewesen, den »Widerstand gegen die nationalsozialistische Weltanschauung« zu mobilisieren.

Dies schreibt Hanssler in seinem Buch über denjenigen Exponenten der katholischen Amtskirche in unserer Region, der diese Widerstands-Pflicht am nachhaltigsten wahrgenommen hat: den Bischof der Diözese Rottenburg, **Joannes Baptista Sproll**, 1870–1949 (S. 46f.; Hansslers Erinnerungen an Ulm: S. 96ff.; 117ff. Zu Sproll vgl. auch den Aufsatz bei Bosch, S. 35ff., sowie das Buch von Kopf/Miller).

Vielleicht der kämpferischste im Klerus der Diözese Rottenburg war der Stadtpfarrer von Söflingen, **Franz Weiß** (30.7.1892–8.11.1985). Bis zu seiner Vertreibung Ostern 1940 war er der Mittelpunkt seiner Gemeinde in der Abwehr der ständigen Vereinnahmungsversuche der Machthaber aus der NS-Hochburg Ulm. Mehr zu Weiß in der nebenstehenden Zeittafel, bei Kopf/Miller, S. 136ff., sowie in dem Aufsatz von Inge Aicher-Scholl und Julian Aicher über ihn von 1985. In Ulm und selbst in Söflingen erinnert heute nicht die kleinste Tafel an seinen Widerstand, wiewohl eine größere Gruppe »seiner« katholischen Jugend sich an ihn noch dankbar erinnert.

Völlig vergessen in Ulm scheint zu sein, daß mit Pater **Franziskus Deininger** (geboren 1894, lebt heute im Kloster Ursberg) ein Sohn der Stadt sich Verdienste im Kampf gegen eines der zentralen rassistischen Gesetze, das »zur Verhütung erbkranken Nachwuchses« vom 1.1.1934, erworben hat.
Deininger wuchs in Ulm auf und ging hier ins Gymnasium. Seine Mutter entstammt einer alteingesessenen protestantischen Ulmer Familie, sein Vater war Landjäger in Ulm.

1934 verfaßte der Benediktinerpater und damalige Moraltheologe an der Beuroner Theologischen Hochschule eine vierzigseitige Schrift, »Sterilisierung und Seelsorge«, wovon vier Auflagen zu 200 Stück erschienen sind. Ein Zitat daraus: »Unter allen Argumenten, die für die Sterilisierung vorgebracht werden, ist die Rücksicht auf die dadurch möglichen Ersparnisse das sittlich minderwertigste. [...]«
(Vgl. Römer, Die grauen Busse, S. 35ff., und den Artikel in der Neu-Ulmer Zeitung vom 15.8.1986: »Unerschrockener Streiter gegen die Sterilisation«.)

Der Pfarrer von Oberhausen und Oberreichenbach in der Gemeinde Weißenhorn, **Johannes Burkhart** (1904-1985), ‹ritisierte mehrfach von der Kanzel den Nationalsozialismus. Er kam am 5. Februar 1942 deswegen in »Schutzhaft«, wenig später nach Dachau, wo Malaria-Versuche an ihm vorgenommen wurden.
(Vgl. Josef Fuchs, Christus! nicht Hitler, S. 58, und Römer, Für die Vergessenen, S. 197ff.; Foto von Pfarrer Burkhart Seite 86)

Illegaler Besuch der katholischen Jugend von Söflingen unter Leitung von Pfarrer Weiß (rechts) in Krumbach, wo der Bischof Sproll (links) in Verbannung lebte, Weihnachten 1938.

18.11. Auf Antrag des Ulmer OB wird Ende November mit dem Abbruch der Ulmer Synagoge begonnen.

3.12. Ausweisung des katholischen Jugendpfarrers Albert Nusser aus Württemberg; er hatte die kirchenfeindliche Haltung Hitlers angeprangert.

Ausschnitt aus einem nach der »Kristallnacht« in Ulm verbreiteten Plakat-Pamphlet der »nationalsozialistischen Bewegung der Stadt Ulm« mit sieben Forderungen zur Vertreibung der »jüdisch-bolschewistischen Weltverschwörer«; oben die Ulmer Synagoge (Ulmer Sturm, 11.2.1939; Foto: Stadtarchiv Ulm). Zu den ökonomischen Hintergründen und Auswirkungen der Judenverfolgung und besonders der sogenannten »Kristallnacht« in Ulm, nämlich zu »Arisierung und Liquidierung von jüdischem Vermögen«, vergleiche die immer noch sehr ergiebige Dokumentation von Keil sowie Winkel, Seite 103ff., und Toury, Seite 229ff.

Ausgewählte Dokumente VIII

Ulmer Oasen im Nazi-Staat
Das jüdische Landschulheim Herrlingen
(1933 bis 1939)
und das Kinderheim der Käthe Hamburg
(1927 bis 1939)

»Martin Buber sah in Herrlingen eine Oase. Während jenseits des Zaunes die deutsche Umwelt mit jedem Tag weiter in die Nazibarbarei schritt, war das Heim eine Insel schöpferischer Freiheit; einer der wenigen Orte in Deutschland, in denen sich jüdische Kinder und Jugendliche voll entwickeln konnten.«
So beschreibt Schlomo Ilan im Geleitwort zu Lucie Schachnes Buch »Erziehung zum geistigen Widerstand. Das jüdische Landschulheim Herrlingen« (Frankfurt 1986) eine historische Erscheinung, die heute fast unbekannt ist und besonders für Ulm eine faszinierende Neuentdeckung darstellt.
Das Landschulheim wurde 1926 von **Anna Essinger** gegründet, aufgrund der Machtübernahme in die südenglische Grafschaft Kent verlegt und im Oktober 1933 als »Neu-Herrlingen Bunce Court« neu eröffnet. Am 16. Oktober 1933 wurde das Herrlinger

Haus von dem bedeutenden Pädagogen **Hugo Rosenthal** (1887–1980) als »Jüdisches Landschulheim« fortgesetzt. Vor 1933 war die Leiterin zwar Jüdin, die Schüler aber waren nur zum Teil jüdischer Herkunft und das pädagogische Programm gar nicht spezifisch jüdisch gewesen. – Das Jüdische Landschulheim hatte zeitweilig über hundert Schüler zwischen sieben und siebzehn Jahren, davon wenige Externe aus Ulm. Die Kinder entstammten weitgehend assimilierten jüdischen Familien aus dem gebildeten, besitzenden Bürgertum und kamen aus ganz Deutschland.
Rosenthals Pädagogik wurzelte in dreierlei Traditionen: der des europäischen Humanismus, der deutschen Reformschulpädagogik und eines bewußten Judentums. Die Ziele waren eine konkrete Antwort auf die Situation der Juden in den ersten NS-Jahren, u.a.:
»1. Heimischmachen der Kinder im deutschen und jüdischen Kulturkreise.
2. Ihre sprachliche Vorbereitung auf eine etwaige Auswanderung.
3. Vorbereitung auf handwerkliche, gärtnerische und hauswirtschaftliche Ausbildung im Rahmen der beruflichen Umschichtung der Juden« (S. 64).
Die sogenannte »Reichskristallnacht« leitet u.a. auch die »Verwüstung der Herrlinger Oase« ein:

Im März 1939 wird das Heim geschlossen, Rosenthal emigriert.
Das genannte Buch dokumentiert sehr lebendig Theorie, Unterricht und tägliches Leben des Landschulheims und ist zusammengetragen und geschrieben von ehemaligen Schülern und Lehrern.

Die Gebäude von damals sind heute zum Teil im alten Zustand erhalten. Ihre Besichtigung und die Kontaktaufnahme zu Zeitzeugen sind möglich über: Haus unterm Regenbogen, Erwin-Rommel-Steige 50, 7906 Blaustein-Herrlingen.

Neben dem Landschulheim bestand in Herrlingen von 1927 bis 1939 das »Waldheim«, ein Kinderheim der Berliner Jüdin **Käthe Hamburg** (1893–1951) für sieben (meist Berliner) Sozialwaisen. Die pädagogische Arbeit orientierte sich an der Tradition der Aufklärung und der Reformpädagogik und war somit – wie Rosenthals Einrichtung – ein krasser Gegenpol zur sonst praktizierten NS-Pädagogik.

Die Autoren der Diplomarbeit über Käthe Hamburgs Einrichtung (»Kindern eine Zukunft geben«), Ruth Fichtner und Bertram Wegemer, sind zu Auskünften bereit: Heimstättenstraße 5, 7900 Ulm-Söflingen.

Das Haupthaus des jüdischen Landschulheims Herrlingen (Rückansicht), das »Bialik-Haus«.
Aufnahme mit Schülern und Lehrern aus den dreißiger Jahren.

1939

15.5. Errichtung des Frauen-KZ Ravensbrück.

17.5. Zweite »Volkszählung« unter NS-Regie (die erste fand am 16.6.1933 statt) als »Eröffnungsbilanz des Großdeutschen Reiches«. Zentrale Ziele waren Kriegsvorbereitung und Judenvernichtung.

27.8. »Verordnung zur vorläufigen Sicherung des lebenswichtigen Bedarfs des deutschen Volkes«: Rationierung und Bezugsscheinpflicht für Lebensmittel und Alltagsbedarf.

1.9. Angriff Deutschlands auf Polen, Beginn des Zweiten Weltkriegs.
Das Abhören ausländischer Sender wird mit Zuchthaus bedroht. Die letzten ausländischen Zeitungen verschwinden von den Kiosken.

4.9. Die Kriegswirtschaftsverordnung führt das Kriegsrecht in der Wirtschaft ein und sieht auch für geringe Delikte die Todesstrafe vor. Auferlegung eines Kriegssteuerzuschlags von 50 Prozent, Urlaub und Überstundenbezahlung entfallen.

9.10. Hitler ordnet, zurückdatiert auf den 1.9., die »Aktion Gnadentod« an; es beginnt sofort die Erfassung der »Geisteskranken«. Im Jahr 1940 werden 120 000 »Lebensunwerte« ermordet. Am 24.8.1941 ist offizieller »Euthanasie-Stop«, die Tötungen gehen aber weiter, zum Teil bis nach Kriegsende (Kaufbeuren).

12.10. Erste Deportationen von Juden aus Österreich und dem Protektorat Böhmen und Mähren nach Polen. Ende Januar 1942 Beginn der Deportationen nach Theresienstadt.

1940

10.5. Unter dem Deckwort »Ulmer Spatz« deutscher Angriff auf Holland, Belgien, Frankreich und Luxemburg. 22.6. Waffenstillstand mit Frankreich.

20.5. Errichtung des KZ Auschwitz. 3.9.1941 erste Vergasungsversuche. 4.7.1942 Beginn der Massenvergasungen. 2.11.1944 Einstellung der Vergasungen. 27.1.1945 Befreiung durch sowjetische Truppen. In Auschwitz sind etwa 4 Millionen Menschen ermordet worden.

1939

20.4. Ulm beherbergt 5802 »Militärpersonen«. Letzte große Parade an »Führers fünfzigstem Geburtstag« der Ulmer Militärverbände am Münsterplatz. – Auch im übrigen Reich zeigen Truppenparaden das bereitstehende Angriffspotential.

1.11. Die seit 1936 vorbereitete »Heeresmunitionsanstalt »Straß« (Muna) nimmt den Betrieb auf.

1939

März/April Das »Jüdische Landschulheim Herrlingen« (bestehend seit Oktober 1933) und das Kinderheim »Waldheim« in Herrlingen müssen schließen. Die Leiter Hugo Rosenthal und Käthe Hamburg emigrieren, er nach Palästina, sie nach England.

20.6. Das in Ulm tagende Sondergericht Stuttgart verurteilt der Söflinger Pfarrer Franz Weiß zu einem Jahr Gefängnis wegen »Heimtücke und Kanzelmißbrauchs«. Am Karfreitag war er verhaftet und aus Söflingen ausgewiesen worden. – Nach seiner Entlassung aus dem Ulmer Gefängnis am Frauengraben im April 1940 triumphaler Empfang durch die Söflinger in ihrem Pfarrhof. Am Ostersonntag 1940 bringt ihn die Gestapo in seine »lebenslängliche Verbannung« am Bodensee.

8.11. Attentat des aus Hermaringen bei Heidenheim stammenden Georg Elser auf Hitler im Münchner Bürgerbräukeller.

1940

1.2. Im ehemaligen Schloß Grafeneck bei Münsingen beginnt die bis 9.12. dauernde Ermordung von 10 654 behinderten Menschen, darunter 52 aus der »Schwachsinnigenabteilung« des Ulmer Riedhofes im Donautal. Nach Dezember 1940 kommen die für die Tötung vorgesehenen Kranken aus Württemberg nach Hadamar bei Limburg und die aus Bayern nach Hartheim bei Linz.

Juli Öffentliches Kahlscheren eines neunzehnjährigen Mädchens aus der Nähe von Geislingen/Steige auf dem Ulmer Marktplatz vor einigen Tausend Zuschauern. Ihr wurde der Umgang mit einem französischen Kriegsgefangenen vorgeworfen.

Ausgewählte Dokumente IX

»... das gesunde Volksempfinden gröblich verletzt«
Im Sommer 1940 werden einer jungen Frau auf dem überfüllten Ulmer Marktplatz die Haare geschoren

Dieser Artikel und dieses Bild erscheinen am 28. September 1940 im »Ulmer Sturm/Ulmer Tagblatt«. Sie nehmen Bezug auf ein Ulmer Stadtereignis, das wohl Ende Juli/Anfang August geschehen war, damals aber in der Ulmer Presse keinen Niederschlag gefunden hatte:
Eine neunzehnjährige junge Frau (ihr Name ist hier eingeschwärzt) aus der Nähe von Geislingen hatte sich »mit einem französischen Kriegsgefangenen eingelassen«, wurde schwanger und dann denunziert. Sie hatte gegen das Kriegsgesetz verstoßen, mit Kriegsgefangenen nicht »in einer Weise Umgang« pflegen zu dürfen, »die das gesunde Volksempfinden gröblich verletzt«. Sie wird später deswegen auch vom Sondergericht zu »einem Jahr Zuchthaus und zwei Jahren Ehrverlust« verurteilt (Ulmer Sturm/Ulmer Tagblatt vom 11.12.1940). Lange vorher jedoch wird sie auf dem Marktplatz von Ulm auf einem eigens errichteten Schaugerüst öffentlich gedemütigt: Sie wird kahlgeschoren.
Dem Artikel ist zwar deutlich zu entnehmen, daß es in der Ulmer Bevölkerung Kritik an dieser Form von NS-gesteuerter Selbstjustiz gab, die entspannt-heiteren Gesichter auf dem Foto (derentwegen es veröffentlicht wird) aber machen deutlich, daß die Übereinstimmung mit dem Geschehen weit verbreitet war: Das »gesunde Volksempfinden« scheint befriedigt.
Und genau das macht dieses Foto zu einem der abgründigsten Dokumente aus dem Ulmer NS-Alltag.

Dummes Geschwätz um eine Ehrlose

m. Dumme und böswillige Gerüchte geben Veranlassung, darauf hinzuweisen, daß die vor einigen Wochen vor der gesamten Ulmer Bevölkerung gebrandmarkte 19 Jahre alte █████ ███ aus Bohmenkirch, Kreis Göppingen, in absehbarer Zeit ihrer gerechten Bestrafung vor dem Ulmer Strafrichter entgegensieht. Bekanntlich stand dieses ehrlose Mädchen in verbotenen Beziehungen zu einem Kriegsgefangenen und schloß sich mit einer unüberbaren Schmach aus der deutschen Volksgemeinschaft aus. Diese Ehrlose vergaß all die Erniedrigungen und Greueltaten, die dem deutschen Volke von seinen Feinden in der Vergangenheit und vor allem auch in diesem Kriege angetan wurden, sie vergaß die Schandtaten die sich gerade auch die „grande nation" und ihre schwarzen Horden am deutschen Blut zuschulden kommen ließen.

Mit Recht wurde sie, weil sie deutsche Ehre in den Schmutz zog, vor einer vieltausendköpfigen Menschenmenge auf dem Marktplatz an den Pranger gestellt und ihrer Haare beraubt. In unmißverständlicher Weise gab die Menge dabei ihrer Empörung und Verachtung gegenüber dieser Ehrlosen Ausdruck, die sich zur Zeit in Untersuchungshaft befindet und entgegen allen anderslautenden Behauptungen noch nie Schaden an ihrer Gesundheit genommen hat.

Spott und Verachtung standen in den Mienen der Tausende geschrieben
Sämtl. Aufn.: Bitr.

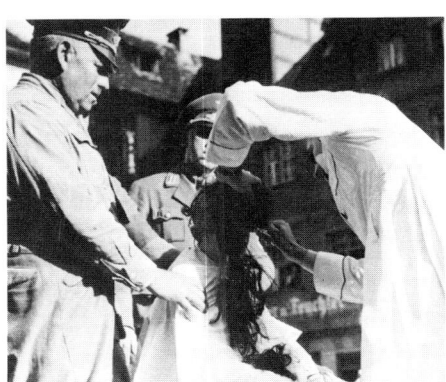

Zwei Hüter des Systems und ein beflissener Friseur bei der Arbeit.

1941

10.5. Rudolf Heß, Stellvertreter Hitlers, springt mit dem Fallschirm über Großbritannien ab.

22.6. Deutscher Angriff auf die UdSSR.

7.12. »Nacht- und Nebel-Erlaß«: Anordnung, Verhaftete so abzuführen, daß die Angehörigen über ihr Schicksal im Ungewissen bleiben.

Pfarrer Johannes Burkhart aus Oberreichenbach/ Oberhausen im Bibertal bei Weißenhorn (vergleiche Seite 81).

1942

20.1. »Wannsee-Konferenz« über die Deportation und Ausrottung des europäischen Judentums (»Endlösung«). Der letzte noch lebende Teilnehmer der Konferenz, »SS-Oberführer« Gerhard Klopfer, stirbt im Januar 1987 in Ulm.

April Himmler befiehlt die generelle Umstellung des KZ-Systems auf Zwangsarbeit. Gleichzeitig beginnt die Verschleppung von Menschen aus den okkupierten Ländern. – Die Zahl der ausländischen Zwangsarbeiter in Deutschland steigt von 0,3 Millionen im Mai 1939 auf 7,5 Millionen im September 1944. Das sind 29,6 Prozent der Beschäftigtenzahl in der Industrie.

Im Frühjahr 1942 werden Glocken vom Ulmer Münster geholt, um als Rohmetall in der Kriegsindustrie Verwendung zu finden.

1941

28.6. Durch Angehörige der in Ulm stationierten 5. Infanteriedivision werden in dem russischen Dorf Rozanka etwa 50 jüdische Geiseln erschossen. Vorangegangen war die Ermordung einiger Angehöriger des 1. Bataillons des Infanterieregiments 56 (Ulm) durch russische Partisanen.

29.6. Der Pfarrer von Oberreichenbach bei Weißenhorn, Johannes Burkhart, predigt gegen die Nationalsozialisten und kommt deshalb für 39 Monate ins KZ Dachau.

3.8. Der Bischof von Münster, Clemens August Graf von Galen, hält seine berühmte Predigt gegen die sogenannte »Euthanasie«. Flugblätter dieser und anderer Galen-Predigten tauchen auch in Ulm auf, werden ab September vervielfältigt und verteilt, u.a. auch im Umkreis der katholischen Söflinger Jugend und des Ulmer Gymnasiums.

1.12. Erster großer Transport von 20 Ulmer Juden nach Riga, von dort in Vernichtungslager.

1942

Einrichtung einer KZ-Außenstelle von Dachau in Unterfahlheim. Aufgabe war die Bewirtschaftung von SS-Fischzuchtanlagen. Etwa 30 bis 50 Häftlinge: Zeugen Jehovas, Polen, Ukrainer, straffällig gewordene SS-Leute. Das Lager bestand bis März 1945.

26.4. Zweiter Transport von 14 Ulmer Juden nach Izbica, von dort in Vernichtungslager.

Juni/Juli In München werden die ersten vier »Flugblätter der Weißen Rose« formuliert, hergestellt und verschickt, einige nach Ulm.

Sommer Auch im Raum Ulm werden ab Juni kurzfristig Sammellager für die noch verbliebenen Juden eingerichtet, und zwar im Schloß Oberstotzingen, im Schloß Dellmensingen, im ehemaligen Landschulheim Herrlingen. Von dort aus werden die Deportationen, vor allem nach Theresienstadt (20.8.), vollzogen.

4.8. Robert Scholl wird vom Sondergericht Ulm wegen antinationalsozialistischer Äußerungen (»Heimtücke-Gesetz«) zu vier Monaten Gefängnis verurteilt. Am 25.10. wird er entlassen, im November erhält er Berufsverbot als Steuerberater.

20.8. Dritter Transport Ulmer Juden. Diesmal kommen 45 nach Theresienstadt und von dort zum Teil nach Auschwitz.

Ausgewählte Dokumente X

Die Selbst-Inszenierung der Macht

Die »Deutsche Arbeitsfront« (DAF) tagt;
21. Januar 1943, Konzert-Saal Neu-Ulm.

»Heldengedenkfeier« am 9. November 1941 in den
Bayern-Lichtspielen Neu-Ulm mit Wehrmacht- und
SA-Abordnungen, BDM und HJ.

Vereidigung des »Volkssturms« Neu-Ulm am
30. Januar 1945 vor der Zentralschule.

1943

31.1.–2.2. Kapitulation der 6. Armee vor Stalingrad.

18.2. Goebbels' Sportpalastrede: »Wollt ihr den totalen Krieg?«

1943

30.8. In Ulm wird für Württemberg ein von der HJ organisierter Tag der »Wehrertüchtigung« durchgeführt.

1943

Januar Die Abiturienten am Ulmer Gymnasium Hans Hirzel und Franz Müller machen hinter der Orgel der Martin-Luther-Kirche 2000 Exemplare des fünften Flugblatts der »Weißen Rose«, erstmals genannt »Flugblätter der Widerstandsbewegung in Deutschland«, postfertig.

18.2. Sophie und Hans Scholl werden nach der Verteilung des sechsten Flugblatts im Lichthof der Münchner Universität verhaftet, am 22.2. vom »Volksgerichtshof« verurteilt und anschließend hingerichtet (mit Christoph Probst).

1.3. Die fünf letzten jüdischen Bürger Ulms, die nicht in einer (noch) privilegierten Mischehe leben, kommen nach Auschwitz: Ilse, Mina und Samuel Hirsch; Marie Klein; Ernst Moos. 530 Juden hatten 1933 in Ulm gelebt, 153 noch im Jahr 1939. 116 wurden deportiert und davon 112 ermordet.

19.4. Zweiter »Weißer-Rose-Prozeß« mit Hinrichtung von Kurt Huber, Alexander Schmorell und Willi Graf. Im Rahmen dieses Prozesses werden auch die Ulmer Schüler Susanne und Hans Hirzel, Franz Joseph Müller und Heinrich Guter angeklagt und zu Gefängnisstrafen verurteilt.

13.7. Im dritten »Weißen-Rose-Prozeß« in München ist auch der Ulmer Maler Wilhelm Geyer, ein Freund der Scholls, angeklagt. Nach hundert Tagen Gestapo-Haft wird er freigesprochen.

10.8. Die Eltern Robert und Magdalene Scholl sowie die Tochter Inge sind vor dem Sondergericht Ulm wegen »Rundfunkverbrechens« angeklagt. Der »Ulmer Sturm« (8.10.) wählt die Überschrift: »Wie lange noch Scholl? Eine berechtigte Frage.« Robert Scholl wird zu 18 Monaten Gefängnis verurteilt.

August/September Paul Severing, vor 1933 sozialdemokratischer preußischer Innenminister, reist illegal durch Deutschland und macht auch bei Johannes Weißer in Ulm Station. Er berichtet, daß die deutsche Generalität ein Attentat auf Hitler plane. Alle SPD-Widerstandsgruppen sollten nichts mehr riskieren, um sofort nach dem Machtwechsel präsent sein zu können.

Bild oben:
Dezember 1944: Der Reichsführer-SS und Befehlshaber des Ersatzheeres, Heinrich Himmler, weilt zum letzten Mal im Ulmer Rathaus. Der Grund: Verleihung der »Goldenen Nahkampfspange an Einzelkämpfer«. Rechts hinter Himmler OB Foerster.

1944

6.6. Landung der Alliierten in der Normandie; 23.6.: Beginn der sowjetischen Offensive.

25.9. Alle 16- bis 60jährigen waffenfähigen Männer werden zum »deutschen Volkssturm« einberufen.

1944

18.10. Staatsakt vor dem und im Ulmer Rathaus für Feldmarschall Erwin Rommel, der am 14.10. in Herrlingen zum Selbstmord gezwungen worden war.

1.11. Erster Aufmarsch des Ulmer Volkssturms auf dem Münsterplatz. Der Neu-Ulmer Volkssturm wird am 30.1.1945 vereidigt.

1944

20.7. Im Zusammenhang mit dem gescheiterten Attentat gegen Hitler werden in Ulm etwa zehn bekannte Regimegegner verhaftet; unter ihnen die ehemaligen Ulmer Zentrums-Politiker Witzigmann, Wiedemeier, Spindler, der Kommunist Siegwarth sowie die Sozialdemokraten bzw. Gewerkschafter Weißer, Gerlinger, Henle.

Ausgewählte Dokumente XI

Kein Eid auf den Führer
Der achtzehnjährige Jonathan Stark, ein Ulmer Zeuge Jehovas, wurde im KZ Sachsenhausen gehenkt

6034 Zeugen Jehovas, damals »Bibelforscher« oder »Ernste Bibelforscher« genannt, lebten zwischen 1933 und 1945 im Deutschen Reich. 6019 von ihnen wurden verhaftet. 2000 wurden ins KZ verschleppt, 838 kamen dort um, davon 203 durch Hinrichtung. (Aus dem »Jahrbuch der Zeugen Jehovas 1974«, herausgegeben vom Deutschen Zweig der Bibel- und Traktat-Gesellschaft, Wiesbaden 1974, S. 108ff.)
»Delikte« der Bibelforscher waren fast ausschließlich die Verweigerung von Eid und Treuegelöbnis auf den Führer und die Verweigerung des Wehrdienstes.
Über die Bibelforscher-Gemeinde in Ulm und Neu-Ulm während der NS-Zeit ist nur noch wenig bekannt, ausgenommen Leiden und Tod des **Jonathan Stark**. Er ist am 8. August 1926 in Ulm geboren, hier zur Schule und in die Lehre als Lithograph gegangen. Er verweigerte bei seiner Einberufung zum »Arbeitsdienst« den »Eid auf den Führer«, wurde verhaftet (etwas später auch sein Vater), kam ins KZ Sachsenhausen und wurde am 1.11.1944 dort gehenkt.

Der Oberreichskriegsanwalt

StPL (RKA) I 334/43

Torgau/Elbe, Zietenkaserne, Ruf 933
~~Ikxexgxxxgxgxgxxxxxxgxgx~~ den 24. 1. 191 4
~~xxxxxxxxxxxxx~~
~~xxxxxxxxxxx~~

An
Frau Anna Z a n k e r
G r u i b i n g e n Krs.Göppingen
Hauptstr. 78.

Ihr Ehemann Adolf Z a n k e r ist am 2.12.1943 durch das Reichskriegsgericht wegen Verweigerung des Wehrdienstes zum Tode verurteilt worden. Das Urteil wurde am 7.1.1944 vollstreckt. Der letzte Brief Ihres Ehemannes liegt bei.

F.d.R.

Heeresjustizinspektor.

Im Auftrage
gez.Seyfarth.

C/0063

Todesbenachrichtigung Zanker

Jonathan Stark

Der dreiunddreißigjährige »Bibelforscher« **Adolf Zanker** (von Beruf Landwirt) aus Gruibingen auf der Alb, Kreis Göppingen, wurde am 7. Januar 1944 in Torgau hingerichtet (hier die Benachrichtigung der Ehefrau, DZOK-Archiv). Er hatte es »auf Grund der Heiligen Schrift und als Christ« abgelehnt, »an einer militärischen Ausbildung mit Waffen teilzunehmen und eine Uniform anzulegen« (aus der »Anklageverfügung«, DZOK-Archiv).

»Da ich auf Grund meiner Glaubensüberzeugung weder einen Waffendienst noch einen Eid leisten kann, finde ich es für notwendig, Sie frühzeitig in Kenntnis darüber zu setzen. Ich bin bereit, jede Arbeit anzunehmen, bei der ich keinen Waffendienst und keinen Eid zu leisten brauche. Ich werde trotzdem meine Arbeit ohne Eid auf das gewissenhafteste ausführen. Denn es steht in der Heiligen Schrift geschrieben: ›Ihr sollt nicht schwören, weder bei Gott noch den Menschen!‹ Und weiter verlangt Gott im sechsten Gebot: ›Du sollst nicht töten!‹ Da ich nun schon viele Jahre bestrebt bin, Gott zu dienen und mich an seine Gebote zu halten, ist es mir unmöglich, diese Gebote zu übertreten, denn sie allein sind die Richtschnur meines Handelns.«
Der dies schrieb, **Johann Seibold,** wurde am 11. Dezember 1940 hingerichtet. Er war, wie seine ganze

Ulmer Familie, »Bibelforscher«. Sein Vater, **Konrad Seibold sen.**, verhungerte am 14. April 1945 im KZ Mauthausen, sein Bruder **Konrad Seibold jun.** wurde im Alter von 19 Jahren am 28. März 1942 hingerichtet. **Josef Seibold**, ein weiterer Bruder, saß zweieinhalb Jahre im KZ, seine Schwester **Barbara Seibold** eineinhalb Jahre im Konzentrationslager Ravensbrück (vgl. »Schwäbische Donau Zeitung« Nr. 5 vom 24.11.1945).

Wissenschaftliche Literatur zu den »Bibelforschern« in der weiteren Region: Bosch, S. 94ff. (über Julius Engelhard); Broszat IV, S. 621ff. (Ernste Bibelforscher in Augsburg). Ein kurzer Beitrag zu Jonathan Stark bei Leber, Bd. I, S. 21f.

Ansprechpartner der Ulmer »Zeugen-Jehovas-Gemeinde« in Sachen NS-Zeit ist Hans-Jürgen Siebenhandl, Thymianweg 33, 7900 Ulm-Einsingen.

1944

30.8. Hinrichtung von Eberhard Finckh (Oberst im Generalstab, Mitglied des »20. Juli«) in Plötzensee. Er war von 1934 bis 1940 Offizier in Ulm und hatte hier Familie und Haus. – Die Prozesse gegen die Mitglieder des »20. Juli« hatten am 7.8. vor dem »Volksgerichtshof« in Berlin begonnen.

Dezember Ein Außenkommando von etwa 40 Häftlingen des KZ Dachau kommt nach Ulm und arbeitet bis 11. März 1945 in den »Klöckner-Humboldt-Deutz«-Werken.

1945

7.–9.5. Bedingungslose Kapitulation Deutschlands. Ende des Krieges in Europa.

1945

23.4. NS-Kreisleitung, Polizeidirektor und Oberbürgermeister fliehen aus Ulm.

24.4. Einen halben Tag vor dem Einrücken der Amerikaner in Ulm werden alle Ulmer Donau-Brücken (vier), bis auf die beim Wiblinger Kraftwerk, gesprengt. Die verantwortlichen Offiziere werden Ende 1946 freigesprochen: »Befehls-Notstand«.

1945

11.3. Clemens Högg, der 1911 in Neu-Ulm einen SPD-Ortsverein aufgebaut hatte, 1918 bis 1922 Stadtrat und Bürgermeister in Neu-Ulm gewesen war sowie von 1919 bis 1933 Bayerischer Landtagsabgeordneter, stirbt im KZ Bergen-Belsen.

13.4. Erhängung des französischen Zwangsarbeiters François Bicret am Marktplatz von Langenau. Er hatte gedroht, daß die künftigen Befreier (sie kamen zwölf Tage später) seinen »Arbeitgeber« für Mißhandlungen bestrafen würden.

23.–25.4. Von NS-Durchhalte-Fanatikern werden in Holzschwang und Unterkirchberg je drei Bewohner, die eine Verteidigung für sinnlos halten, erschossen, ihre Häuser zerstört.

23.4. Nachdem die deutsche Wachmannschaft des Heereszeugamts in Offenhausen (Pfaffenweg) abgezogen ist, plündert die Bevölkerung aus der Umgebung die vollen Magazine. Gleiches geschieht am Ulmer Güterbahnhof.

24.4. Besetzung des teilweise zu 80 Prozent zerstörten Ulm durch Verbände der 7. US-Armee; 28 000 Menschen leben noch in der Stadt. Auf dem Areal der Neu-Ulmer Ludendorff-Kaserne (heute Wiley-Barracks) werden bis Anfang 1946 über 100 000 Menschen gefangengesetzt: NSDAP-Funktionäre, Offiziere, Soldaten.

26./27.4. Letzter von insgesamt 22 größeren Bombenangriffen seit Juni 1940 im Raum Ulm. 2006 Bewohner der beiden Städte sind im Bombenkrieg getötet worden, von 12 765 Gebäuden blieben 2630 unbeschädigt. 1,2 Millionen Kubikmeter Schutt waren wegzuräumen. – Für Ulm sind im Zweiten Weltkrieg außerdem »3819 Kriegssterbefälle und 718 Todeserklärungen« zu verbuchen. – Eine weitere Bilanz: Aus Ulm waren 171 Männer und Frauen, mehrere wiederholt, in Konzentrationslagern. Acht Ulmer wurden »aus politischer Überzeugung« hingerichtet (Stand: 29.12.1945 bzw. 3.8.1946).

Einen Tag vor Ankunft der US-Army
plündert Ulmer Bevölkerung
am Ulmer Güterbahnhof
einen Zug.

24. April 1945: Kriegsende in Ulm.

Befreite polnische Zwangsarbeiter vor der zerstörten Ulmer Sparkasse; rechts Soldaten und Panzer des amerikanischen 324. Infanterieregiments der 7. Armee.
Am 6. Mai feiern die Amerikaner in Ulm ein Siegesfest mit Feuerwerk.

Literatur zum Kriegsende: u.a. Füller, Ulm im Zweiten Weltkrieg (ohne Erwähnung der Zwangsarbeiter!); Christ; sowie Serien in den beiden Ulmer Zeitungen und der Neu-Ulmer Zeitung April/Mai 1985.

24. April 1945: Deutsche Kriegsgefangene werden von amerikanischen Soldaten am Münster vorbeigeführt. (Amerikanisches Pressefoto/Heimatmuseum Neu-Ulm)

NS-Spuren im Ulmer Stadtbild von 1987

NS-Hoheits-Adler vor dem Finanzamt, Wagnerstraße 2.
Auf dem Sockel war bis Kriegsende das Hakenkreuz
angebracht.

NS-Hoheits-Adler am Ulmer Eichamt, Elisabethstra-
ße 18.

1982 renoviertes Fresko von 1939 am Erker eines
Hauses an der Ecke Söflinger/Magirusstraße.

Gedenkstein (bis 1985) des »Reichsarbeitsdienstes«
am Ulmer Grenzgraben 1935/36. Standort: an der Wiblinger Allee. Heute steht das leicht veränderte Denkmal an der seit Herbst 1987 außer Betrieb befindli-
chen Abzweigung Wiblinger Allee/Daimlerstraße.

3. Die »Weiße Rose« und Ulm

Die Geschwister Scholl, ihre Familie und Freunde
in den Beziehungen zur Stadt Ulm, 1932 bis 1943

3.1 Vorbemerkung zu einem Versuch

für einen antifaschistischen war ich zu jung, kommunisten gab es keine mehr,
keine sozialdemokraten, kein zentrum, die parteien waren verboten worden, als
ich elf jahre alt war. [...] wir lebten in einer quarantäne. auch im geschichtsunter-
richt, auch im religionsunterricht wucherte das neue vokabular von volk, rasse
und führer, und die neue nomenklatur hieß reich, kampf und vorsehung. [...] für
mich gab es keine opposition gegen hitler als politische realität, als front, als
geheimzelle. [...] (Aicher, S. 13)

Diese Lagebeschreibung für seine Jugend in Ulm an
der Schwelle zum Zweiten Weltkrieg gibt Otl Aicher,
gebürtiger Söflinger, Jahrgang 1922, vier Jahre jünger
als Hans und ein Jahr jünger als Sophie Scholl und
mit diesen und ihren Geschwistern seit 1939 befreundet. Die skizzierte Situation war fast identisch für die
noch nicht ganz angepaßte Jugend in Ulm, aber auch
sonst im Reich; für eine Jugend, die nun in den Krieg
gehetzt wurde, von staatlichem Terror bedroht und
vollgestopft mit Parolen, die ihr weismachen sollten,
daß der Krieg in ihrem Interesse liege.

Und dennoch gab es Widerstand. Sogar einen, mit
dem der Name der Stadt Ulm bis heute – man kann
wohl sagen: »weltweit« – verbunden ist: den Widerstand der Geschwister Scholl, der Weißen Rose. Der
Ruf ist mit der unbestreitbaren Tatsache begründet,
daß die Familie Scholl seit 1932 hier lebte und die
Kinder zum Großteil ihre Jugendjahre hier verbrachten.
Ebenso ist es eine Tatsache, daß die Weiße Rose so
nur im Münchener Studentenmilieu entstehen konnte
und nicht in Ulm.
Eine Handvoll Studenten war das im ersten Kriegsjahr
1939, mehr werdend und Freunde gewinnend in den
Jahren danach. Zur Tat entschlossen, einer ersten Flug-
blatt-Aktion im frühen Sommer 1942, und schließlich,
unmittelbar nach Stalingrad, das augenscheinlich »Un-
vernünftige« leistend: demonstrativ das Leben zu riskieren im offenen Appell an die Deutschen, das Mör-
derregime zu beseitigen. Dieser Versuch war am
18. Februar 1943 beendet. An diesem Tag und danach wurden über 50 Personen verhaftet und 30 angeklagt, den Hamburger Zweig der Weißen Rose (hier
und im folgenden) gar nicht mitgerechnet. Insgesamt
fünf Prozesse fanden statt, sieben Menschen wurden
hingerichtet: Sophie und Hans Scholl und Christoph
Probst am 22. Februar 1943; Alexander Schmorell
und Kurt Huber am 13. Juli 1943; Willi Graf am 12. Oktober 1943 und Hans Leipelt am 29. Januar 1945.
Unter den 30 Angeklagten waren neben Sophie und
Hans Scholl fünf, die aus Ulm stammten: Susanne und
Hans Hirzel, Franz Joseph Müller, Heiner Guter und
Wilhelm Geyer. Diese Gruppe verbindet Ulm, über die
Geschwister Scholl hinaus, noch etwas enger mit der
Weißen Rose.

Für die Geschichte des Widerstands in dieser Stadt
und damit für deren humanistisch-demokratische Tradition in der Gegenwart ist das bedeutsam. Schon deswegen, weil es sonst während der Kriegszeit keinen
aktiven Widerstand mehr gegeben hat, der in größe-
rem Ausmaß öffentlich geworden wäre. Dabei ist nicht
zu vergessen: Verfolgte und Opfer des Regimes gab
es auch in Ulm noch viele, zum Beispiel die Opfer
der sogenannten Euthanasie, die Juden, die Zeugen
Jehovas, die Zwangsarbeiter und Opfer des Krieges
und nicht zu vergessen die vielen, die individuell und
situationsbedingt an Symptomen des Regimes Widerstand leisteten und dafür mit dem Tod (Kriegsurteile),
mit Gefängnis oder KZ, mit materieller Not und sozialer
Isolation bestraft wurden. Und es bleibt klar, daß auch
künftig die dem historischen Prozeß gegenläufige Aufmerksamkeit des Dokumentationszentrums Oberer
Kuhberg ganz besonders diesen Opfern gelten wird,
deren Leiden, wie Hans Hirzel aus der Perspektive
des Weißen-Rose-Kreises und der Gegenwart sagt,
»erlitten wurde und dann ohne erkennbare sinnvolle

Nachwirkung versickerte« (8.4.1982, DZOK-Archiv).
Bei aller mit diesem »Versickern« verglichen großen Publizität der Geschwister Scholl von ihrem Tod an bis heute, erstaunt es, daß es bisher bezüglich der Berührungspunkte und Zusammenhänge von Ulm und Weißer Rose noch keine gründliche Darstellung, keine Text- und Dokumentensammlung gibt. Als Materialsammlung und deren vorsichtige Interpretation ist der folgende Beitrag gedacht.

Die intensive Arbeit daran läßt die Vermutung aussprechen, daß eine große Mehrheit der Ulmer bis 1945 und viele auch danach das Handeln der Geschwister Scholl und ihrer Freunde als sehr persönliche Provokation eigenen Verhaltens und (vergeblichen?) Leidens empfunden haben. Das von den Nazis verabreichte Etikett, im Fall der Weißen Rose hätten »bevorzugte Bürgerkinder an der Heimatfront Verrat geübt an den Brüdern und Vätern im Felde« (Freisler benutzt im Zweiten Weißen-Rose-Prozeß sehr bewußt das 30 Jahre »bewährte« Diffamierungswort von der »Dolchstoß-Organisation«), ist eine bis heute wirksame »Selbsthilfe«, diese Provokation abzuwehren. Eine andere Form der Bewältigung ist es, die nicht verarbeitete Provokation auf ein Denkmal zu setzen, dem Alltag von einst und jetzt entrückt. So außergewöhnlich die Taten der Geschwister Scholl waren, so sehr muß der Gefahr widerstanden werden, sie zu Helden und Märtyrern zu machen. Märtyrer sind dem Himmel näher als der Erde und neigen dazu, von Menschen, die ein Interesse daran haben, aus den banalen geschichtlichen Zusammenhängen herausgelöst und in die Zeitlosigkeit erhoben zu werden. Der so entstandene »Mythos Weiße Rose« hat notwendigerweise in einer über vierzigjährigen Wirkungsgeschichte sehr unterschiedliche Schattierungen angenommen.

Aber gerade von Ulm aus können dem »Mythos Weiße Rose« einerseits eine Reihe von historischen Tatsachen und andererseits individuelles Erlebens-, Verarbeitungs- und Erinnerungsmaterial direkter Zeitzeugen entgegengesetzt werden. Ohne Anspruch auf Vollständigkeit ist das die Absicht dieses Kapitels. Geholfen, dies zu verwirklichen, hat (neben der allgemeinen Lite- ratur über die Weiße Rose, vgl. Seite 116f.) eine Reihe von Zeitzeugen aus dem Kreis der Geschwister Scholl und ihrer Freunde: Inge Aicher-Scholl und Otl Aicher, Hans Hirzel und Susanne Zeller-Hirzel, Franz Joseph Müller, Heiner Guter, Klara und Hermann Geyer. Ihnen allen sei Dank. Viele Zeugnisse und Dokumente fehlen noch. Archiv und Ausstellung des DZOK sind Orte, sie zu sammeln und zu publizieren.

3.2 Die Familie Scholl

Roland Freisler, der Vorsitzende des Volksgerichtshofs, sagt in der Urteilsbegründung zum zweiten Weißen-Rose-Prozeß am 19. April 1943, zwei Monate nach der Hinrichtung von Hans und Sophie Scholl:

Hans Scholl und Sophie Scholl waren die Seele der wahrhaft hoch- und landesverräterischen, feindbegünstigenden, unsere Wehrkraft zersetzenden Organisation. Sie stammen aus einer Familie, die selbst volksfeindlich eingestellt war und in der sie keine Erziehung genossen, die sie zu anständigen Volksgenossen macht (Scholl, S. 146).

Und der »Ulmer Sturm« vom Freitag, 8. Oktober 1943, formuliert auf seiner Lokalseite »Rund ums Ulmer Münster« die Überschrift: »Wie lange noch Scholl? – Eine berechtigte Frage« und erläutert in der Unterzeile: »Das zersetzende Vorbild des Vaters stürzte die ganze Familie ins Verhängnis« (vgl. Seite 105).

Was in diesen Zitaten NS-Justiz und NS-Presse übereinstimmend aussagen, nämlich die Bedeutung der Familie bzw. des Vaters für Geist und Taten der Geschwister Scholl, dies hat zunächst die propagandistische Tendenz, das »Staatsverbrechen« zu isolieren, das heißt auf eine einzige Familie zurückzuführen. So falsch das generell ist, so richtig ist doch daran, daß für die Persönlichkeiten von Sophie und Hans Scholl die Eltern und auch die Geschwister das entscheidende Fundament waren. Erst später kamen die anderen prägenden Instanzen dazu, wie etwa die Gruppen der Gleichaltrigen und der Freunde sowie die Literatur. Als die Familie Scholl im Frühjahr 1932 von Ludwigsburg nach Ulm kommt, sind die Kinder 15 (Inge), 14 (Hans), 12 (Elisabeth), 11 (Sophie) und 10 (Werner) Jahre alt.

Die Mutter Magdalene Scholl 1941/42 in der Wohnung am Münsterplatz.

Der Vater Robert Scholl 1941/42 in der Wohnung am Münsterplatz.

Sophie Scholl, 1938 an der Iller bei Ulm aufgenommen.

Hans Scholl als Student.

Der Grund des Umzuges war, daß Vater Robert Scholl (13.4.1891–25.10.1973) nach einer nur zweijährigen Tätigkeit in Ludwigsburg als Wirtschafts- und Steuerprüfer Teilhaber des Ulmer Treuhandbüros Dr. Albert Mayer geworden war. Robert Scholl wurde als Sohn eines Kleinbauern in Steinbrück, Gemeinde Geißelhardt, im Kreis Schwäbisch Hall geboren. Er absolvierte 1913 eine Ausbildung im württembergischen Verwaltungs- und Justizdienst und war ab 1917 zunächst in Ingersheim bei Crailsheim, von 1920 bis 1930 in Forchtenberg am Kocher Bürgermeister.

In Ingersheim waren am 11. August 1917 Inge und am 22. August 1918 Hans, in Forchtenberg am 27. Februar 1920 Elisabeth, am 9. Mai 1921 Sophie und am 13. November 1922 Werner Scholl geboren worden.

In Ulm wohnten die Scholls zunächst in der Kernerstraße 29, ab 1933 in der Olgastraße 81 und von 1939 bis zur Umsiedlung in den südlichen Schwarzwald, Juni 1944, am Münsterplatz 33. (Die genauen Umzugsdaten sind nicht mehr zu ermitteln, da die entsprechenden Unterlagen beim Ulmer Einwohnermeldeamt verbrannt sind.)

Die Reihe von Umzügen der Familie während der Kindheit und das damit verbundene Fremdsein und Zurechtfinden in einer neuen Umgeoung ist sicher ein nicht unwichtiger äußerer Grund für die entscheidende Bedeutung der Familien- und Geschwister-Beziehungen in der Persönlichkeitsentwicklung aller Scholl-Kinder.

Vater Scholl hatte im Ersten Weltkrieg schon den Dienst mit der Waffe verweigert und wurde Sanitäter. In der Weimarer Zeit war er engagierter bürgerlicher Demokrat – ohne einer Partei anzugehören – und von Anfang an offener Gegner der Nazis.

Magdalene Scholl, geborene Müller (5.5.1881 bis

Münsterplatz 33: In diesem Haus wohnten die Scholls von 1939 bis Juni 1944 im vierten Stock (vgl. Kennzeichnung). Das Haus wurde am 17. Dezember 1944 bei Ulms schlimmstem Bombenangriff zerstört. Der vor den Westfenstern der Wohnung liegende Münsterplatz war das Zentrum der zur Schau gestellten NS-Macht in Ulm. Hier: Totengedenkfeier vom 26. November 1933 mit Partei, Reichswehr und Ehrengästen.

30.3.1958), die Mutter, war vor der Ehe Diakonisse und lernte ihren Mann 1915/16 im Reserve-Lazarett in Ludwigsburg kennen, wo sie beide Dienst taten. Ihr Anteil an der Persönlichkeitsentwicklung der Kinder bleibt oft unerwähnt, ist aber ebenso hoch einzuschätzen wie der des Vaters. Über die Mutter bleibt die emotionale Bindung zu Familie und Elternhaus auch noch stabil, als alle Kinder sich im Herbst 1933

der HJ zu- und damit vom Vater und seinen politischen Überzeugungen eher abwenden.
Spätestens 1938 aber, nach der Verhaftung wegen »bündischer Umtriebe«, ist auch zwischen dem Vater und den Kindern wieder das politische Einverständnis hergestellt. Inge Scholl schreibt: »Die Familie wurde uns nun zu einer kleinen, festen Insel in dem unverständlichen und immer fremder werdenden Getriebe.«

(Scholl, S. 22; vgl. auch Drobisch, S. 7ff.; Vinke, S. 16f.; Hanser, S. 26ff.)

Dies Gefühl nahm wohl noch zu, als Robert und Inge Scholl aufgrund der Denunziation einer Angestellten im Februar 1942 von der Ulmer Gestapo verhört werden. Inge wird nach einer Stunde freigelassen. Robert Scholl kommt einige Tage später frei, allerdings nur vorübergehend, um den Jahresabschluß für seine Klienten fertigmachen zu können. Am 3. August 1942 jedoch ist er in Ulm vor dem Sondergericht wegen »Heimtücke« angeklagt. Gegenstand der Verhandlung ist, daß er gesprächsweise gesagt habe, er halte »Hitler für die größte Gottesgeißel«. Der Krieg sei verloren, und wenn Hitler nicht bald Schluß mache, stünden in zwei Jahren die Russen in Berlin (Inge Aicher-Scholl, August 1987). Er wird zu vier Monaten Gefängnis verurteilt, tritt die Haft im Gefängnis in der Talfinger Straße am 24. August an und wird nach einer Haftverkürzung am 25. Oktober 1942 freigelassen. Im November erfolgt das von der Ulmer Industrie- und Handelskammer ausgesprochene Berufsverbot (vgl. Jens, S. 228f., 277; Verhoeven/Krebs, S. 115f.).

Die nach der Kindheit über die Familie hinausführenden Interessen und Lebensbereiche aller fünf Geschwister, wie die Freundeskreise, Kunst und Literatur und schließlich die Religiosität, sind zunächst auch auf die Prägungen in der Familie zurückzuführen. Neue Erfahrungen wurden durch Weitherzigkeit und Liberalität der Eltern erleichtert (Inge Aicher-Scholl, August 1987). In der und mit der Familie lernten sie, daß in einem gleichgeschalteten, von Mißtrauen durchsetzten öffentlichen Leben nur in der Privatheit weniger Freunde Offenheit und spontanes Verhalten möglich sind.

Ein Band dieser »Freundes-Subkultur« waren die geistigen Interessen, die nicht vor den im Mai 1933 verbrannten und verfemten Autoren haltmachten, sondern sie pflegten und lebendig erhielten. Der Bücherschrank der Scholls wurde nicht bereinigt von den Werken der Brüder Mann, Stefan Zweigs, Bergengruens, Shaws oder Claudels, nicht von den politischen Autoren der Weimarer Zeit. In dieser Literatur lag der Ausgangspunkt für die weiter ausgreifenden, die Weltliteratur einbeziehenden Interessen der Münchener Studentengruppe, die zum Beispiel durch den jüngeren Otl Aicher, vor allem aber durch die väterlichen Mentoren in München, Carl Muth (31.1.1867–25.11.1944) und Theodor Haecker (4.6.1879–9.4.1945) verstärkt wurden (vgl. Jens, S. 256f., 292f.).

Die religiöse Tradition des Elternhauses – die der Mutter mehr als die des eher agnostischen, aber toleranten Vaters – gehört auch zum Hintergrund der Neuentdeckung des Christentums, etwa ab 1939. Es war dies eine reformkatholische, existentialistisch getönte Religiosität, und sie befand sich im Gegensatz zu der in mancher Beziehung und in der Person vieler Repräsentanten politisch korrumpierten Amtskirche (vgl. die Briefe bei Jens; Vinke, S. 86f., 95; Verhoeven, S. 81). Ein ähnlicher Vorgang ist bei anderen Mitgliedern der Weißen Rose, speziell Willi Graf, Christoph Probst und Alexander Schmorell, zu beobachten. Für sie und vor allem für Hans Scholl ging dabei ein außergewöhnlich starker Impuls von Carl Muth aus, bei dem Hans Scholl ab Herbst 1941 (Muth war da 74) in den Nebenstunden zum Studium die Bibliothek ordnete. Den Kontakt zu Muth hatte Otl Aicher hergestellt, der in seinem letzten Schuljahr 1940 (er war Klassenkamerad des jüngsten Scholl-Sohnes Werner) an Muth einen Aufsatz für dessen Zeitschrift »Hochland« geschickt hatte. Otl Aicher, katholisch aufgewachsen im Umkreis des Söflinger Pfarrers Weiß, war es auch, der Hans Scholl im Herbst 1941 von den Predigten des Bischofs Galen, vor allem zur »Euthanasie«, erzählt hatte. Als wohl schon im Oktober diese Galen-Predigten in Abschriften anonym im Ulmer Briefkasten der Scholls auftauchen (vervielfältigt und von Stuttgart aus verschickt von Ulmer Gymnasiasten (vgl. Seite 109), wird bei Hans die Idee bestärkt, selbst Flugblätter als Aufklärungsmittel zu nutzen (vgl. Scholl, S. 28ff.)

3.3. Hitlerjugend, d.j.1.11., Weiße Rose

Plötzlich ging ein Gerücht durch die Stadt. [...] Da hatte man ein paar junge Leute aus unserer Stadt gegriffen. Studenten, die sich aufgelehnt hatten. Sie hatten Flugblätter verteilt und Hauswände beschmiert. [...] Ich konnte das alles nicht begreifen. Aber noch unfaßlicher wurde mir dieser Hochverrat, als ich erfuhr, daß die Hauptschuldigen einmal begeistert in den Reihen der Hitlerjugend gestanden hatten.

So schreibt Renate Finckh in ihrem autobiographischen, in Ulm spielenden Roman »Mit uns zieht die neue Zeit« (Seite 151f.). Sie schreibt dies aus der Perspektive der zu dieser Zeit völlig NS-gläubigen siebzehnjährigen Romanheldin Cornelia Keller und bemerkt dann noch präziser, diese Entwicklung »vom HJ-Führer zum Hochverräter« sei »für mich einfach nicht denkbar« gewesen. Meiner in vielen Gesprächen gewonnenen Meinung nach trifft sie damit eine Selbsteinschätzung, die in jener Zeit und zum Teil latent bis heute in Ulm weit über den Kreis der damaligen gläubigen Parteianhänger hinaus verbreitet war.

Alle Geschwister Scholl waren zunächst begeisterte Anhänger der Hitlerjugend und als solche in Ulm bekannt und bewundert, von der katholisch gebundenen Jugend wohl auch angefeindet. Das ist eine Tatsache. Vor diesem Hintergrund erst ist ihre Abkehr und entgegengesetzte geistig-politische Entwicklung, endgültig ab 1938, angemessen einzuordnen. Denn im Gegensatz zu Millionen Gleichaltriger haben sie den Bruch vollzogen und aufrechterhalten, noch dazu in einer Zeit, in der der NS-Staat in den Augen der großen Mehrheit »von Erfolg zu Erfolg« eilte, außen- wie innenpolitisch.

Die ideologischen Leitbegriffe der HJ – »Vaterland«, »Kameradschaft«, »Volksgemeinschaft«, »Heimatliebe« und die jugendbewegten Schlagworte vom »Plunder von gestern«, den »Zeichen der Zeit«, den »Spießern in ihrer Behaglichkeit« – waren zunächst ebenso attraktiv wie die Bestandteile der aktiven Jugendarbeit, Sport, Wandern, Naturerlebnis, Gruppenabende. In Renate Finckhs Roman berichtet ein Ulmer »Jungmädel« von damals, daß sie bei einer Scholl-Schwester – es ist wohl Inge Scholl gemeint – Dienst gehabt habe, und sie sagt: »Die war prima. Aber später merkte ich,

daß sie alles so machten, wie es früher die bündische Jugend gemacht hat.« (Seite 152)

Hans Scholl wird Fähnleinführer beim »Jungvolk« (den Zehn- bis Vierzehnjährigen) und vertritt schließlich als »Fahnenträger« des Standorts Ulm rund 4000 Jugendliche beim Nürnberger Reichsparteitag 1935. (In vielen Hans-Scholl-Darstellungen wird 1936 genannt, was aber nach neuerlicher Überprüfung durch Inge Aicher-Scholl im August 1987 nicht zutreffend ist.) Aber dieses Ereignis – es ist der Parteitag der antisemitischen Nürnberger Gesetze – ist auch der Beginn Hans Scholls innerer Abkehr vom NS-System. Er ist damit wohl der erste seiner Geschwister (vgl. Scholl, S. 17f.; Verhoeven/Krebs, S. 24f. und 33ff.; Vinke, S. 42ff.; Hanser, S. 34ff.). Er liest nun Bücher, die als undeutsch disqualifiziert sind, singt in seiner Gruppe nicht nur deutsches Liedgut. Er lehnt die zunehmende Politisierung und Militarisierung ab. Seine intellektuellen und moralischen Vorstellungen stoßen sich mit der Erfahrung, nur Teil einer Kette von Befehlsempfängern zu sein (Verhoeven/Krebs, S. 42).

Ende 1935 beginnt Hans Scholl, zusammen mit Ernst Reden aus Köln, der in Ulm seinen Wehrdienst ableistet, innerhalb des Jungvolks, aber doch in Abgrenzung zu ihm, eine Gruppe zu gründen. Sie nennt sich **»d.j.1.11.«** (gesprochen »de-jot-eins-elf«), was bedeutet: **»Deutsche Jungenschaft vom 1.11.1929«**. Die Gesamtorganisation war von Eberhard Köbel (1907–1955), genannt »tusk«, als bündisch orientierte, aber autonome Jugend gegründet worden (vgl. Scholl, S. 22ff.; Vinke, S. 46ff.; Verhoeven/Krebs, S. 52ff.; Paul, S. 123ff.; Jens, S. 249f.).

Der »d.j.1.11.« durften nur männliche Jugendliche ab zwölf Jahren angehören. In Ulm bestand die Gruppe aus etwa zehn Mitgliedern, unter ihnen Werner Scholl und sechs bis sieben weitere Ulmer Jungen, von denen im Krieg viele gefallen sind.

Einige Charakteristika der »d.j.1.11.«: nicht deutschnational, eher weltbürgerlich zu denken; der Natur, aber auch der modernen Stadtkultur aufgeschlossen zu sein; per Autostop übers Land zu ziehen und in der »Kote«, einem Lappen-Zelt, zu nächtigen; sich intensiv mit (auch verbotener) Literatur, mit Theater, Kunst (auch »entarteter«) und Musik zu beschäftigen; selbst zu zeichnen, zu malen, zu fotografieren, zu schreiben, zu dichten, zu komponieren und zu musizieren.

Nachdem am 1. Dezember 1936 die HJ per Gesetz zur »Staatsjugend« erklärt worden war, wurden im Oktober 1937 die noch existierenden katholischen und bündischen Gruppen im ganzen Reich verboten, viele Mitglieder in einer Aktion gegen »bündische Umtriebe« verhaftet.

Dazu gehörten Werner, Inge und Sophie Scholl, aber auch Ernst Reden, der seinen Wehrdienst in Ulm wohl gerade abgeleistet hatte und nach Köln zurückgekehrt war. Hans Scholl wurde am 13./14. Dezember in seiner Cannstatter Kaserne verhaftet, wo er seit 1. November 1937 als Soldat bei der Kavallerie eingezogen war. (Vorher war er, unmittelbar nach dem Abitur, ein halbes Jahr beim Arbeitsdienst gewesen.)

Sophie wurde gleich wieder freigelassen; Inge und Werner waren im berüchtigten »Hotel Silber«, der Stuttgarter Gestapo-Zentrale, in Haft. Hans Scholl wird Anfang 1938 aus der Untersuchungshaft entlassen, sein Verfahren vor dem Amtsgericht Stuttgart ab April 1938 wurde Juli 1938 im Zuge einer Amnestie niedergeschlagen. Ernst Reden saß als einziger acht Monate im Gefängnis, zuletzt in Welzheim. Er ist im August 1942 in Rußland gefallen. (Vgl. Jens, S. 242ff., 249f., 277; Vinke, S. 50ff.; Verhoeven/Krebs, S. 56.)

Die Erfahrungen aus der »d.j.1.11.«, wohl auch aus dem »Jungvolk«, das ja bündische Traditionen zu integrieren suchte, setzten sich in München in den Freundesgruppen fort, die zur **Weißen Rose** werden sollten.

Ein Jahr nach seinem Verfahren wegen »bündischer Umtriebe« und nach 15 Monaten Militärzeit (das letzte Vierteljahr als angehender Medizinstudent in einem Tübinger Lazarett) beginnt Hans Scholl am 17. April 1939 mit dem Medizinstudium in München. Hier lernt er die ersten wichtigen Freunde kennen: Helmut Hartert, Jürgen Wittenstein und Alexander Schmorell.

Genau ein weiteres Jahr später, im April 1940, wird er dann der »2. Studentenkompanie« in der Münchener Bergmann-Schule zugeteilt. Eine militärische Einheit aus Medizinstudenten ist das, in der er bis in den November 1942 entscheidende Erfahrungen und Entwicklungen im Rahmen der Freundesgruppe um Wittenstein, Schmorell, Hubert Furtwängler, Willi Graf und Christoph Probst macht. (Da die Münchner Zeit der Geschwister Scholl in allen Darstellungen über die Weiße Rose ausführlich beschrieben ist, sollen hier diese Stichworte genügen.)

3.4 Schule, Fröbel-Seminar, Rüstungseinsatz

Zur Ulmer Schulzeit der Geschwister Scholl gibt es wenig publizierte Dokumente und Aussagen (vgl. Verhoeven/Krebs, S. 64f.; Vinke, S. 29f., 52; Jens, S. 274; Südwest Presse Ulm, 25.3.1982).

Inge Aicher-Scholl sagte mir, verglichen mit Familie, Freundeskreis und Büchern sei die Schule für alle »nebensächlich und belanglos« gewesen. Es scheine so, daß es zu Mitschülern und Lehrern kaum prägende Beziehungen gab. Doch es habe Ausnahmen gegeben. Bei Elisabeth Walser hatten alle drei Scholl-Schwestern einen Deutschunterricht »für Hellhörige«, der voller kritischer Anspielungen gegenüber dem NS-Regime war. Zu Dr. Else Frieß, ihrer Biologie-Lehrerin, gewann Sophie Scholl ein solches Vertrauen, daß sie sich ihr gegenüber privat und auch politisch frei aussprechen konnte.

Hans Scholl machte sein Abitur an der Oberrealschule (Olgastraße) im Frühjahr 1937, Sophie das ihre an der Mädchenoberrealschule in der Steingasse 9 im Frühjahr 1940. Der Schulrektor hatte sie im Dezember 1939 mehrfach nach der Zugehörigkeit zu einem illegalen Jugendbund befragt. Zeitweise schien sogar ihre Abitur-Zulassung gefährdet.

Während Hans nach der Schulzeit Ulm gleich verläßt und dann nur noch an Wochenenden und in den Ferien zu Eltern und Geschwistern kommt, bleibt Sophie noch fast ein Jahr in Ulm. Sie absolviert, in der Hoffnung, dadurch dem Arbeitsdienst entgehen zu können, von Mai 1940 bis Januar 1941 eine Ausbildung als Kindergärtnerin am evangelischen Fröbel-Seminar in Söflingen (Königinstraße 11).

Die Kindergärtnerinnen-Ausbildungsgruppe am Söflinger Fröbel-Seminar 1940/41. Ganz links Sophie Scholl, ganz rechts, sitzend, Suse Hirzel, neben ihr die Leiterin, Fräulein Kretschmer.

Zusammen mit ihr ist dort auch Susanne Hirzel, die sie schon seit etwa 1936 aus dem »Jungmädel-Bund« kennt und mit der sie sich nun enger anfreundet. Susanne Zeller, geborene Hirzel und genannt »Suse«, berichtet 1987 (DZOK-Archiv):

Während dieser Zeit war Sophie höchst freimütig, gelegentlich sogar leichtsinnig in ihren Äußerungen zur politischen Lage. Mir gegenüber äußerte sie sich einmal so: »Man müßte raffiniert heucheln, sich in die höchsten Stellen einschleichen und von da aus den ganzen Schwindel aufdecken, nur dauert das leider viel zu lang.« Als wir es einmal wagten, während des »Gemeinschaftsempfangs« einer Hitlerrede zu lesen, machte Fräulein Kretschmer, die sehr kluge Leiterin des Seminars, keine große Affäre daraus, sondern forderte uns eben auf, die Bücher wegzulegen.

Die Ausbildung zur Kindergärtnerin beenden Suse und Sophie mit einem dreiwöchigen Praktikum (ab 17. März) im Säuglingsheim des Ulmer Kinderarztes Dr. Ziegler. Während Suse aber nun mit ihrem Musik-

Studium beginnen kann, wird Sophie doch noch zum Arbeitsdienst eingezogen. Sie leistet ihn ab 6. April 1941 ein halbes Jahr lang im RAD-Lager Krauchenwies bei Sigmaringen ab. Daran schließt sich dann auch noch ein halbes Jahr »Kriegshilfsdienst« in einem Kinderhort in Blumberg bei Donaueschingen an (vgl. Vinke, 80ff.).

Kurz vor ihrem 21., ihrem letzten Geburtstag (9. Mai 1942) fährt Sophie Scholl von zu Hause nach München, um sich an der Universität für die Fächer Biologie und Philosophie einzuschreiben. Dort ist sie sofort im Freundeskreis des Bruders aufgenommen, der in diesen Wochen die ersten vier »Flugblätter der Weißen Rose« konzipiert, formuliert und von Juni bis Anfang Juli verschickt (vgl. Scholl, S. 35ff.; Vinke, S. 93ff.) Während der ersten Semesterferien (August/September) muß Sophie in Ulm in der Schraubenfabrik Rauch einen »Rüstungs-Einsatz« leisten und hat dabei Umgang mit russischen Zwangsarbeiterinnen (Vinke, S. 113f.).

3.5 Widerstand gegen den Krieg: »Sag nicht, es ist fürs Vaterland.«

Für die Beteiligten der Weißen Rose und ihre Aktionen ist es ein zentraler Aspekt, den am 1. September 1939 begonnenen Krieg zunehmend als den Raubkrieg eines auf Verbrechen aufgebauten Systems zu entdecken und schließlich öffentlich so zu benennen. Verbunden ist damit, die Loyalität zu diesem Regime aufzukündigen und radikal zu trennen zwischen einem Patriotismus für das konkrete Nazi-Deutschland und einem für die Idee eines besseren, neuen Vaterlandes. Dieser Aspekt ist vielfach behandelt und auch für die Weiße Rose ausführlich beschrieben worden.

Hier, im Zusammenhang der Darstellung der speziellen Bezüge der Weißen Rose zu Ulm, soll dieser Aspekt über die Person der Sophie Scholl Eingang finden. Und zwar deshalb, weil sie diese Einsicht formuliert hat noch vor Verlassen ihres Elternhauses und damit vor dem Erfahrungshintergrund der Stadt Ulm und außerdem, wie mir scheint, früher als die anderen Beteiligten der Weißen Rose.

»Sag nicht, es ist fürs Vaterland«, schreibt Sophie Scholl am 5. September 1939, unmittelbar nach dem Überfall auf Polen, an ihren Freund Fritz Hartnagel. Sie, 18 Jahre alt, steht in ihrem letzten Ulmer Schuljahr. Hartnagel, vier Jahre älter, ist Berufsoffizier in diesem Krieg (vgl. Vinke, S. 67ff.).

Sophie Scholl formuliert den Gegensatz von Vaterlandsinteressen und eben begonnenem Krieg zu einem Zeitpunkt, vor dem Hintergrund einer Stadt, eines sozialen (bürgerlichen) Milieus und einer nahen persönlichen Beziehung, angesichts derer selbst dem um Nüchternheit bemühten Historiker nur das Erstaunen ob solch einsamer Klarsichtigkeit bleibt. Sicher, die Arbeiterbewegung hatte bis 1933 das auf Kriegstreiberei beruhende Vaterlandsverständnis der Nazis durchschaut und erbittert bekämpft. Aber nun waren die Nazis sechseinhalb Jahre an der Macht, und dieser Kampf lag außerhalb von Sophie Scholls Erfahrung. Grundsätzlich nutzte das Regime das »Selbsterhaltungsmotiv«, das vordergründig unpolitisch war, schamlos aus, nämlich einen Krieg, in dem das eigene Leben und das der nächsten Angehörigen auf dem Spiel stand, nicht sabotieren zu dürfen, um das Leiden nicht zu verlängern und den Tod nicht wahrscheinlicher zu machen. Überdies hatte das Regime den Zusammenhang von Vaterland und Krieg, der auch zum ideologischen Bestand des deutschnationalen Bürgertums gehörte, mit den Mitteln physischen Terrors, propagandistischer Feindbilder und totaler Alltags-Organisierung so intensiv einzuhämmern versucht wie wenig andere ideologische Konstrukte. Mit welch nachhaltigem Erfolg, das zeigen bis heute unzählige Äußerungen ehemaliger Soldaten, die von einer gegenüber dem Nationalsozialismus »sauber« gebliebenen, nur fürs »deutsche Vaterland« kämpfenden Armee sprechen. Auch die Widerständler des »20. Juli« dachten zum Teil noch bis Stalingrad so, und auch die männlichen Mitglieder des späteren Weißen-Rose-Kreises hatten im September 1939 noch nicht diejenigen Erfahrungen gemacht, die sie zwangen, das »wirkliche deutsche Vaterland« radikal

außerhalb des Krieges anzusiedeln. In Darstellungen, Briefen und Tagebüchern (u.a. Scholl; Aicher; Jens, S. 9ff.; Verhoeven/Krebs, S. 85ff.) sind diese schrittweisen Erfahrungen im Lauf des Krieges bis hin zum letzten Flugblatt vom Februar 1943 nachvollziehbar. Das Aufkündigen der Loyalität mit diesem Krieg ist eine der Kernaussagen der ersten vier Flugblätter von Juni/Juli 1942. Hans Scholl und Alexander Schmorell rufen im ersten der »Flugblätter der Weißen Rose« die Deutschen zum »Widerstand« gegen »das Weiterlaufen dieser atheistischen Kriegsmaschine« (Scholl, S. 97) auf, und im dritten Flugblatt (vgl. Abbildung) folgt mit dem Begriff der »Sabotage« bzw. des »passiven Widerstands« der Aufruf zur persönlichen Verweigerung in allem, was diesen Kriegsstaat stützt.

Von Fritz Hartnagel, Sophies Freund, wird in einem Interview 1982 (Vinke, S. 73f.) eindrücklich beschrieben, wie Sophie diesen passiven Widerstand zu diesem Zeitpunkt schon für sich vollzogen hatte:

Im Winter 1941/42 wurde die Bevölkerung in Deutschland in einer großangelegten Propaganda-Aktion aufgefordert, Wollsachen und warme Kleidungsstücke für die Wehrmacht zu spenden. Die deutschen Soldaten standen vor Leningrad und Moskau und befanden sich in einem Winterkrieg, auf den sie nicht vorbereitet waren. Mäntel, Decken und Skier sollten abgeliefert werden. Sophie vertrat jedoch den Standpunkt: »Wir geben nichts.« [...] Als ich von Sophies harter Reaktion erfuhr, habe ich ihr vor Augen geführt, was eine solche Haltung für die Soldaten draußen bedeutete, die keine Pullover und keine warmen Socken besaßen. Sie blieb jedoch bei ihrer unnachgiebigen Haltung und begründete sie mit den Worten: »Ob jetzt deutsche Soldaten erfrieren oder russische, das bleibt sich gleich und ist gleichermaßen schlimm. Aber wir müssen den Krieg verlieren. Wenn wir jetzt Wollsachen spenden, tragen wir dazu bei, den Krieg zu verlängern.« (Vgl. auch Verhoeven/Krebs, S. 66ff., 113ff.; Jens, S. 119ff., 147f.)

In den Passagen, die dieser zitierten Erinnerung vorangehen, gibt Hartnagel einerseits ein konkretes Beispiel, welche Erfahrungen im Hause Scholl die Haltung von Sophie beeinflußt hatten, und andererseits skizziert er seinen eigenen exemplarischen Entwicklungsgang zu der Einsicht, »daß das ein Verbrecherregime war, dem ich als Soldat diente«.

Die im folgenden Zitat erwähnte jüdische Arztwitwe ist wohl die damals dreiundfünfzigjährige Bertha Hirsch, die am 26. April 1942 deportiert wurde (Keil, S. 384). Am Grabstein ihres 1932 verstorbenen Man-

"Salus publica suprema lex."

[...]

Viele,vielleicht die meisten Leser dieser Blätter sind sich darüber nicht klar,wie sie einen Widerstand ausüben sollen.Sie sehen keine Möglichkeiten.Wir wollen versuchen Ihnen zu zeigen,dass ein jeder in der Lage ist,etwas beizutragen zum Sturz dieses Systems.Nicht durch individualistische Gegnerschaft,in der Art verbitterter Einsiedler,wird es möglich werden,den Boden für einen Sturz dieser "Regierung" reif zu machen oder gar den Umsturz möglichst bald herbeizuführen,sondern nur durch die Zusammenarbeit vieler überzeugter,tatkräftiger Menschen,Menschen,die sich einig sind,mit welchen Mitteln sie ihr Ziel erreichen können.Wir haben keine reiche Auswahl an solchen Mitteln,nur ein einziges steht uns zur Verfügung - d e r   p a s s i v e   W i d e r s t a n d .

[...]

D e r   S i n n   u n d   d a s   Z i e l   d e s   p a s s i v e n   W i d e r s t a n d e s   i s t ,den Nationalsozialismus zu Fall zu bringen und in diesem Kampf ist vor keinem Weg, vor keiner Tat zurückzuschrecken,mögen sie auf Gebieten liegen,auf welchen sie euch wollen.An a l l e n Stellen muss der Nationalsozialismus angegriffen werden,an denen er nur angreifbar ist.Ein Ende muss diesem Unstaat möglichst bald bereitet werden - ein Sieg des faschistischen Deutschland in diesem Kriege hätte unabsehbare,fürchterliche Folgen.Nicht der militärische Sieg über den Bolschewismus darf die erste Sorge für jeden Deutschen sein,sondern die Niederlage der Nationalsozialisten.Dies muss unbedingt an erster Stelle stehn.Die grössere Notwendigkeit dieser letzteren Forderung werden wir Ihnen in einem unserer nächsten Blätter beweisen.

Und jetzt muss sich ein jeder entschiedene Gegner des Nationalsozialismus die Frage vorlegen : Wie kann er gegen den gegenwärtigen "Staat" am wirksamsten ankämpfen,wie ihm die empfindlichsten Schläge beibringen? Durch den passiven Widerstand - zweifellos.Es ist klar,dass wir unmöglich für jeden Einzelnen Richtlinien für sein Verhalten geben können,nur allgemein andeuten können wir,den Weg zur Verwirklichung muss jeder selber finden.

S a b o t a g e in Rüstungs - und kriegswichtigen Betrieben,Sabotage in allen Versammlungen,Kundgebungen,Festlichkeiten,Organisationen,die durch die nat.soz.Partei ins Leben gerufen werden.Verhinderung des reibungslosen Ablaufs der Kriegsmaschine (einer Maschine die nur für einen Krieg arbeitet,der a l l e i n um die Rettung und Erhaltung der nat.soz.Partei und ihrer Diktatur geht).S a b o t a g e auf allen wissenschaftlichen und geistigen Gebieten,die für eine Fortführung des gegenwärtigen Krieges tätig sind- sei es in Universitäten,Hochschulen,Laboratorien,Forschungsanstalten,technischen Büros.S a b o t a g e in allen Veranstaltungen kultureller Art,die das "Ansehen" der Faschisten im Volke heben könnten,S a b o - t a g e in allen Zweigen der bildenden Künste,die nur im geringsten im Zusammenhang mit dem Nationalsozialismus stehen und ihm dienen.S a b o t a - g e in allem Schrifttum,allen Zeitungen,die im Solde der "Regierung" stehen,für ihre Ideen,für die Verbreitung der braunen Lüge,kämpfen.Opfert nicht einen Pfennig bei Strassensammlungen (auch wenn sie unter dem Deckmantel wohltätiger Zwecke durchgeführt werden.Denn dies ist nur eine Tarnung.In Wirklichkeit kommt das Ergebnis weder dem Roten Kreuz noch den Notleidenden zugute.Die Regierung braucht dies Geld nicht,ist auf diese Sammlungen finanziell nicht angewiesen - die Druckmaschinen laufen ja ununterbrochen und stellen jede beliebige Menge von Papiergeld her.Das Volk muss aber dauernd in Spannung gehalten werden,nie darf der Druck der Kandare nachlassen! Gebt nichts für die Metall- Spinnstoff- und andere Sammlungen! Sucht alle Bekannte auch aus den unteren Volksschichten,von der Sinnlosigkeit einer Fortführung ,von der Aussichtslosigkeit dieses Krieges,von der geistigen und wirtschaftlichen Versklavung durch den Nationalsozialismus,von der Zerstörung aller sittlichen und religiösen Werte zu überzeugen und zum p a s s i v e n   W i d e r s t a n d zu veranlassen!

[...]

Bitte vervielfältigen und weitergeben!!!

Aufruf zum »passiven Widerstand«. Auszug aus dem dritten der »Flugblätter der Weißen Rose«, Juni/Juli 1942. (Aus: Liebl, Kurt Huber, S. 33f.)

Kriegsalltag daheim. Neu-Ulmer Mädchen sammeln im Winter 1941/42 in der von Hartnagel erwähnten Aktion »Dein Soldat friert« Wollsachen für die Front.

nes Franz am Ulmer Friedhof ist heute noch eine Plakette des »Reichsbundes Jüdischer Frontsoldaten« zu sehen. Hartnagel erzählt (Vinke, S. 73):

Zur Familie Scholl kommt oft die Witwe eines jüdischen Arztes zu Besuch. Ihr Mann hatte als Offizier im Ersten Weltkrieg hohe Auszeichnungen bekommen. Zum Geburtstag erhielt er regelmäßig handschriftliche Briefe des Ulmer Oberbürgermeisters. Die Familie gehörte also zur Prominenz der Stadt. Die Frau hat überhaupt nicht begriffen, daß sie unter den neuen Machthabern nichts mehr war, daß sie auf die Verdienste von gestern nicht mehr bauen konnte. Eines Tages gab sie bei den Scholls das Familienalbum mit den Bildern ihres verstorbenen Mannes ab. Mir überreichte sie eine Pistole mit der Bemerkung, ich als Offizier könne sie noch am ehesten aufbewahren. Einige Tage später wurde sie abgeführt und in ein Konzentrationslager gebracht.

Hartnagel erwähnt weiter den tiefen Eindruck der sogenannten »Kristallnacht« auf ihn, um dann seinen Weg der »Umkehr« als Soldat zu skizzieren:

Während der Militärzeit habe ich zwar unmittelbar keine Mordkommandos erlebt, aber ich wurde während einer Zugfahrt in Rußland Zeuge einer Unterhaltung von Offizieren. Sie sprachen über Massenerschießungen und taten dies so, als sei es das Selbstverständlichste auf der Welt, Juden zu erschießen. Ich war zutiefst erschrocken, als ich plötzlich auf diese Weise Augenzeuge der Wirklichkeit wurde. Vorher hatte ich zwar gelegentlich im sogenannten Feindsender von Greueltaten und Massenerschießungen gehört, aber ich war skeptisch geblieben und wußte nicht, ob es sich um Propaganda oder um die Wirklichkeit handelte. Insofern wurde mir allmählich klar, daß das ein Verbrecherregime war, dem ich als Soldat diente. Aber der Schritt, als Offizier innerlich auf die andere Seite überzuwechseln, forderte seine Zeit. Der ließ sich nicht von heute auf morgen vollziehen.

3.6 Ulmer Sippenhaft

Unmittelbar nach ihrem Prozeß werden Hans und Sophie Scholl in München-Stadelheim am Montag, 22. Februar 1943, gegen 17 Uhr hingerichtet. Die Eltern Scholl kehren nach einer letzten Begegnung mit den Kindern nach Ulm zurück, hoffen noch auf eine Begnadigung und erfahren am nächsten Tag erst vom Tod der Kinder (vgl. Scholl, S. 72ff.; Vinke, S. 163ff.). Im Großteil der deutschen Presse (zum Beispiel Münchener Neueste Nachrichten, Völkischer Beobachter) erscheint am 23. Februar, im »Ulmer Sturm« am 27. Februar, eine gleichlautende Meldung unter der Überschrift: »Todesurteile. Wegen Vorbereitung zum Hochverrat«. Darin ist die Sprachregelung für den Fall festgelegt: »Die Verurteilten hatten sich als charakteristische Einzelgänger durch das Beschmieren von Häusern mit staatsfeindlichen Aufforderungen und durch die Verbreitung hochverräterischer Flugschriften an der Wehrkraft und dem Widerstandsgeist des deutschen Volkes in schamloser Weise vergangen. Angesichts des heroischen Kampfes des deutschen Volkes verdienen derartige verworfene Subjekte nichts anderes als den raschen und ehrlosen Tod.«

Am Tag, als die Meldung in Ulm mit der Unterzeile »Zwei ehrlose Subjekte hingerichtet« erscheint, fünf Tage nach der Hinrichtung und drei Tage nach der Beisetzung auf dem Perlacher Friedhof in München, wird die zurückgebliebene Familie, Elisabeth und Inge, Magdalene und Robert Scholl in Ulm in »Schutzhaft« genommen. Werner Scholl ist Soldat, muß wieder an die russische Front und ist dort seit Sommer 1943 vermißt.
Elisabeth wird als erste noch vor Ostern, die Mutter und Inge Scholl werden im Juli 1943 freigelassen; alle sind in der Haft krank geworden. Inge Scholl berichtet (Vinke, S. 173):

Außerhalb der Gefängnismauer hatte Elisabeth fast noch ein schwereres Leben als wir. Sie mußte die Angst der Menschen miterleben, ihre Panik, wenn sie einen Bekannten grüßte. Die meisten blickten zur Seite, als würden sie angesteckt.

Wie lange noch Scholl? - eine berechtigte Frage

Das zersetzende Vorbild des Vaters stürzte die ganze Familie ins Verhängnis

Glücklicherweise hat man sich selten mit Menschen zu beschäftigen, die, wie der jetzt 52jährige Robert Scholl, der erneut, diesmal wegen Rundfunkverbrechens vor dem Sondergericht stand und unter Anrechnung eines Teiles der Untersuchungshaft zu einundhalb Jahren Gefängnis verurteilt wurde, durch ihr Tun und Lassen schon längst den Anspruch verwirkt haben, als vollwertige Glieder der deutschen Volksgemeinschaft geachtet zu werden. Um so schärfer muß, wenn ein solcher Fall vorliegt, der Trennungsstrich zwischen der Allgemeinheit und jenen traurigen Elementen gezogen werden, die in der größten und schwersten Zeit des Volkes die Charakterisierung „nichtswürdig und verbrecherisch" verdienen, sich in einer Weise aufzuführen, daß jedem deutschen Soldaten, aber auch jedem Volksgenossen die Zornröte ins Gesicht steigen muß.

Einer von ihnen ist der obengenannte Robert Scholl, der es so weit kommen ließ, daß Angehörige seiner Familie in Ulm bisher schon nicht weniger als viermal vor den Schranken des Sondergerichts und des Volksgerichtshofs standen. Die Tatsache, daß Robert Scholl diesmal mit einer Gefängnisstrafe von einundhalb Jahren davongekommen ist, ändert nichts an der schweren Gesamtschuld, die dieser Delinquent im Lauf von vielen Jahren auf sich geladen hat. Moralisch jedenfalls ist er längst verurteilt und gerichtet.

Es ist ein trauriges Kapitel, das von manchem Angehörigen der Familie Scholl Kenntnis gibt, das vor allem aber aufzeigt, wie das schlechte väterliche Vorbild eine Reihe von Familienmitgliedern auf die schiefe Bahn gebracht und ins Verhängnis gestürzt hat. Man erinnert sich, daß erst vor wenigen Monaten zwei Kinder aus diesem Hause ein volksverräterisches Treiben, das undenkbar gewesen wäre, hätte der Vater immer nach dem Rechten gesehen, mit dem Verlust des Lebens büßen mußten. Schon 1938 waren zwei Kinder wegen verbotener Fortsetzung der Bündischen Jugend angeklagt gewesen, aber durch eine Amnestie nicht verurteilt worden. Im August 1942 wurde der Vater Robert Scholl wegen eines Vergehens gegen das Heimtückegesetz mit vier Monaten Gefängnis bestraft, nach Verbüßung eines Teiles der Strafe aber mit Bewährungsfrist entlassen. Ein Sündenregister also einer Familie, vor dem man erschauern muß, umso mehr, als der Vater Scholl sehr wohl Veranlassung und Gelegenheit gehabt hätte, bei sich selbst und in seinem Haus Ordnung zu schaffen und keinerlei staatsfeindliche Äußerungen oder Handlungen mehr zu tun oder zu dulden. Weit gefehlt, wie die Verhandlungen vor dem Volksgerichtshof im Februar 1943 gegen zwei Kinder bewiesen, mit denen es ein schlimmes Ende nahm.

Nach Aussage eines Mitverurteilten hatte dieser, ebenfalls ein Student, im Herbst 1942 – also während der Bewährungsfrist des Angeklagten Robert Scholl, die ihm eindringlich hätte zum Bewußtsein bringen müssen, daß Staat und Volk Verräter nicht in ihren Reihen dulden – in der Wohnung Scholl in Ulm gemeinschaftlich mit den anwesenden Mitgliedern der Familie einen Auslandssender abgehört. Mit anderen Worten also: Kaum aus dem Gefängnis entlassen und noch eines Gnadenbeweises teilhaftig, dachte Scholl nicht im entferntesten daran, die schiefe Bahn zu verlassen und, wie es seine Pflicht gewesen wäre, in seinem Haus Umtriebe abzustellen, die über kurz oder lang die schlimmsten Folgen haben mußten und auch hatten.

Wegen dieses Rundfunkverbrechens standen Robert Scholl, dessen 52jährige Ehefrau und eine 20jährige Tochter vor kurzem vor dem Sondergericht. Die Verhandlung ergab das Bild eines Menschen, dessen Veranlagung, geistige Fähigkeiten und berufliche Kenntnisse ihn wohl in die Lage versetzt hätten, sich zu geben, seiner Pflichten als Mitglied der deutschen Volksgemeinschaft und als Vater und Hausherr bewußt zu werden und so das Schlimmste zu verhindern. Aber Scholl blieb immer Scholl, mit seinem ganzen Haß und mit seiner ganzen Niedertracht, deren Opfer schließlich auch zwei Kinder wurden.

In der Verhandlung versuchte der Hauptangeklagte sich vergeblich darauf hinauszureden, daß er zunächst nicht gewußt habe, daß es sich um einen Auslandssender handelte; er sei von seinem Sohn mit der Bemerkung, es gäbe „etwas Interessantes" zu hören, in das Zimmer gerufen worden und habe nur noch den Schluß der Sendung mit angehört. Als ihm schließlich aus dem Inhalt klar geworden sei, daß hier Feindpropaganda getrieben werde, habe er das Abhören nicht mehr verhindern können, weil die Sendung bereits zu Ende gewesen sei.

Er habe aber später seinen Sohn wegen dieses Vorkommnisses zur Rede gestellt.

Das Sondergericht schenkte in Anbetracht der früheren eindeutig negativen Haltung des Angeklagten diesem Vorbringen keinen Glauben, sondern schloß sich der Auffassung des Anklagevertreters an, daß Scholl seine Pflicht als Vater und Hausherr schwer verletzt und nicht nur selbst Auslandssender abgehört, sondern auch geduldet habe, daß in seinem Haus von einem größeren Personenkreis der Feindpropaganda das Ohr geliehen wurde. Es verurteilte deshalb den Hauptangeklagten zu einundhalb Jahren Gefängnis unter Anrechnung eines Teils der Untersuchungshaft, während die beiden Mitangeklagten freigesprochen wurden, nicht, weil sie vielleicht unschuldig waren, sondern weil ihre Mitschuld nicht einwandfrei festgestellt werden konnte.

Damit ist nur das Rundfunkverbrechen Robert Scholls getilgt. Auf einem anderen Blatte steht die große moralische Schuld, die Scholl im Lauf der Jahre auf seine Schultern geladen hat. Die Volksgemeinschaft weiß, in welchem Ausmaß sich gegen das Wohl des deutschen Volks vergangen haben; sie weiß vor allem, welche Schuld den Vater dafür trifft, daß in der Familie sich der Gedanke der Volkszersetzung breitmachen konnte, daß man sein Ohr der Feindpropaganda lieh und daß man Dinge trieb, die in dem Augenblick, in dem deutsche Soldaten an der Front kämpfen und sterben, nur als gemeine und niederträchtige Verbrechen bezeichnet werden können. So sieht man einen Mann vor sich, der den in größten Interessen des Befreiungskampf als Nichtswürdiger gezeigt und deshalb alle Konsequenzen auf sich zu nehmen hat, die sich aus diesem harten, aber gerechten moralischen Urteil ergaben.

Bewegung und Anmut

Wie bereits mitgeteilt, findet am kommenden Sonntag im Ulmer Saalbau eine Werbeveranstaltung der schwäbischen Gauvorführungsgruppe des Sportgaues Schwaben statt. Die Veranstaltung wird vom Sportkreis Neu-Ulm gestartet. Unser Bild zeigt einige Mädel der bekannten Gruppe bei ihren Vorführungen.
(Aufn.: Schirner)

Kleine Stadtnachrichten

Der dritte Ulmer vom Gran Sasso

Nun hat sich ein dritter Ulmer gemeldet, der ebenfalls beim Gran-Sasso-Unternehmen eingesetzt war. Es handelt sich um den Gefreiten Hugo Zwerger, Sohn des verstorbenen Wilhelm Zwerger, Straßburgweg 28. Er war bei den Fallschirmtruppen, welche die Talstation wegnahmen.

Hugo Zwerger hatte nach dem Schulbesuch in Ulm das Friseurhandwerk in Neu-Ulm erlernt, wo er ein Jahr als Friseurgehilfe tätig war. Dann rückte er ein Jahr zum Reichsarbeitsdienst an der Kanalküste ein und meldete sich im September 1941 freiwillig zu den Fallschirmtruppen. Bei den Kämpfen in Afrika war er vermißt worden und wurde nach seiner Genesung in Italien eingesetzt.

Wochenspielplan des Stadttheaters

Samstag, 9. Okt., 18.30 Uhr: „Der Freischütz". — Sonntag, 10. Oktober, 15.15 Uhr: „Undine". — 19 Uhr: „Zwischen Stuttgart und München". — Dienstag, 12. Okt., 19 Uhr: „Der Freischütz" (A). — Mittwoch, 13. Oktober, 18.30 Uhr: „Undine" (E). — Donnerstag, 14. Okt., 19 Uhr: Eine Nacht in Venedig (E).

Kurs für Erste Hilfe. Zu diesem Kurs können sich noch charakterlich und politisch einwandfreie Frauen und Mädchen mit kameradschaftlichem Einfühlungsvermögen mit der Freigabe des Arbeitsamtes bei der DRK.-Kreisstelle, Gartenstraße 1, von 10—12 Uhr melden.

Pfuhl. (Gartenbauverein.) Der Gartenbauverein Pfuhl-Offenhausen hielt im Gasthaus zur „Krone" seine Herbstversammlung unter dem Vorsitz des Vorstands Gg. Glöckle ab. Kreisgartenbauinspektor Stoll (Weißenhorn) begründete die Notwendigkeit der Ablieferung des Obstes, das zum Teil der schaffenden Bevölkerung der Großstädte, zum Teil aber auch unseren tapferen Soldaten in den Lazaretten zugute kommen soll. Die weiteren Ausführungen galten den künftigen Maßnahmen zur Erzielung regelmäßiger Ernten, sowohl hinsichtlich der Quantität als auch der Qualität. Drei Faktoren sind es, die in harmonischer Weise zusammenwirken müssen: Schnitt, Düngung und planmäßige Schädlingsbekämpfung. Vorstand Glöckle dankte dem Redner für seine aufschlußreichen Darlegungen. Es schloß sich eine lebhafte Aussprache an.

Am 10. August 1943 findet dann in Ulm ein Prozeß gegen die gesamte verbliebene Familie statt, wobei der einzige Anklagepunkt »Rundfunkverbrechen«, das heißt das Hören des deutschen Programms im englischen BBC, ist. Es scheint so, daß mit diesem Prozeß Ulmer Gestapo und Ulmer Justiz nachträglich noch die Scharte auswetzen wollen, daß der Fall Scholl in München und nicht in Ulm aufgeklärt worden war.
Noch einmal mit Verzögerung, am 8. Oktober 1943, entschließen sich die örtlichen Machthaber im »Ulmer Sturm« zu einer publizistischen Hinrichtung der Scholls. Hier wird das »Sündenregister« der Familie aufgerollt. Der Vater wird zum Sündenbock (18 Monate Haft) und die Frauen werden zu verführten Opfern gemacht ... und deshalb freigesprochen (vgl. Abbildung).
Die Familie kann es danach in Ulm nicht mehr aushalten. Sie verläßt Ulm im Juni 1944 und verbringt den Rest des Krieges auf dem »Bruderhof« über der Wutachschlucht im Südschwarzwald.
Vater Scholl kehrt am 25. November 1944 in die Familie zurück. Nach der Befreiung ziehen die Scholls, mit Ausnahme von Inge, Anfang Mai 1945 wieder nach

Ulm. Am 7. Juni 1945 wird Robert Scholl als Oberbürgermeister von Ulm von den Alliierten eingesetzt. Inge Scholl gründet im April 1946 die Ulmer Volkshochschule und bereitet zusammen mit Otl Aicher ab 1950 die Gründung der berühmten Ulmer »Hochschule für Gestaltung« vor.
Anläßlich der Eröffnung am 3. Oktober 1955 stellt Walter Dirks in den »Frankfurter Heften« (11/1955, neu abgedruckt in »Ulmanach«, 1974) die wichtigsten Bezüge zu dieser Gründung her:

Auf dem Oberen Kuhberg [...] liegt neben einem alten Fort der Bundesfestung Ulm, dicht neben dem Platz, welcher der Ulmer Gestapo als Konzentrationslager diente, die weite Anlage der neuesten deutschen Hochschule, der »Hochschule für Gestaltung«. [...] Wie viele Geschichten, vor allem Liebesgeschichten, beginnt die Ulmer Hochschule mit der Begegnung zweier lebendiger Wesen. [...] Gemeint sind die Bauhaus-Idee und die Idee der Weißen Rose. [...] Die Hochschule verdankt ihre Existenz der Kopulation dieser Ideen.

3.7 Wilhelm Geyer (24.6.1900–5.10.1968)

Zum Freundeskreis der Scholls zählte in Ulm die Familie von Klara und Wilhelm Geyer und deren sechs Kinder. Wilhelm Geyer, katholisch und gegenüber der NS-Ideologie resistent, war als »entarteter Künstler« verfemt und hatte praktisch Berufsverbot bezüglich staatlich beeinflußbaren Aufträgen. Sophie Scholl, das künstlerisch begabteste der Scholl-Kinder (vgl. zehn Zeichnungen von ihr bei Vinke), war, wie auch die anderen Geschwister, mit ihm und dem gleichfalls regimekritischen Ulmer Maler Albert (»Bertl«) Kley (geboren 3.2.1907, lebt heute in Geislingen) befreundet und hat in eingehenden Bildbetrachtungen viel von ihnen mitbekommen.
Wilhelm Geyer war zweifellos derjenige Ulmer, der die Münchener Situation der Geschwister Scholl in den letzten Wochen ihres Lebens am intensivsten miterlebt hat (vgl. Scholl, S. 60ff., und Geyers Bericht bei Scholl, S. 221ff., sowie ungedruckte Berichte von Klara und Hermann Geyer, Archiv DZOK). Geyer hatte für die Ausführung eines Glasfenster-Auftrags im Chor der Kirche von Margrethausen bei München ein Atelier gesucht, das ihm dann Sophie und Hans Scholl in den Räumen des Münchner Architekten und Malers Man-

Besuch von vier Geschwistern Scholl bei der Familie Geyer in der Syrlinstraße 16. Hinten links Elisabeth, Sophie und Inge Scholl, rechts Vater Geyer und sein ältester Sohn Wilhelm; vorne Mutter Geyer und Hans Scholl. Bleistiftzeichnung des achtjährigen Hermann Geyer, 1941.

fred Eickemeyer (Leopoldstraße 38) im November 1942 vermittelt haben. Da dieser nach Krakau abkommandiert war, stand das Haus leer und konnte so den Zusammenkünften der Studentengruppe dienen, aber auch den Leseabenden im größeren Kreis. Als Eickemeyer nach einem Urlaub am 12. Januar 1943 wieder abreist, zieht Wilhelm Geyer ein und beginnt, Carl Muth zu malen. Geyer veranstaltet im Atelier eine Ausstellung seiner Bilder, am Eingang wird ein Plakat angebracht. – Während Geyer die Wochenenden daheim in Ulm verbringt, vervielfältigen die Scholls und ihre Freunde im Keller des Ateliers ihr fünftes und sechstes Flugblatt und stellen die Schablonen für Gebäude-Aufschriften wie »Nieder mit Hitler!« her, die in der Nacht vom 3. auf den 4. Februar 1943 erst-

mals in München aufgemalt werden. Geyer geht in diesen Wochen fast täglich mit den Scholls zum Essen, diskutiert mit ihnen über den Widerstand. Zum Beispiel äußert Hans Scholl die Hoffnung, daß die katholische Kirche zum Widerstand aufrufe, worauf Geyer meint: »Das tut sie niemals.« (Bericht von Klara Geyer) Er besucht mit der Gruppe Konzerte, und er ist unter anderem auch am letzten Treffen des größeren Freundeskreises im Atelier am 4. Februar dabei. Es war eine Lesung von Theodor Haecker – der seit 1935 offizielles Redeverbot hatte –, unter anderem aus seinem Buch »Schöpfer und Schöpfung«.

Die Wilhelm Geyer betreffenden Auszüge aus der Anklageschrift im dritten Weißen-Rose-Prozeß vom 13. Juli 1943.

Trotz dieser engen Kontakte scheint es so zu sein, daß Geyer bis zu seiner ersten Vernehmung durch die Ulmer Gestapo am 23. Februar 1943, einen Tag nach der Hinrichtung der Geschwister Scholl, nichts Konkretes von Flugblatt- und Schablonen-Herstellung wußte; nicht etwa, weil der Kreis ihm politisch mißtraut hätte, sondern weil er ihn als Vater von sechs Kindern nicht in die Aktionen hineinziehen wollte. Sein Nichtwissen nimmt ihm schließlich trotz Zweifeln (vgl. Abbildung der Anklage S. 103) sogar die Nazi-Justiz ab. So kommt er beim dritten Weißen-Rose-Prozeß (gegen Eickemeyer, ihn, Dohrn und Söhngen) am 13. Juli 1943 mit einem Freispruch davon und wird am nächsten Tag, nach 100 Tagen Gestapo-Untersuchungshaft, freigelassen (Urteil bei Drobisch, S. 180ff.).

In der Haft zeichnet Geyer sich selbst (siehe Abbil-

Selbstporträt (Bleistift-Zeichnung) von Wilhelm Geyer vom 25. Mai 1943, während seiner hunderttägigen Gestapo-Haft.

dung) und einen Zyklus mit religiösen Motiven, unter anderem die »Apokalyptischen Reiter«. Diese Zeichnungen sind noch im Privatbesitz der Familie Geyer erhalten, ebenso wie das Porträt von Carl Muth.

3.8 Ulmer Schüler im Umkreis der Weißen Rose

Dem Volksgerichtshof fällt auf, daß aus einer Schulklasse drei Schüler [...] in dieser Sache erscheinen und noch weitere erwähnt wurden! Da muß etwas nicht stimmen, was am Geiste dieser Klasse liegt und was der Senat nicht allein diesen Jungen zur Last legen kann. Man schämt sich, daß es eine solche Klasse eines deutschen humanistischen Gymnasiums gibt! Den Gründen hierfür im einzelnen nachzugehen ist aber nicht Aufgabe des Volksgerichtshofes. [...]

Dies sagt der Vorsitzende des Volksgerichtshofes, Roland Freisler, in der Urteilsbegründung des zweiten Weißen-Rose-Prozesses vom 19. April 1943 mit den Hauptangeklagten Kurt Huber, Alexander Schmorell und Wilhelm Graf, die zum Tode verurteilt werden (Scholl, S. 143ff.: der Text des Urteils).

Die von Freisler angesprochene Schule ist das Ulmer »alte« Gymnasium in der Olgastraße (beziehungsweise im Adolf-Hitler-Ring), eines von drei von den Nazis noch geduldeten humanistischen Gymnasien in Württemberg. Die drei Schüler der Abiturienten-Klasse 1942/43 sind Hans Hirzel (geboren 30.10.1924), Franz Joseph Müller (geboren 8.9.1924) und Heinrich Guter (geboren 11.1.1925). Außerdem ist in dem Münchener Prozeß noch die ältere Schwester von Hans Hirzel, Susanne Hirzel (geboren 7.8.1921), angeklagt, die im Frühjahr 1940 an diesem Gymnasium Abitur gemacht hatte. Sie habe, so das Gericht, »hochverräterische Flugblätter verbreiten helfen«, ohne zu wissen, »daß sie hochverräterisch waren«. Sie wird dafür mit sechs Monaten Gefängnis bestraft. Hans Hirzel und Müller werden zu fünf Jahren Gefängnis verurteilt, weil sie, so das Urteil, »hochverräterische Flugblattpropaganda gegen den Nationalsozialismus unterstützt« hätten. Guter bekommt 18 Monate, weil er »die Propagandaabsichten [...] nicht gemeldet« habe.

Wie sah der Ulmer Hintergrund, besonders der von Freisler genannte systemfeindliche Geist der Schul-

Susanne Hirzel (Sommer 1942)

Hans Hirzel

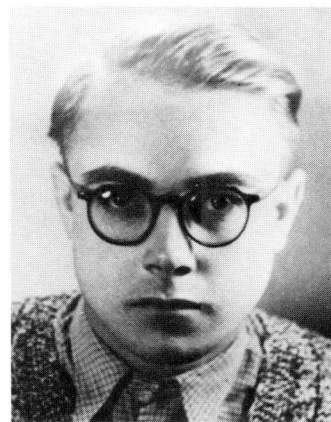
Franz Müller (März 1946)

Heiner Guter

klassen, aus? Was waren das für Schüler, wovon wurden sie geprägt? Worin bestanden ihre zur Verurteilung führenden Taten, die aktenkundigen und die wirklichen? Was geschah vor und nach der Verhaftung, beim Prozeß und danach? Viele Fragen – dazu einige Rekonstruktionsversuche im folgenden. (Die vorhandene Literatur zu den Ulmer Schülern ist spärlich. Vgl. die Ulmer Südwest Presse vom 24.2.1968, S. 11; Hübner, S. 104ff.; die Zulassungsarbeit von H. Hoffmann, 1972; Scholl, S. 70, 165 u.a.)

Der besondere Geist am Ulmer Gymnasium, von dem Freisler spricht, war geprägt von wenig angepaßten Lehrern wie Hermann Brandt (Geographie, Physik), Alois Wild (Altphilologie), dem katholischen Theologen Dr. Stökle und dem anthroposophisch orientierten Hermann Waser (Biologie). Was die Schüler der Abiturklasse 1942/43 anbelangt, so haben aus ihr von der Weißen-Rose-Aktion wohl nur Hirzel, Müller und Guter gewußt. Aus der Klasse heraus, und über sie hinausgreifend, gab es jedoch noch einen von den Nazis nie aufgedeckten Kreis, der Erstaunliches im Sinn eines aktiven Widerstands in Ulm geleistet hat, zum Beispiel die Reproduktion und Versendung der Galen-Briefe ab

Herbst 1941. Die historischen Ermittlungen über ihn sind jedoch noch nicht abgeschlossen, sie werden später im Rahmen der Schriftenreihe »Die NS-Zeit in der Region Ulm/Neu-Ulm« des Dokumentationszentrums Oberer Kuhberg publiziert.

Sowohl Hirzel wie Franz Müller und Heiner Guter (die beide im Gegensatz zu Hirzel katholisch waren) nennen unter ihren Ulmer »geistigen Vätern« zwei katholische Geistliche: zum einen Dr. Stökle mit seinem Religionsunterricht (bis 1939), dessen »moraltheologische Ausführungen über die Erlaubtheit des Tyrannenmords gewollte und erkannte Aktualität« hatte (Hans Hirzel, 8.4.1982, DZOK-Archiv). Zum andern Pater Eisele vom Orden der Weißen Väter, der geistlicher Betreuer im katholischen Kaufmannsheim in der Glöcklerstraße war (Franz Müller mündlich, 1985).

Was die leiblichen Väter der Gruppe anbelangt, so sei auf sie in der Person von Ernst Hirzel, dem Vater von Suse (der Ältesten), Peter und Hans (und drei weiteren Kindern), etwas näher eingegangen. Und zwar deshalb, weil an seinem auch für Ulm typischen Beispiel die Haltung eines großen Teils des Bürgertums verdeutlicht werden kann. Die Familie Hirzel war fünf Jahre vor den Scholls, 1927, von Stuttgart nach Ulm gekommen, wo der Vater Pfarrer an der Martin-Luther-Kirche wurde. Der Vater gehörte der »Bekennenden Kirche« an, die, woran Hans Hirzel erinnert (1982), »zum NS-Regime keine klar ausgedrückte, grundsätzlich ablehnende Haltung einnahm, aber zu Einzelaspekten deutliche und fundierte Kritik übte«. Diese Einzelaspekte haben bei Hans jedoch zum »Nährboden« für seine »grundsätzliche, kritische Auseinandersetzung mit dem NS-Regime« gehört.

Vater Hirzel war ein sanftmütiger und redlicher, schwäbische Ehrbarkeit, Rechtschaffenheit und Sachlichkeit hochhaltender, dem NS-Fanatismus abgeneigter Mann (Hirzel, 24.7.1987). In seiner Eigenschaft als Offizier des Ersten Weltkriegs und als »hochgeehrter Kompanieführer« jedoch freute er sich, als die Nazis sich über den Versailler Vertrag hinwegsetzten und eine eigene Wehrmacht aufbauten, und brachte die Hakenkreuzfahne in die Familie mit.

Später, im Krieg, als er eine wachsende Tendenz seiner drei ältesten Kinder spürte, den NS-Staat sabotieren oder gar bekämpfen zu wollen, war er »immer der Meinung, man müßte erst den Krieg gewinnen und dann die ›Kerle zum Teufel jagen‹. Unerträglich war es ihm zu wünschen, wir würden besiegt.« (Suse Zeller-Hirzel, 1987)

Derselbe Vater Hirzel war es, der seine ältesten Kinder Suse und Peter mit dem Protestschreiben des Landesbischofs Theophil Wurm gegen die Morde an Geisteskranken bekannt machte. Die Familie war indirekt von der »Aktion Gnadentod« betroffen. Ein psychisch kranker Großonkel konnte nur durch spezielle Beziehungen vor der Ermordung gerettet werden. Suse Zeller-Hirzel sagt heute: Auch für die, die diese speziellen Eindrücke nicht hatten, war »es ein offenes Geheimnis, weshalb die Kamine in Grafeneck auf der Reutlinger Alb rauchten«. Hans Hirzel bekam schließlich auch Flugblätter mit den Predigten des Bischofs von Münster, unter anderem gegen die »Euthanasie«, in die Hand und verschickte sie weiter.

Ebenso bewußt wie die Scholls erleben die Ulmer Schüler auch die Formen des Antisemitismus in ihrer Stadt. Suse Hirzel hatte seit der Grundschule Luise Nathan, Tochter des in der Heimstraße praktizierenden Rechtsanwalts Dr. August Nathan, zur Freundin, der in der sogenannten »Kristallnacht« aus dem Bett gezerrt und am Weinhof übel mißhandelt wurde. Für die damals gerade vierzehnjährigen Hirzel, Müller und Guter waren die Ereignisse am Weinhof eine Art »Schlüsselerlebnis« für ein entstehendes oppositionelles Bewußtsein. Ein enger Freund Hans Hirzels war der jüdische Klassenkamerad Heinz Weglein, der 1938 nach England emigrieren konnte, während seine Mutter Resi, sein Vater Sigo und seine Großmutter Bela Weglein am 22. August 1942 nach Theresienstadt deportiert wurden. (Genaueres hierzu in: Resi Weglein, Als Krankenschwester in Theresienstadt. Erinnerungen einer Ulmer Jüdin. Band 2 der Schriftenreihe »Die NS-Zeit in der Region Ulm/Neu-Ulm. Vorgeschichte, Verlauf, Nachgeschichte«.)

Die erlebte Judenverfolgung brachte Hans Hirzel schließlich auf die Idee eines plakatähnlichen Flugblattes, dessen Matrize (Abzüge waren noch nicht produziert) von der Gestapo im Labor seines Freundes Kurt Glöckler gefunden wurde und im Prozeß vor dem Volksgerichtshof eine Rolle spielte (vgl. Anklageschrift, Archiv des Instituts für Zeitgeschichte, München). Hirzel berichtet (1982, 1987, DZOK-Archiv): Er ging um die Jahreswende 1942/43 mit seinem Freund Max Gutbrod abends in der Ulmer Olgastraße spazieren. Sie sahen an einer Plakatsäule einen Anschlag mit einem großen »Davidstern«, den seit 19. September 1941 alle Juden im Alter von mehr als sechs Jahren stets sichtbar an ihrer Kleidung tragen mußten. Zum Plakat gehörte der Text: »Wer dieses Zeichen trägt, ist ein Feind unseres Volkes.« In dem Moment geht in der Nähe »ein männliches Wesen fortgeschrittenen Alters vorbei, ärmlich gekleidet, ängstlich, am Revers den gelben Davidstern. Durch das Plakat war es wie an den Pranger gestellt. Max sagte: ›Schau dir das an. Das machen die mit Menschen.‹«

Hirzels vor dem Hintergrund dieses Erlebnisses angefertigter Flugblatt-Entwurf war eine verkleinerte Nachbildung des Nazi-Plakats, wobei der Davidstern durch ein Hakenkreuz ersetzt, der Text also auf seine Urheber rückverwiesen war. Im Prozeß wurden mit dem Hinweis auf Hirzels Jugend und dem Umstand, daß es nur ein Entwurf war, gewissermaßen »mildernde Umstände« benannt.

Zu seinen geistigen Vätern zählt Hirzel etwa ab seinem 16. Lebensjahr auch Robert Scholl.

Wir Gymnasiasten aus dem Pfarrhaus Hirzel (Susanne, Peter, Hans) erhielten durch Robert Scholl die ersten Vorstellungen vom Sinn eines parlamentarischen Rechtsstaats. Robert Scholl suchte und tastete nicht, wie sonst fast alle, die wir kannten, Hans Scholl eingeschlossen, sondern er nahm schon zur Zeit des ersten, für Deutschland erfolgreichen Teils des Krieges eine in sich fest gegründete und klar umrissene antinationalsozialistische Position ein (Hirzel, 8.4.1982).

Auch Sophie Scholl (drei Jahre älter als Hans Hirzel und mit Suse Hirzel befreundet) war wichtig für die Gruppe »wegen ihres Vorsprungs an Kenntnissen in bestimmter politischer Literatur«; etwa, wie Hans Hirzel berichtet, von Autoren wie Gerhard Ritter (»Machtstaat und Utopie«), Ernst Jünger oder den Autoren von Carl Muths Zeitschrift »Hochland«. Von der »starken Beeinflussung« seiner, Hirzels, »Mentalität« durch Sophie Scholl, wie Freisler im Prozeß vom 19. April 1943 behauptete, könne allerdings keine Rede sein.

Den sechs Jahre älteren Hans Scholl lernt Hirzel erst 1941 (mit 17) in Ulm näher kennen, er führt mit ihm zwei wichtige Gespräche politischen Inhalts. Scholl berichtet Hirzel im Winter 1941/42 unter anderem von »hinter der deutschen Ostfront sich vollziehenden Greueln«, wie sie Hans Scholl wohl von dem in Krakau stationierten Manfred Eickemeyer geschildert bekommen hat. Zu diesem Zeitpunkt, so Hirzel, habe Hans Scholl noch grundsätzliche Zweifel gehabt, ob sie als einflußlose Studenten das moralische Recht hätten, »einzugreifen in das Rad der Geschichte«, das heißt, ob sie selbst den Schritt zum aktiven Widerstand tun dürften (8.4.1982).

Ende Juni 1942 bekommt Hirzel das erste »Flugblatt der Weißen Rose« zugeschickt und liest es seinen Freunden Müller und Guter vor. Am 22. Juli ist Hans Hirzel besuchsweise in München und nimmt im Atelier Eickemeyer am Abschiedsabend der Studenten-Soldaten teil, die am nächsten Tag für mehr als drei Monate in den Krieg nach Rußland müssen (vgl. u.a. Vinke, S. 107f.; Verhoeven/Krebs, S. 134ff.; Hanser, S. 196ff.).

In diesen Tagen, so berichtet Hirzel (1982, DZOK-Archiv), äußert Hans Scholl ihm gegenüber »die Idee eines weitzuverbreitenden Flugblattes von grundsätzlichem politischen Charakter«. An einer solchen Aktion sollten »möglichst mehrere Widerstandsgruppen in verschiedenen Städten beteiligt sein«, die Neuorientierung der Gesellschaft auf sittlichen Grundlagen müsse als »ein europäisches Phänomen« gesehen werden. Zum ersten Mal hört Hirzel dabei den Begriff »Widerstandsbewegung«.

»Flugblätter der Widerstandsbewegung in Deutschland«, mit der Unterzeile »Aufruf an alle Deutsche!«, so heißen dann auch diejenigen Flugblätter der Münchener Gruppe, die bei ihrer Verbreitung in vielen Städten Deutschlands auch mit Ulm entscheidend verbunden sind (vgl. Abbildung). Ihr Text ist in der ersten Januar-Hälfte 1943 von Hans Scholl unter enger Mitarbeit von Alexander Schmorell und Kurt Huber geschrieben worden. Die Flugblätter werden in nächtelanger Arbeit im Atelier Eickemeyer in einer Auflage von 8000 bis 10 000 Stück hergestellt, wie später die Münchener Gestapo schätzt. Durch Sophie Scholl und Willi Graf (24. Januar) kommen viele hundert Exemplare nach Ulm (vgl. u.a. Drobisch, S. 39ff.; Hanser, S. 234ff.). Insgesamt etwa 2000 dieser Flugblätter sind es dann, die Hans Hirzel und Franz Müller in der zweiten Januar-Hälfte postfertig machen. Sie verstecken sich zu diesem Zweck in der Orgel der Martin-Luther-Kirche, zu der Hirzel als orgelspielender Pfarrerssohn Zugang hat.

Einen Koffer voll mit Flugblatt-Briefen bringt Hirzel im Februar nach Stuttgart in die Wohnung seiner Schwester, leert sie auf ihren Tisch und verschwindet wieder in Richtung Ulm, um bei den Eltern kein Aufsehen

Flugblätter der Widerstandsbewegung in Deutschland.

A u f r u f a n a l l e D e u t s c h e !

Der Krieg geht seinem sicheren Ende entgegen. Wie im Jahre
1918 versucht die deutsche Regierung alle Aufmerksamkeit auf
die wachsende U-Bootgefahr zu lenken, während im Osten die Armeen
unaufhörlich zurückströmen, im Westen die Invasion erwartet wird.
Die Rüstung Amerikas hat ihren Höhepunkt noch nicht erreicht,
aber heute schon übertrifft sie alles in der Geschichte seither
Dagewesene. Mit mathematischer Sicherheit führt Hitler das deutsche
Volk in den Abgrund. H i t l e r k a n n d e n K r i e g n i c h t
g e w i n n e n , n u r n o c h v e r l ä n g e r n ! Seine
und seiner Helfer Schuld hat jedes Mass unendlich überschritten.
Die gerechte Strafe rückt näher und näher !

Was aber tut das deutsche Volk? Es sieht nicht und es hört
nicht. Blindlings folgt es seinen Verführern ins Verderben. Sieg
um jeden Preis, haben sie auf ihre Fahne geschrieben. Ich kämpfe
bis zum letzten Mann, sagt Hitler - indes ist der Krieg bereits
verloren.

Deutsche! Wollt Ihr und Eure Kinder dasselbe Schicksal erleiden,
das den Juden widerfahren ist? Wollt Ihr mit dem gleichen Masse
gemessen werden ,wie Eure Verführer? Sollen wir auf ewig das von
aller Welt gehasste und ausgestossene Volk sein? Nein! Darum
trennt Euch von dem nationalsozialistischen Untermenschentum!
Beweist durch die Tat, dass Ihr anders denkt! Ein neuer Befreiungs-
krieg bricht an. Der bessere Teil des Volkes kämpft auf unserer
Seite. Zerreisst den Mantel der Gleichgültigkeit, den Ihr um Euer
Herz gelegt! Entscheidet Euch, e h ' e s z u s p ä t i s t !

Das fünfte Flugblatt der Weißen Rose
erschien erstmals unter dem Titel
»Flugblätter der Widerstandsbewegung in Deutschland – Aufruf an alle
Deutsche!« 2000 Exemplare dieses
Flugblatts wurden im Januar 1943 von
den Ulmer Schülern Franz Müller, Hans
und Suse Hirzel postfertig gemacht und
verschickt.

Glaubt nicht der nationalsozialistischen Propaganda, die
Euch den Bolschewistenschreck in die Glieder gejagt hat! Glaubt
nicht, dass Deutschlands Heil mit dem Sieg des Nationalsozialismus
auf Gedeih und Verderben verbunden sei! Ein Verbrechertum kann
keinen deutschen Sieg erringen. Trennt Euch r e c h t z e i t i g
von allem, was mit dem Nationalsozialismus zusammenhängt! Nachher
wird ein schreckliches, aber gerechtes Gericht kommen über die,
so sich feig und unentschlossen verborgen hielten.

Was lehrt uns der Ausgang dieses Krieges, der nie ein natio-
naler war?

Der imperialistische Machtgedanke muss, von welcher Seite er
auch kommen möge, für alle Zeit unschädlich gemacht werden. Ein
einseitiger preussischer Militarismus darf nie mehr zur Macht
gelangen. Nur in grosszügiger Zusammenarbeit der europäischen
Völker kann der Boden geschaffen werden, auf welchem ein neuer
Aufbau möglich sein wird. Jede zentralistische Gewalt, wie sie
der preussische Staat in Deutschland und Europa auszuüben versucht
hat, muss im Keime erstickt werden. Das kommende Deutschland kann
nur föderalistisch sein. Nur eine gesunde föderalistische Staaten-
ordnung vermag heute noch das geschwächte Europa mit neuem
Leben zu erfüllen. Die Arbeiterschaft muss durch einen vernünftigen
Sozialismus aus ihrem Zustand niedrigster Sklaverei befreit
werden. Das Truggebilde der autarken Wirtschaft muss in Europa
verschwinden. Jedes Volk, jeder Einzelne hat ein Recht auf die
Güter der Welt!
Freiheit der Rede, Freiheit des Bekenntnisses, Schutz des
einzelnen Bürgers vor der Willkür verbrecherischer Gewalttaten,
das sind die Grundlagen des neuen Europa.

Unterstützt die Widerstandsbewegung, verbreitet die Flugblätter!

zu erregen. Suse Hirzel öffnet einen Brief und beschreibt ihr damaliges Gefühl heute so: »Die sind wahnsinnig, aber dies Flugblatt ist einfach großartig!« Und weiter: »Ich war hingerissen und zögerte keinen Augenblick, so schnell wie möglich mich auf die Tour zu den Postschaltern zu machen, immer wieder zurückzukehren und voll Angst wieder neu mich auf den Weg zu machen mit einer gefüllten Mappe, bis 2 Uhr früh.« Als Suse Hirzel im Dezember 1942 im Stuttgarter Café Rosenstöckl von Sophie und Hans Scholl Näheres von den Plänen der Münchener Gruppe erfahren hatte (erstmals hatte ihr Bruder Hans ihr im November etwas erzählt), reagierte sie mit Zweifel und Sorge:

Werden die Menschen durch Flugblätter geändert? Wird eine Welle der Empörung entstehen, wie Hans glaubte? Oder würde rein gar nichts geschehen, außer daß einige Leute den Kopf verlieren und noch mehr Jammer und Unglück in den Familien entsteht? Oder weil man den eigenen Söhnen, die draußen kämpfen, erfrieren, leiden, nicht in den Rücken fallen will? Kann eine kleine Gruppe, die keinerlei Macht besitzt, die gewaltige Kriegsmaschinerie zum Stehen bringen?

Dieser eigenen skeptischen Haltung gegenüber beschreibt sie Sophie Scholls Entschlossenheit:

Halb bewunderte ich ihre Konsequenz, ihren Mut, halb war sie mir fremd in ihrer völligen Sicherheit, den richtigen Weg erfaßt zu haben. Sorge um Leib und Leben hatte in ihrer politischen Moral keinen Platz mehr, ihr Leben hatte nur noch den einen Sinn, Widerstand zu leisten. Sophie fühlte sich mitschuldig: »Ich muß etwas tun, Gedanken allein nützen nichts. Weil keiner etwas tut, weil man sich von Anfang an alles gefallen hat lassen, war diese Katastrophe möglich.« (1987)

Hans Hirzel erwähnt, daß der Inhalt des »Aufrufs an alle Deutsche« von ihm und Franz Müller grundsätzlich akzeptiert worden sei, nur an einem Satz hätten sie sich gestoßen: »Glaubt nicht der nationalsozialistischen Propaganda, die Euch den Bolschewistenschreck in die Glieder gejagt hat!« Mit ihrer Einschätzung waren die Ulmer Schüler innerhalb der Weißen Rose und ihres Umfeldes nicht allein: Die Frage des Verhältnisses zur Sowjetunion, zu Kommunismus und Bolschewismus wurde etwa zwischen Schmorell und Scholl auf der einen und Kurt Huber auf der anderen Seite gegensätzlich beantwortet. Die Formulierung im Flugblatt wurde gegen Hubers Willen aufgenommen (u.a. Hanser, S. 235) und stellte von ihrer Aussage her zweifellos einen schwebenden Konflikt dar, als die

Gruppe ab 18. Februar 1943 von der Gestapo zerschlagen wurde.

Huber sah im Bolschewismus eine Art seitenverkehrten Nationalsozialismus. Schmorell und Scholl dagegen sahen, besonders nach ihren Erfahrungen im Rußland-Krieg im Herbst 1942, im Antibolschewismus einerseits den letzten Kitt, um die Deutschen noch für den Krieg zu motivieren, und andererseits ein großes Hindernis bei der Schaffung eines breiten, von der »Roten Kapelle« über den »Kreisauer Kreis« bis zum »20. Juli« gehenden Widerstandsbündnisses. (Die entsprechenden Bemühungen von Hans und Sophie Scholl, Schmorell, Willi Graf und anderen von November 1942 bis Februar 1943 sind vielfach beschrieben worden. Einen guten Eindruck, wie extensiv auch in der Region Ulm das Schlagwort vom »antibolschewistischen Kreuzzug« verbreitet wurde, vermittelt die Ulmer Monopolzeitung »Ulmer Sturm/Ulmer Tagblatt« in nahezu jeder Nummer dieser Jahre.)

In den Tagen vor dem 18. Februar 1943, als die Geschwister Scholl im Lichthof der Münchener Universität verhaftet werden, wird Hans Scholl aufgrund von Denunziationen, deren Herkunft bis heute nicht klar ist, von der Gestapo beschattet. In Ulm wird Hans Hirzel am 16. Februar für den 17. mittags zur Gestapo geladen. Er schreibt an diesem Tag sein Mathematik-Abitur und geht anschließend zum Verhör. Man nennt ihm die Namen von zwei Stuttgarter Jugendlichen als Anzeigeerstatter, die er im November für eine spätere Flugblattverteilung hatte gewinnen wollen. Hirzel kann die Vorwürfe zerstreuen und geht anschließend zur Familie Scholl, um zu berichten und zu warnen (Hirzel, 21.7.1987). Otl Aicher, der im Auftrag der Scholls am nächsten Tag morgens (Donnerstag, 18. Februar) nach München fährt, um Hans und Sophie zu warnen, kommt wenige Stunden zu spät (vgl. u.a. Jens). In seinem 1987 erschienen Buch »Gegen den Strom« reklamiert Albert Riester für sich, Hirzel dem Ulmer Gestapo-Mitarbeiter Rechtsteiner gemeldet zu haben, gleich nachdem Hirzel ihn habe im November 1942 für »Hans Scholls Pläne« gewinnen wollen. Riester war 1935/36 wegen katholisch fundierter und anonym publizierter Kritik an der NS-Ideologie in Gestapo-Haft gewesen und kurz vor dem Abitur aus der Schule geworfen worden. Danach jedoch wurde er »frei schwebender«, wie er selbst sagt, Vertrauensmann der Ulmer Gestapo (vgl. unter anderem Riester, Seite 196 bis 216; auch 244, 271, 311).

Im Zusammenhang mit der Verhaftung der Scholls wird Hirzel dann am 21. Februar in Ulm verhaftet, kurz danach seine Schwester in Stuttgart. Müller wird, seit 4. Februar als Soldat in Frankreich, am 16. März in Epinal verhaftet. Auch die Eltern Hirzel kommen in Haft, werden jedoch vor dem Prozeß wieder entlassen.

Die genauen Vorgänge um die Denunziation bei der Gestapo, ihre Rückwirkungen auf die Scholls und die Verhaftungen der Schüler sind bis heute unklar. Die Ulmer Gestapo-Akten der Zeit sind wohl nicht mehr vorhanden, zumindest noch nicht veröffentlicht. Müller und Hirzel sind heute (1987) bei der Analyse ihres Volksgerichtshof-Prozesses vom 19. April 1943 übereinstimmend der Meinung, daß Freislers diktatorisch verfolgte Prozeßtaktik eine weitgehende Bagatellisierung der Ulmer Schülergruppe zum Ziel hatte. Die Todesstrafe sei möglich gewesen. Über Freislers Motive könne nur spekuliert werden. Einerseits habe er wohl die Aktion auf wenige Anstifter und Haupttäter reduzieren und damit die Breite des Widerstands herunterspielen wollen. Andererseits wollte er offensichtlich in einer für das Regime höchst schwierigen Kriegsphase die »Heimatfront«, speziell sicher auch die Ulmer Heimatfront, durch Todesurteile gegen eine bezüglich ihrem sozialen Umfeld völlig unbelastete jugendliche Schülergruppe nicht weiter verunsichern. Im Urteil nennt er sie »dumme Jungen und dumme Mädels, durch die die Sicherheit des Reiches nicht ernstlich gefährdet ist« (Scholl, S. 156). Diesem Ton schließt sich auch die kleine Notiz im Ulmer Tagblatt an, die am 29. April 1943 unter der Überschrift »Verräter der Nation« erscheint: In München seien drei »unreife Burschen« – Hirzel, Guter und Müller – verurteilt worden,

weil sie die »Verbreitung von hochverräterischen Flugblättern« unterstützt hätten.

Hirzel, der sich selbst im Ulmer Gestapo-Verhör vom 22. Februar 1943 als Anführer und Gesamtverantwortlicher der Schülergruppe erklärt hatte, wird in Freislers Prozeßkonzeption der von Hans beziehungsweise Sophie Scholl verführte »unreife Wirrkopf« aus prinzipiell »erbgesunder Familie«. Und zur blauäugigen und blonden Susanne Hirzel sagt er im Prozeß: »Wer aus so erbgesunder Familie kommt, kann für das deutsche Volk nicht ganz verloren sein« (mündliche Mitteilung von Franz Müller).

Freilich war sie auch in den Verhören im Münchener Wittelsbacher-Palais, dem Sitz der Gestapo, schon in die »Rolle des naiven, gut zurechtgestutzten BDM-Mädchens« geschlüpft. Eine Rolle war das, zu der sie ihre ältere Zellengenossin Dreisbach ermunterte und die sie mit ihr nach jedem Verhör durchgesprochen hatte. »Ihr verdanke ich mein Leben«, sagt Suse Zeller-Hirzel heute.

Schließlich vermutet Hirzel (8.4.1982), daß in seinem Fall und dem seiner Schwester auch die inoffizielle Intervention des deutschen Botschafters in Rom, Rudolf Rahn, eine Rolle gespielt hat. Rahn war der Sohn einer Ulmer Notarsfamilie, die früher mit Familie Hirzel befreundet gewesen war.

Der Prozeß war eine einzige Farce, deren Regisseur und Hauptdarsteller Roland Freisler war. Dazu Suse Zeller-Hirzel:

Die Art, wie er in der Folge jeden einzelnen von uns vor den Richtertisch rief, ihn pro forma verhörte, je nach Laune oder Haß den Betreffenden lächerlich machte oder nicht, war ganz und gar primitiv, dumm, geschmacklos – einfach blöde, so daß mein Stolz, auf der Anklagebank zu sitzen und nicht unter der Menge im Saal, immer größer wurde. [...] Ich selbst betrachtete voll Verachtung die etwa 200 Menschen im Saal, die zuschauten, wie dies Trauerspiel über die Bühne ging. Keiner rief: »Wo bleibt die Gerechtigkeit!« »Schande!« Mich band nichts mehr an diese merkwürdige Gesellschaft, die sich »Deutsche« nannte.

In dieser Situation waren die Ulmer Schüler nahe daran, das Theater aufzudecken. Franz Müller, so berichtet Zeller-Hirzel, sei neben ihr gesessen und habe sie plötzlich am Arm gefaßt und gesagt:

Auf, wir gehen nach vorn, erklären uns völlig gleichgesinnt mit Scholls, Huber, Schmorell. Es lohnt sich! Es lohnt sich! Ich will sterben!

Im letzten Moment kann sie ihn zurückhalten. Schließlich wird das Urteil verkündet, und die Schüler bekommen ihre Strafen als »Hochverräter«. Suse Zeller-Hirzel kommentiert:

Selbst wenn keine Flugblätter gedruckt worden wären, wenn wir nur gedacht hätten: Was kann uns im Chaos der Lüge retten?, so wäre das schon »Vorbereitung zum Hochverrat« gewesen. Der frei denkende Mensch an sich war schon ein Staatsfeind und Verräter und gehörte eliminiert.

3.9 Anregungen, sich in Ulm mit den Geschwistern Scholl und ihrem Kreis zu beschäftigen

Gerade in Ulm bietet sich, wohl mehr als in anderen deutschen Städten, die vielfältige Auseinandersetzung an mit der historischen Erscheinung und historischen Wirkung der Geschwister Scholl und ihres Kreises, in der Schule ebenso wie im außerschulischen Bildungsbereich. Zwar sind die Ulmer Spuren der Scholls für die Jahre vor 1945, auch im Stadtarchiv, gering und weitgehend verschüttet, was Dokumente und schriftliche Darstellungen anbelangt. Aber es leben noch Angehörige der Generation, die zum Beispiel mit den Scholls in der Hitlerjugend und in der Schule war. Es leben vor allem noch viele von den Ulmern, die über die Resonanz berichten können, die die Hinrichtungen in der Stadt fanden. Denn über die Geschwister Scholl und ihre Münchener Aktionen waren die Ulmer besser, wenn auch äußerst demagogisch (vergleiche die Artikel des »Ulmer Sturm«), informiert als über alle anderen Beispiele von Verfolgung und Widerstand in der Stadt, das KZ auf dem Kuhberg eingeschlossen.
Diese Beispiele machen deutlich: Die Ortsgebundenheit des Themas Weiße Rose bietet, solange noch Zeitzeugen leben, reiche Möglichkeiten für ein selbstbestimmtes, entdeckendes Lernen.

Die Begegnung mit den Ulmer Zeitgenossen und ihre Befragung bedarf freilich für Lehrer und Schüler einer guten Kenntnis der historischen Vorgänge, um den

jeweiligen Blickwinkel und damit auftretende Deutungsmuster, Rechtfertigungen und Abwehrhaltungen einordnen und interpretieren zu können. Dazu einige Literatur- und Film-Empfehlungen (genaue Angaben dazu im Literaturverzeichnis, Seite 123ff.).

➤ **Inge Scholls** »erweiterte Neuauflage« (1982) ihrer Darstellung **»Die Weiße Rose«** von 1953 enthält nicht nur den unmittelbarsten Augenzeugenbericht aus der Perspektive der Familie, sondern auch viele andere Berichte von Zeitzeugen. Daneben sind alle Flugblätter und die Urteile der ersten beiden Weißen-Rose-Prozesse wiedergegeben.

➤ Gut geeignet für den Einstieg ins Thema ist das 1982 erschienene Taschenbuch von **Michael Verhoeven und Mario Krebs, »Die Weiße Rose«**. Gedacht als »Informationen« zum **Weißen-Rose-Film von Verhoeven** (1982), enthält die Publikation dreierlei: Erstens die wichtigsten Fakten zur Geschichte der Gruppe; zweitens wichtige allgemeine historische Ereignisse, die das Handeln der Gruppe verständlicher machen; drittens wird anhand des Films die Umsetzung des historischen Geschehens unter den Bedingungen unserer Gegenwart problematisiert. Der Film ist in 16-mm-Kopie zu beziehen über den atlas-Filmverleih.

➤ **Inge Jens** hat 1984 **»Briefe und Aufzeichnungen«** von Hans und Sophie Scholl in einer Auswahl herausgegeben und sorgfältig erläutert.

➤ Das Buch **»Wir schweigen nicht!«** des DDR-Historikers **Klaus Drobisch** (4. Auflage 1983) enthält viele Dokumente, vor allem aber eine Beschreibung der Kontakte und Wirkungen der Weißen Rose im Rahmen des Widerstandes im In- und Ausland.

➤ **Hermann Vinkes** zuverlässig recherchiertes Buch **»Das kurze Leben der Sophie Scholl«** (1980) ist auch für jüngere Schüler, etwa ab zwölf, schon gut lesbar.

➤ Das Buch des Amerikaners **Richard Hanser**, in Erzählform geschrieben, **»Deutschland zuliebe. Leben und Sterben der Geschwister Scholl. Die Geschichte der Weißen Rose«** (1980, jetzt als Taschenbuch), schildert vor allem ausgezeichnet den Prozeß vor dem Volksgerichtshof.

➤ **Otl Aichers »innenseiten des kriegs«** von 1985 sind eine autobiographische Darstellung der Kriegszeit mit vielen direkten und indirekten Bezügen zu Ulm. Die Perspektive der Darstellung ist die eines aus der Lebens- und Zeitsituation des Autors erklärten, sich der NS- und Kriegsumgebung verweigernden radikalen Individualismus. Er drückt sich vorwiegend politisch-philosophisch, aber auch in Gefühlen aus. Dazu kommt die Beschreibung konkreter Personen (unter anderen Pfarrer Weiß, Theodor Haecker, Carl Muth; Robert, Werner, Sophie, Hans und Inge Scholl) und Ereignisse.

➤ Schließlich sei ein Buch erwähnt, das als Anregung für Ulm, etwa das Scholl-Gymnasium, dienen könnte, etwas Ähnliches zu versuchen. Es ist das 1986 erschienene Gemeinschaftswerk von Schülern und Lehrern des Kurt-Huber-Gymnasiums in 8032 Gräfelfing, herausgegeben von Toni Liebl: **»Kurt Huber – Stationen seines Lebens in Dokumenten und Bildern«** (nur über die Schule beziehbar). Hier sind unter anderem erstmals alle Flugblätter der Weißen Rose im Faksimile abgedruckt.

➤ In der Ulmer **Kreisbildstelle** liegen ein etwas veraltetes **Tonband »Die Geschwister Scholl«** von 1960 (30 min) sowie die Video-Kassette von **Percy Adlons Film** zu den letzten fünf Lebenstagen der Sophie Scholl, **»Fünf letzte Tage«** (108 min).

Als wichtige Informationsquelle sei schließlich auf die **Ulmer Zeitzeugen** aus dem Umkreis der Weißen Rose verwiesen.
Inge Aicher-Scholl und Otl Aicher leben im Allgäu (7971 Rotis bei Leutkirch) und sind nur, wenn es ihre äußerst knappe Zeit erlaubt, zu Auskünften bereit. Zur Familie von Wilhelm Geyer ist über Hermann Geyer (Am Eselsberg 30, 7900 Ulm) der Kontakt herzustellen. Was die Schülergruppe anbelangt, so sind aus ihrem Kreis die Kontaktpersonen Franz Joseph Müller (Osterwaldstraße 65, 8000 München 40) und Hans Hirzel (Rüdesheimer Straße 16, 6200 Wiesbaden).

Müller ist auch deutscher Sprecher der am 23. Februar 1987 gegründeten internationalen Organisation **»White Rose Foundation/Stiftung Weiße Rose«.** Sie wurde in Washington von Mitgliedern des American Jewish Congress, Mitgliedern des Weißen-Rose-Kreises und deutschen Politikern gegründet. Aufgabenstellung und Ziel ist es, alle Formen und Gruppen des deutschen Widerstands in den USA und auch in der Bundesrepublik besser bekanntzumachen. Den Anstoß zur Gründung gab der 8. Mai 1985, als eine Delegation des American Jewish Congress im Perlacher Friedhof die Gräber von Toten des KZ Dachau und des deutschen Widerstands besuchte – ein stiller Protest gegen Bitburg und die dort von US-Präsident Ronald Reagan und Bundeskanzler Helmut Kohl signalisierte Gleichsetzung von Tätern und Opfern.

4. »Dokumentationszentrum Oberer Kuhberg Ulm e.V.« (DZOK)
Geschichte und aktueller Stand

4.1 Initiatoren, Unterstützer, Aktivitäten – eine Chronik

29. Juni 1948
Die »KZ-Lagergemeinschaft Heuberg – Kuhberg – Welzheim« konstituiert sich. Ihr Zweck ist die »Kameradschaftspflege« ehemaliger Häftlinge und die Bemühung, die Erinnerung an den Arbeiter-Widerstand in der NS-Zeit wachzuhalten. Gründer und spätere Verantwortliche aus Ulm: Emil Benz, Otto Hornischer, Josef Schuhbauer, Paul Ströbel. Von deren Mitteilungsblatt »Kameradschaft« erscheinen von Mai 1956 bis Mai 1966 zehn Nummern.

3. Juni 1956
Treffen und Demonstration der »Lagergemeinschaft« in Rudersberg, dem Wohnsitz des seit einem Jahr frei lebenden ehemaligen KZ-Kommandanten Karl Buck.

28. Oktober 1960
Die Anlage des Forts Oberer Kuhberg wird unter Denkmalschutz gestellt. Um die denkmalpflegerische Erhaltung kümmert sich seit 1966 auch der »Förderkreis Bundesfestung Ulm«.

14. November 1960
Am Reduitgebäude des Forts wird auf Initiative der ehemaligen Ulmer Häftlinge durch den Ulmer Oberbürgermeister Dr. Theodor Pfizer eine Gedenktafel enthüllt. Der Text lautet:
»Dieses Festungswerk war in den Jahren 1933 bis 1935 der Kerker für aufrechte Männer unserer Heimat. Im Glauben an Freiheit und Menschenwürde widerstanden sie Unrecht und Gewalt.«

Juni 1968
Erstes Gespräch des VVN-Vorsitzenden von Ulm, Otto Hornischer, mit dem OB über die Errichtung einer Gedenkstätte auf dem Oberen Kuhberg.

Juli 1968
Beginn der Materialsammlung für eine Dokumentation.

Oktober 1969
Sechzehn ehemalige KZ-Häftlinge der »Lagergemeinschaft Heuberg – Kuhberg – Welzheim« besprechen in Ulm den Plan einer öffentlichen Gedenkstätte auf dem Oberen Kuhberg.
In diesen Wochen wird die Inschrift über dem Tor zu den Räumen der ehemaligen KZ-Wachmannschaften von Unbekannten entfernt; ihr Text: »Wir werden hinter Hitler stehn, und sollt es durch die Hölle gehn.«

Mai 1970
Julius Schätzle, Vorsitzender der Lagergemeinschaft, verfaßt eine »Denkschrift zur Errichtung einer Mahn- und Gedenkstätte«. Sie solle die »Opfer des nationalsozialistischen Terrors auch in Baden-Württemberg« ehren und damit an die erinnern, »die dafür gekämpft haben, daß das deutsche Volk politisch mündig und moralisch verantwortlich sein Leben und seine Ordnung selbst gestalten kann« (Gustav Heinemann).

Februar 1971
Uraufführung des Dokumentarfilms »KZ Oberer Kuhberg« von Kurt Walter Obermeier im Einstein-Haus in Ulm.

März 1971
Gründung des Kuratoriums »Mahn- und Gedenkstätte Oberer Kuhberg« mit 25 Mitgliedern, ehemaligen Verfolgten und Persönlichkeiten des öffentlichen Lebens. Als geschäftsführender Vorstand wurden gewählt: Rolf Dick, Inge Aicher-Scholl, Kurt Fried, Julius Schätzle, Hans Gasparitsch, Alfred Hausser.

8. Mai 1971
Anläßlich des Tages der Befreiung von der NS-Herrschaft Demonstration vom Münsterplatz zum Kuhberg mit der Forderung nach Errichtung einer Mahn- und Gedenkstätte; 1000 Teilnehmer.

November 1973
Im sogenannten »Zeppelinbau« des ehemaligen KZ wird zum erstenmal eine Gedenkfeier für die Opfer des Faschismus veranstaltet. Seither findet jedes Jahr am »Volkstrauertag« im Reduitgebäude eine Mahn- und Gedenkfeier mit einem prominenten Redner statt; u.a.: Prof. Alfred Grosser, Willi Bleicher, Erhard Eppler, Carola Stern, Max Oppenheimer, Ingeborg Drewitz.

März 1974
Die Landesregierung lehnt den Antrag von MdL Rolf Dick ab, auf dem Oberen Kuhberg eine zentrale Gedenkstätte einzurichten. Im Juni 1975 werden aus dem Fonds des Landesdenkmalamtes für die Erhaltung des Gebäudes 10 000 Mark gewährt.

Dezember 1976
Die Bundesvermögensverwaltung sagt eine Anmietung der wichtigsten Gebäudeteile des Forts Oberer Kuhberg zu. Im Juni 1977 schließt das DZOK einen Pachtvertrag für 20 Jahre ab.

12. Februar 1977
Gründung des »Dokumentationszentrums Oberer Kuhberg Ulm e.V.« in Stuttgart durch 22 ehemalige Verfolgte und KZ-Häftlinge. Vorsitzender wird Julius Schätzle. – Ernst Rohleder macht die ersten Führungen von Schulklassen, Jugendgruppen und Bundeswehrangehörigen durch die Kasematten des Forts.

Oktober 1978
Architekt Fritz Schäfer aus Ulm erstellt ein baufachliches Gutachten; erste Sanierungsarbeiten.
Otl Aicher entwirft das grafische Symbol des DZOK.

Sommer 1979
Der Christliche Friedensdienst (cfd) führt auf dem Gelände des Oberen Kuhberg ein erstes internationales Workcamp durch, mit Arbeitseinsätzen, Diskussionsabenden, Infoständen und Begegnungen. Bis 1986 finden insgesamt 20 Workcamps statt mit Teilnehmern aus 18 Ländern, u.a. aus Israel, Marokko, Kolumbien, Kanada, USA, Frankreich, Italien, England, Irland, Holland, DDR, ČSSR, Polen.

Sommer 1979
Inge Aicher-Scholl initiiert einen Aufruf an die Öffentlichkeit zur Finanzierung der Reparaturarbeiten über Spenden als »Bausteine«.

August 1981
Mitarbeiter des Vereins DZOK veröffentlichen ein Exposé über das geplante Dokumentationszentrum Oberer Kuhberg als Bildungs- und Begegnungsstätte, mit Plänen von Architekt Schäfer, gestaltet von Otl Aicher.

April 1982
Hans Gasparitsch wird als 1. Vorsitzender gewählt, in Nachfolge von Julius Schätzle, der Ehrenvorsitzender wird.

Juni 1982

Auf Initiative von Bürgermeister Dr. Götz Hartung, Ulm, beraten erstmals Vertreter des Vereins, der Landeszentrale für politische Bildung, des Wissenschaftsministeriums und des Stadtarchivs Ulm Inhalt und Gestaltung einer künftigen Anstellung im Dokumentationszentrum.

Dezember 1982

Als wissenschaftlicher Mitarbeiter beginnt Dr. Walter Wuttke eine zweijährige Anstellung (ABM). Er scheidet im März 1985 aus, nachdem er die Ausstellung konzeptionell und inhaltlich vorbereitet hat.

Mai 1983

Nach jahrelangen Bemühungen der Vereinsmitglieder Willi Bleicher, Inge Aicher-Scholl und Peter Finckh bei Ministerpräsident Lothar Späth gewährt die baden-württembergische Landesregierung einen Zuschuß von jeweils 100 000 Mark für die Jahre 1983 und 1984.

Herbst 1983

Werner Weidlins Darstellung »Das Konzentrationslager Fort Oberer Kuhberg Ulm« erscheint. Sie ist seit 1987 vergriffen.

19. Mai 1985

In einer weit beachteten Veranstaltung wird der erste Ausstellungsteil des Dokumentationszentrums Oberer Kuhberg eröffnet (vgl. S. 12ff.). Der Ulmer Oberbürgermeister Ernst Ludwig bekennt sich in seiner Rede zu dieser Einrichtung. Heinz-Oskar Vetter, ehemaliger DGB-Bundesvorsitzender, hält die Gedenkrede. – Beginn der DZOK-Aktion »Aufruf zur Spurensuche. Ulmer Bürger erforschen die Geschichte ihrer Stadt, 1933–1945«.

Herbst 1985

Der Ulmer Gemeinderat beschließt einen festen Haushaltstitel für das DZOK (1986 10 000 Mark und 1987 20 000 Mark).

Frühjahr 1987

Vorstand und Mitgliedschaft beschließen die Herausgabe der Schriftenreihe »Die NS-Zeit in der Region Ulm/Neu-Ulm«.

Juni 1987

Der Verein erwirbt vom Bund ein 3000 Quadratmeter großes Gelände mit dem Bunkerbau Gleiselstetten, genannt »Panzerkreuzer«; vergleiche Seite 53.

4.2 Auszüge aus der Satzung des Vereins »Dokumentationszentrum Oberer Kuhberg Ulm e.V. – KZ-Gedenkstätte«

Verabschiedet auf der Mitgliederversammlung vom 12. April 1986, eingetragen im Vereinsregister beim Amtsgericht Ulm, Gemeinnützigkeit anerkannt.

§1

Der Verein führt den Namen Dokumentationszentrum Oberer Kuhberg Ulm e.V. – KZ-Gedenkstätte –. Er ist im Vereinsregister eingetragen. Sein Sitz ist Ulm.
Er verfolgt ausschließlich und unmittelbar gemeinnützige Zwecke im Sinne des Abschnittes »steuerbegünstigte Zwecke« der Abgabenordnung.

§2
Aufgaben und Ziele
Der Verein ist eine weltanschaulich und parteipolitisch unabhängige Vereinigung mit der Aufgabe, dem Frieden und der Verständigung zwischen den Völkern zu dienen. Der Verein verfolgt insbesondere die nachstehenden Ziele:
➤ Ehrung der Opfer des Nationalsozialismus;
➤ Wissenschaftliche Erforschung und Darstellung der Geschichte des Widerstandes gegen das Nazi-Regime (insbesondere in Baden-Württemberg);
➤ Förderung und Erweiterung des Wissens, insbesondere der Jugend, um die Entstehung des Nationalsozialismus;
➤ Zusammenarbeit mit Einrichtungen und Organisationen im In- und Ausland, die gleiche oder ähnliche Ziele verfolgen;
➤ Diese Aufgaben und Ziele finden in der Einrichtung und der Unterhaltung eines Dokumentationszentrums ihren Ausdruck. Hierzu sollen auch gehören: die Verbreitung und Anwendung der gewonnenen Forschungsergebnisse durch alle hierfür geeignet erscheinenden Maßnahmen, insbesondere durch die Gestaltung von Ausstellungen, durch Verbreitung von Informationsmaterial, Vorträge und andere geeignete Maßnahmen.
Der Verein ist selbstlos tätig, er verfolgt keine eigenwirtschaftlichen Zwecke. Er erstrebt keinen Gewinn und darf andere als die genannten gemeinnützigen Zwecke nicht verfolgen; Mittel des Vereins dürfen nur für satzungsgemäße Zwecke verwendet werden. Die Mitglieder erhalten keine Zuwendungen aus Mitteln des Vereins und haben keinen Anspruch auf sein Vermögen. Der Verein darf keine Personen durch Ausgaben, die den Zwecken des Vereins fremd sind, oder durch unverhältnismäßig hohe Vergütungen begünstigen. Auslagen dürfen erstattet werden.

§4
Mitgliedschaft
Mitglieder können natürliche Personen und juristische Personen werden.
Zum Erwerb der Mitgliedschaft ist der schriftliche Aufnahmeantrag und seine schriftliche Annahmebestätigung erforderlich.
Förderer des Vereins können solche Personen werden, die – ohne Mitglied zu sein – den Verein ideell und materiell unterstützen.
Die Mitgliedschaft endet durch
a) Kündigung des Mitglieds. Sie ist schriftlich an den Verein mit einer Frist von 3 Monaten zum Schluß des Geschäftsjahres zu erklären.
[...]

4.3 Namen, Zahlen, Fakten
zum Verein Dokumentationszentrum Oberer Kuhberg
Der aktuelle Stand im Jahr 1988

4.3.1 Vereinstätigkeit

Vollendung der Ausstellung, Aufbau von Archiv und pädagogischer Infrastruktur
Dieser Bereich besitzt die höchste Priorität im Verein. Aber er gerade stagniert, vor allem weil eine Vollzeit-Arbeitskraft fehlt. Da für eine Daueranstellung kein Geld da ist, wird 1988 erneut versucht, eine qualifizierte Kraft im Rahmen einer Arbeitsbeschaffungsmaßnahme zu gewinnen. Neues Material fürs Archiv geht ständig ein und wird vorläufig bearbeitet. Es kann aber derzeit weder sinnvoll gelagert noch für Besucher aufgearbeitet werden. Außerdem fehlen noch Arbeitsräume und Arbeitsmittel für Gruppen und Einzelpersonen.

Bauliche Maßnahmen, Innenausstattung
Der Frühsommer 1987 hat gezeigt, daß das Eindringen von Regenwasser in das Reduitgebäude, vor allem über die Kaminschächte, noch nicht gestoppt ist. Kosten und Umfang dieser Sanierungsmaßnahmen sind noch unklar.
Einen Archiv- beziehungsweise Mitarbeiter-Raum und einen Gruppenraum heizbar und damit nutzbar zu machen, ist 1987 abgeschlossen worden.

Führungen, feste Öffnungszeiten
Seit 1977 besuchten etwa 8000 Menschen das ehemalige Ulmer KZ, davon etwa die Hälfte nach der Ausstellungseröffnung im Mai 1985. Seit dieser Zeit werden jährlich an die 150 Schulklassen aus Bayern und Baden-Württemberg und 100 andere Gruppen, auch aus dem Ausland, geführt. Für Führungen von Gruppen stehen ehrenamtlich tätige Vereinsmitglieder zur Verfügung; darunter mit Ernst Rohleder und Hans Gasparitsch zwei Zeitzeugen. Voranmeldungen über:

➤ DZOK, Postfach 2066, 7900 Ulm (kein Telefon).
➤ Lothar Heusohn, Volkshochschule Ulm, Kornhausplatz 5, 7900 Ulm, Telefon 0731/15 30 24.
➤ Für Gruppen aus dem Raum Stuttgart sind Voranmeldung und Führung über Hans Gasparitsch, Grubenäcker 123, 7000 Stuttgart 31, möglich.

Spenden für die Führungen werden entsprechend den Möglichkeiten der Gruppen erwartet.
Für Einzelpersonen ist das Dokumentationszentrum samstagnachmittags ab 14 Uhr geöffnet (April bis Oktober).

Öffentliche Veranstaltungen
Der Schwerpunkt der inhaltlichen Arbeit lag in den letzten Jahren auf öffentlichen Veranstaltungen. Auf dem Kuhberg fand, neben der Gedenkfeier am Volkstrauertag, im November 1986 eine Ausstellung statt: »Steine des Anstoßes. Nationalsozialismus und Weltkrieg in Denkmalen 1945 bis 1985.«
In Zusammenarbeit mit der Ulmer Volkshochschule und dem (evangelischen) Haus der Begegnung wurden im Rahmen des Projekts »Spurensuche« (vgl. unten) folgende Veranstaltungen angeboten:

➤ Leben und Verfolgung der Ulmer Juden;
➤ Das jüdische Landschulheim Herrlingen;
➤ Ulm und die Geschwister Scholl;
➤ Vorgeschichte der NS-Zeit im Raum Ulm;
➤ Ulmer Kunst 1933 bis 1945;
➤ Zwangsarbeiter im Raum Ulm während des Krieges;
➤ Gedenkstättenarbeit in der Bundesrepublik;
➤ Verdrängen, Vergessen: vom Faschismus bis Tschernobyl;
➤ Die Historiker-Debatte: das historische Relativieren des Faschismus;
➤ Ulmer Arbeitskreis: Die NS-Zeit in der Region erforschen.

Die Workcamps auf dem Kuhberg
Aufbauhilfe, Begegnung, politisches Lernen
»Den Schutt wegräumen«, dieses Motto gilt für die seit Sommer 1979 auf dem Oberen Kuhberg stattfindenden Workcamps in mehrfacher Weise. Zum einen haben die etwa 400 Jugendlichen (20 Gruppen) aus vielen Ländern der Welt die Basis zu Erhaltung und Ausbau der ehemaligen KZ-Gebäude beziehungsweise des künftigen Dokumentationszentrums gelegt. Ihre freiwillige Arbeitsleistung entspricht Baukosten von über 100 000 Mark. Zum andern haben die Workcamps geholfen, von diesem konkreten Ort nationalsozialistischer Verfolgung aus Spuren in die Vergangenheit freizulegen. Und zwar vor allem in der Begegnung mit Zeitzeugen, Dokumenten und mit der Ulmer Bevölkerung. Mit dem besseren Verständnis für die Bedingungen des deutschen Faschismus sollte eine sensiblere Wahrnehmung politischer Unterdrückung bis in die Gegenwart verbunden sein. Und schließlich haben die Workcamps den Zweck, den Schutt von Vorurteilen und Nichtwissen innerhalb der Gruppen ein wenig wegzuräumen. Die Begegnung von jungen Leuten vieler Länder, Sprachen, Religionen bei der Tätigkeit an einem konkreten Projekt ist somit auch ein Stück praktischer Friedensarbeit. Als sich 1982 junge Juden und Araber auf dem Kuhberg näher kennen- und verstehenlernten, hat sich diese Idee bisher am glücklichsten verwirklicht.
In all diesen Beziehungen waren die Workcamps nicht nur ein tragender Bestandteil der Vereinsaktivitäten bis heute, sie sind auch Beispiel und Vorgriff einer pädagogischen Gedenkstättenarbeit, die die traditionellen Besucher-Führungen auf lebendige Weise ergänzt.
Der Großteil der Workcamps wurde organisiert vom cfd (Christlicher Friedensdienst, Deutscher Zweig, Rendelerstraße 9-11, 6000 Frankfurt 60) in Zusammenarbeit mit Mitarbeitern unseres Vereins, allen voran Ernst Rohleder, Peter Langer und Peter Finckh. Unterstützt wurde unter anderem von der Stadt Ulm, den Gewerkschaften, beiden kirchlichen Konfessionen, der Evangelischen Akademie Bad Boll, der Ulmer Volkshochschule, der Firma Kässbohrer.
Hier die Stimmen einiger Workcamp-Teilnehmer von 1979 und 1980:
Justin aus London:
Ich lebe in England, und es ist für mich schwer zu verstehen, was im »Dritten Reich« geschehen ist, warum und mit wessen Unterstützung das alles funktionieren konnte. [...] Wenn das Museum aufgebaut ist, sollte es nicht nur ein Schau-Raum sein – Museen gibt es schon genug –, sondern ein Platz, um miteinander zu reden und nachzudenken und es dann besser zu machen.
Liza aus Amerika:
Ich bin Jüdin. Ich bin nach Deutschland gekommen wegen des schlechten Gefühls, das ich dem Deutschen gegenüber gehabt habe. Ich bin froh zu sehen, wie viele junge Leute interessiert sind, an einem antifaschistischen Camp teilzunehmen. Aber es ist schade – und ich bin ein bißchen erschrocken –, daß die Leute von Ulm so wenig beteiligt sind, das Projekt so wenig unterstützen und wir oft auf Ablehnung stoßen.
Uhla aus Dublin:
Ich studiere Deutsch und Geschichte. Das ist der Hauptgrund – mein Interesse an der deutschen Geschichte, dem Zweiten Weltkrieg, der Zeit des Faschismus. Ich will, daß das nie mehr passiert. Ich habe mit deutschen Jugendlichen gesprochen, die sehr bewußt die Vergangenheit betrachten. Viele suchen nach einer Alternative zur jetzigen Entwicklung; sie sollten mehr Hilfe haben bei ihrer Suche. Ich meine nicht, ein Volk sollte verdammt werden, sondern alle sollten aus der Geschichte lernen.
Martine aus Lyon:
Faschismus ist ein wirklich aktuelles Problem. Ich glaube, daß diese Geschichte sich jederzeit wiederholen kann, überall, nicht nur in Deutschland. Ich glaube, daß viele den Krieg, die KZs, alles vergessen wollen. Sie hätten irgend etwas tun müssen, haben aber nichts oder wenig getan. Das macht betroffen. Ich glaube, daß wir dem Frieden dienen, indem wir über die Kriegsursachen sprechen. Ich fände es gut, wenn noch viel mehr solche Camps stattfänden, das schließt die Völker enger zusammen.
Frank aus Bielefeld:
Man sollte die Workcamps viel bekannter machen – im Radio und in Jugendzeitun-

gen. Ich bin Kriegsdienstverweigerer und will so mal versuchen, wie ich aktiven Friedensdienst leisten kann, da ich den Zivildienst nicht als solchen ansehe.

Vereins-Publikationen
➤ **Exposé** des Vorstandes von 1981.
➤ **»Mitteilungen«** des Vereins DZOK, bis Oktober 1987 acht Nummern. Erscheinen etwa zweimal jährlich.
➤ **»Die NS-Zeit in der Region Ulm/Neu-Ulm. Vorgeschichte, Verlauf, Nachgeschichte«**
Eine Schriftenreihe des Dokumentationszentrums Oberer Kuhberg Ulm e.V. Herausgegeben von Silvester Lechner.
Band 1: Silvester Lechner: Das KZ Oberer Kuhberg und die NS-Zeit in der Region Ulm/Neu-Ulm.
Band 2: Resi Weglein: Als Krankenschwester in Theresienstadt. Erinnerungen einer Ulmer Jüdin. Herausgegeben und mit einer Lebensbeschreibung versehen von Silvester Lechner und Alfred Moos (erscheint 1988).
Band 3: Jürgen Genuneit: Vorgeschichte und Frühphase der NSDAP in Ulm bis 1925 (Arbeitstitel; erscheint 1989).
Band 4: Myrah Adams-Rösing: Kunst in Ulm 1933 bis 1945 (Arbeitstitel; erscheint 1990).
Zur Konzeption der Reihe siehe Seite 9.

4.3.2 Aufruf zur Spurensuche

Bürger helfen, die Geschichte der Region Ulm/Neu-Ulm in den Jahren 1933 bis 1945 zu erforschen.

Aufruf zur Spurensuche für das Dokumentationszentrum Oberer Kuhberg.

Bürger erforschen die Geschichte ihrer Stadt in den Jahren 1933 bis 45.
Ich besitze Dokumente (z.B. Fotos, Zeitungen, private und amtliche Schreiben, Flugblätter, Plakate) zur Geschichte und Vorgeschichte Ulms und seiner Region in der Zeit von 1933 bis 45.

Ich bin bereit, Kopien dieser Dokumente dem DZOK zur Verfügung zu stellen und bitte deshalb um Rückruf.

Telefon

erreichbar (Tag, Uhrzeit)

Name

Straße

PLZ, Ort

Postkarte

An das
Dokumentationszentrum
Oberer Kuhberg
Postfach 2066
7900 Ulm

Seit Mai 1985 versucht der Verein mit Aufrufen in der Presse, mit Veranstaltungen in der Volkshochschule und mit Hilfe der hier abgedruckten Postkarte das Dokumentations-Material des DZOK zu vergrößern.
Überlassene Original-Dokumente sind willkommen, werden jedoch auch, falls gewünscht, reproduziert und innerhalb von vier Wochen zurückgeschickt. Vertraulichkeit und Persönlichkeitsschutz sind gewährleistet.

Beitrittserklärung

Hiermit beantrage ich die Mitgliedschaft im „Dokumentationszentrum Oberer Kuhberg Ulm e.V." - KZ-Gedenkstätte -. Ich erkenne die Satzung an und werde einen Jahresbeitrag* von _____ DM entrichten. Dieser Betrag wird von mir im ersten Quartal für das laufende Kalenderjahr auf ein Vereinskonto überwiesen.

Name:

Straße, Haus-Nr.:

PLZ, Wohnort:

Datum u. Unterschrift:

* Der Mindestbeitrag beträgt jährlich 60 DM, für Arbeitslose, Rentner, Schüler, Studenten, Wehr- und Zivildienstleistende jährlich 36 DM.
Für freiwillig höhere Beiträge ist der Verein dankbar.

4.3.3 Die Finanzen des Vereins, ein Überblick

Die wichtigsten **Ausgaben** seit der Vereinsgründung:
➤ Bauliche Sanierung: etwa 380 000 DM, davon 180 000 DM gedeckt durch Eigenarbeit.
➤ Ausstellung und wissenschaftliche Arbeit: etwa 160 000 DM, davon über 100 000 DM durch Arbeitsamt/ABM gedeckt.
➤ Etwa 80 000 DM laufender Betrieb.

Die wichtigsten **Einnahmen**:
➤ Land Baden-Württemberg: 200 000 DM für Bau und Ausstellung, einmalig (1984–1987). Das Ministerium für Wissenschaft und Kunst bestätigt im Herbst 1987 einen einmaligen Zuschuß von 50 000 DM für die Fertigstellung der Ausstellung.
➤ Landesdenkmalamt: 10 000 DM (1978).
➤ Stadt Ulm: 10 000 DM (1986); 20 000 DM (1987, 1988).
➤ Stadt Neu-Ulm: 2500 DM (1987).
➤ Alb-Donau-Kreis: 3000 DM (1987).
➤ Spenden und Beiträge seit 1977: 130 000 DM.

Künftige Ausgabenbereiche:
➤ Abschluß Sanierung Dach/Gebäude.
➤ Abschluß der Ausstellung.
➤ Ausbau und Einrichtung eines Archiv-/Mitarbeiter- und eines Gruppen- und Unterrichtsraums.
➤ Hauptamtlicher Mitarbeiter.
➤ Veranstaltungen, Workcamps, Publikationen.
➤ Laufende Kosten.

Fazit: **Das DZOK braucht mehr Mitglieder!**
Und: Höhere Zuschüsse und Spenden sind dringend nötig!
Spenden sind von der Steuer absetzbar.
Die Bankverbindungen des DZOK:
Bank für Gemeinwirtschaft Ulm (BLZ 630 10 111) Konto 1 016 320 400
Sparkasse Ulm (BLZ 630 500 00) Konto 10 525 348
Volksbank Neu-Ulm (BLZ 730 900 00) Konto 9520

4.3.4 Mitgliedschaft und Beiträge

Der Verein hatte 1987 knapp 100 Mitglieder, davon zwölf Vereine und Verbände aus Gemeinden, Land und Bund.
Der Mindestbeitrag jährlich: 60.- DM; für Arbeitslose, Rentner und Schüler, Studenten, Wehr- und Zivildienstleistende: 36.- DM.

4.3.5 Vorstand und Zuständigkeiten (Wahlperiode 1988/90)

1. Vorsitzender: Hans Gasparitsch, Grubenäcker 123, 7000 Stuttgart 31.
2. Vorsitzende: Peter Langer, Eberhardtstraße 66, 7900 Ulm, Telefon (dienstlich) 0731/15 30 26, und Karl-Albrecht Schmauder, Kelternweg 55, 7900 Ulm, Telefon 0731/5 49 86.

5. Literaturverzeichnis

Das Verzeichnis enthält Literatur, die einen Bezug zur NS-Zeit im Raum Ulm/Neu-Ulm hat. Über die Region hinausführende und allgemeine Literatur wird – von einigen Ausnahmen abgesehen – nicht berücksichtigt.
Bezüglich wissenschaftlicher Studienarbeiten ist, ohne Berücksichtigung der Qualität, Vollständigkeit angestrebt. Ungedruckte und/oder nur in Einzelexemplaren vorhandene Literatur ist mit Verweis auf den Ort, wo sie einzusehen ist, erfaßt.
Das Verzeichnis hat die Funktion einer grundlegenden Bestandsaufnahme, als Ausgangspunkt einer weiteren Beschäftigung mit der NS-Zeit in der Region.

Abraham, Hartwig (Hg.): Geschichte der Biberacher Arbeiterbewegung und Sozialdemokratie [...], Biberach 1983.

Adams-Rösing, Myrah: Kunst in Ulm 1933 bis 1945 (Arbeitstitel, erscheint 1990 als Band 4 der Schriftenreihe »Die NS-Zeit in der Region Ulm/Neu-Ulm. Vorgeschichte, Verlauf, Nachgeschichte«).

Aicher, Otl: innenseiten des kriegs, Frankfurt/Main 1985.

Aicher-Scholl, Inge; **Aicher**, Julian: ... die anderen kräftigen, daß sie sich nicht beugen. Söflingens Pfarrer Franz Weiß trotzte der braunen Gewalt. In: Südwest Presse Ulm, 16.11.1985, S. 17.

Arbeitskreis Schule und Archiv in Ulm: Parteiengeschichte und Weltwirtschaftskrise in Ulm. Entwicklung der NSDAP, Machtergreifung und Gleichschaltung. Mit einer Zeittafel 1933 bis 1939, Ulm (vervielf. Manuskript, Stadtarchiv) 1984 (= Quellen zur Ulmer Stadtgeschichte, III. Lieferung).

Ders.: Ulm in der NS-Zeit. Die Stadt – Die Wirtschaft – Die Menschen. Ulm (vervielf. Manuskript, Stadtarchiv) 1987 (= Quellen zur Ulmer Stadtgeschichte, IV.).

Aubele, Anton: Die ehemalige Heeresmunitionsanstalt Straß. In: Straß. Zur Geschichte eines Dorfes im Ulmer Winkel, Weißenhorn 1982, S. 271ff.

Benicke, Christoph; **Ludwig**, Frieder: Ulmer Schule und Jugend im Nationalsozialismus (Beitrag zum Wettbewerb des Bundespräsidenten 1980/81 [...]), Ulm (Manuskript) 1981 (Stadtbibliothek Ulm).

Benz, Wolfgang (Hg.): Das Tagebuch der Hertha Nathorff. Berlin–New York. Aufzeichnungen 1933 bis 1945, München 1987. (Als Hertha Einstein in Laupheim aufgewachsen.)

von Beöczy, Siegfried: Ulmer Augenzeugen: »Ich war dabei ...« Ereignisse und Begebenheiten in Ulm seit 1900, Weißenhorn 1970.

Binkowski, Johannes: Die Diktatur des Nationalsozialismus. Die Presse in Baden-Württemberg 1933 bis 1945. In: Von der Preßfreiheit zur Pressefreiheit [...] Stuttgart 1983, S. 155ff.

Boberach, Heinz (Hg.): Meldungen aus dem Reich 1938 bis 1945. Die geheimen Lageberichte des Sicherheitsdienstes der SS, 17 Bände und ein Register, Herrsching 1985.

Bohn, Willi: Stuttgart: Geheim! Ein dokumentarischer Bericht, Frankfurt/Main 1969.

Bosch, Michael; **Niess**, Wolfgang (Hg.): Der Widerstand im deutschen Südwesten 1933 bis 1945 (Landeszentrale für politische Bildung Baden-Württemberg), Stuttgart 1984.

Braun, Hermann: Schwabenbanner Ulm. Rechenschaftsbericht anläßlich der Auflösung des Vereins 1939, Ulm 1939.

Broszat, Martin; **Fröhlich**, Elke (Hg. u.a.): Bayern in der NS-Zeit [...], 6 Bände, München 1977–1983.

Burkhardt, Bernd: Eine Stadt wird braun. Die nationalsozialistische Machtergreifung in der schwäbischen Provinz, Hamburg 1980 (Landeszentrale für politische Bildung Baden-Württemberg).

Christ, Gerhard: Senden am 26. April 1945. Augenzeugenberichte von den letzten Tagen der Illerfront. In: Senden. Beiträge zur Geschichte einer jungen Stadt im Illertal, Weißenhorn 1976, S. 203ff.

Christlicher Friedensdienst (Hg.): Wir lernen vom Widerstand ... Arbeitseinsätze beim Ausbau des KZ Oberer Kuhberg in Ulm zu einem Dokumentationszentrum des Widerstands in Baden-Württemberg, Frankfurt 1981 (Archiv DZOK).

van Dam, H. G.; **Giordano**, Ralph (Hg.): KZ-Verbrechen vor deutschen Gerichten; Band II: Einsatzkommando Tilsit – der Prozeß zu Ulm (1958), Frankfurt/Main 1966.

Dangelmaier, Alois: Staatspräsident Dr. Eugen Bolz als Mann und Staatsmann. Gedenkrede am 23. Januar 1948, Stuttgart 1948.

Deutschland-Berichte der sozialdemokratischen Partei Deutschlands (Sopade) 1934 bis 1940, 7 Bände, Salzhausen und Frankfurt/Main 1980.

Dirks, Walter: Das Bauhaus und die Weiße Rose. In: Ulmanach, Lesebuch einer Stadt, Ulm 1974, S. 63ff.

Drobisch, Klaus: Wir schweigen nicht! Eine Dokumentation über den antifaschistischen Kampf Münchener Studenten 1942/43, Berlin [4]1983.

Eichmann, Bernd: Versteinert, Verharmlost, Vergessen. KZ-Gedenkstätten in der Bundesrepublik Deutschland, Frankfurt/Main [2]1986. (Zum Kuhberg S. 167ff.)

Fichtner, Ruth; **Wegemer**, Bertram: Kindern eine Zukunft geben. Von zwei Kinderheimen in der Weimarer Zeit (Ulm-Herrlingen), Diplom-Arbeit, Manuskript, Tübingen 1986 (Stadtbibliothek Ulm).

Finck, Günter: Die Entwicklung der NSDAP in Ulm von 1928 bis zum 30. Januar 1933 (Zulassungsarbeit, Manuskript), Ulm 1973 (Stadtarchiv Ulm).

Finckh, Peter: Namenlos – Vergessen – Verdrängt: Das KZ Oberer Kuhberg. In: Garbe, D. (siehe dort), S. 93ff.

Ders.: Vor 40 Jahren: KZ Ulm. In: Ulmer Forum 28, 1973/74, S. 58ff.

Finckh, Renate: Mit uns zieht die neue Zeit [...], Baden-Baden [4]1983. Autobiographischer Roman der 1926 geborenen Autorin zu ihrer Ulmer Kindheit und Jugend im Zeichen des Nationalsozialismus. Frau Finckh (Mönchelenweg 28, 7300 Esslingen) ist zu Lesungen bereit.

Freidenker-Verband Ulm (Hg.): Alternativer Stadtführer von Ulm (Arbeitstitel), angekündigt für 1988.

Fuchs, Josef (Hg. u.a.): Christus! – nicht Hitler. Zeugnis und Widerstand von Katholiken in der Diözese Augsburg zur Zeit des Nationalsozialismus (Ausstellungs-Katalog), Sankt Ottilien 1984.

Fuchs, Karlheinz (Hg.): Ausstellungsreihe Stuttgart im Dritten Reich. Anpassung, Widerstand, Verfolgung. Die Jahre von 1933 bis 1939, Stuttgart 1984 (Projekt Zeitgeschichte).

Füller, Kurt: Ulm im Zweiten Weltkrieg. Eine Übersicht über die Kriegsereignisse, die Personenverluste und die Sachschäden (= Ulmer Statistik – Sonderreihe 1), Ulm [2]1955.

Garbe, Detlef (Hg.): Die vergessenen KZs? Gedenkstätten für die Opfer des NS-Terrors in der Bundesrepublik, Bornheim-Merten 1983.

Gasparitsch, Hans: vgl. Kaspar, Fritz.

Genuneit, Jürgen: Völkische Radikale in Stuttgart 1890 bis 1925. Zur Vorgeschichte und Frühphase der NSDAP, Stuttgart 1982 (Projekt Zeitgeschichte).

Ders.: Vorgeschichte und Frühphase der NSDAP in Ulm (Arbeitstitel, erscheint 1989 als Band 3 der Schriftenreihe »Die NS-Zeit in der Region Ulm/Neu-Ulm. Vorgeschichte, Verlauf, Nachgeschichte«).

Grosshans, Albert: Das nationalsozialistische Regime und seine Auswirkungen auf Heilbronn, Heilbronn 1982.

Haag, Lina: Eine Handvoll Staub, Frankfurt/Main [7]1985.

Hagen, August: Geschichte der Diözese Rottenburg, Band 3, Stuttgart 1960.

Hagmeier, Karl: Langenau im Dritten Reich. Zum Verhältnis von Kirche und Staat, Weißenhorn 1986.

Hanser, Richard: Deutschland zuliebe. Leben und Sterben der Geschwister Scholl. Die Geschichte der Weißen Rose, München 1980.

Hanssler, Bernhard: Bischof Joannes Baptista Sproll – Der Fall und seine Lehren, Sigmaringen 1985.

Hirsch, Robert: Erinnerungen. In: Richarz, Monika (Hg.): Jüdisches Leben in Deutschland, Band 2: Selbstzeugnisse zur Sozialgeschichte im Kaiserreich, Stuttgart 1979, S. 283ff. (Hirsch war Anwalt in Ulm.)

Hitzer, Friedrich: Freiheit, Vatterland, Natur. In: Ulmanach, Lesebuch einer Stadt, Ulm 1974, S. 76ff. (Heuberg, Kuhberg, Sepp Schuhbauer u.a.)

Ders.: Aus alten Schulheften 1941 bis 1951, Frankfurt/Main 1985.

Hoffmann, Hannelore: Der Widerstand der Jugend im Dritten Reich in der Stadt Ulm, Zulassungsarbeit, Freiburg 1972 (Manuskript, Stadtarchiv Ulm).

Holzwarth, Georg; **Lauterwasser**, Alfred: »Sie machen mir da Hoffnungen, die Sie mir nicht machen sollten, wenn's nicht wahr ist.« Ein Gespräch. In: Allmende. Eine alemannische Zeitschrift, Heft 1, 1982, S. 103ff.

Hübner, Irene (Hg.): Unser Widerstand. Deutsche Frauen und Männer berichten über ihren Kampf gegen die Nazis, Frankfurt/Main 1982. (S. 104ff. Ulmer Schüler und die Weiße Rose.)

Internationaler Suchdienst (Hg.): Verzeichnis der Haftstätten unter dem Reichsführer-SS (1933 bis 1945). Konzentrationslager und deren Außenkommandos sowie andere Haftstätten [...], Arolsen 1979.

Ippers, Josef: Da hört die Gemütlichkeit auf! Schule und Sozialismus in Schwaben, 1945 bis 1948 (Helmut Bausch aus Ulm). In: Die Kinder des roten Großvaters erzählen [...], Werkkreis Literatur der Arbeitswelt, Frankfurt/Main 1976, S. 99ff.

Jakober, Wilmar (Hg. u.a.): Langenau 1933 bis 1945. Ein Stück Stadtgeschichte, Langenau, Selbstverlag 1985 (beziehbar über DZOK).

Jeggle, Utz: Judendörfer in Württemberg, Tübingen 1969 (= Volksleben, Band 23).

Jens, Inge (Hg.): Hans Scholl, Sophie Scholl. Briefe und Aufzeichnungen, Frankfurt/Main 1984.

Jung, Siegfried: Das KZ Oberer Kuhberg (Ulm/Donau), Examensarbeit, Esslingen 1981 (Manuskript, Stadtarchiv Ulm).

Kaspar, Fritz (Pseudonym für Fritz Brütsch, Franz Franz, Hans Gasparitsch, Albert Kapr): Die Schicksale der Gruppe G, Berlin (DDR) 1960, Reprint 1985. (Zu beziehen über VVN Stuttgart und DZOK Ulm, DM 9,-.)

Keil, Heinz: Dokumentation über die Verfolgung der jüdischen Bürger von Ulm/Donau, hergestellt im Auftrage der Stadt Ulm, Ulm 1961.

Klee, Ernst (Hg.): »Euthanasie« im NS-Staat. Die Vernichtung lebensunwerten Lebens, Frankfurt/Main 1983.

Ders.: Dokumente zur »Euthanasie«, Frankfurt/Main 1985.

Kleinschmidt, Heiner; **Bohnert**, Jürgen: Heidenheim zwischen Hakenkreuz und Heiden-Kopf, Heidenheim 1983.

Köstlin, Wolfgang: Mit uns im Osten. Eine Bildfolge vom Einsatz der Ulmer Infanterie-Division, Stuttgart ²1944.

Koine, Reinhardt; **Traub**, Wolfgang: Bauaufnahme Fort Oberer Kuhberg (Werk XXXII) Ulm. Maschinenschriftliche Studienarbeit am Institut für Baugeschichte Universität Stuttgart 1984 (beziehbar über DZOK, DM 20,-).

Kopf, Paul; **Miller**, Max: Die Vertreibung von Bischof Joannes Baptista Sproll von Rottenburg, 1938 bis 1945. Dokumente zur Geschichte des kirchlichen Widerstands, Mainz 1971.

Kromer, Andrea: Machtergreifung auf lokaler Ebene. Das Beispiel Ulm im Spiegel der Presse. Maschinenschriftliche Seminararbeit, Ulm 1983 (Stadtarchiv Ulm).

Kuhn, Hans: Ulmer Eisenbahngeschichte 1835 bis 1945, Langenau/Ulm 1983.

Kunde, Karl: Die Odyssee eines Arbeiters, Stuttgart 1985.

Langer, Peter: Das ehemalige Konzentrationslager Oberer Kuhberg, Ulm als Gegenstand politischer Bildungsarbeit [im Anhang zu:] Puvogel, Gedenkstätten, Bonn 1981.

Leber, Annedore (Hg.): Das Gewissen steht auf. 64 Lebensbilder aus dem deutschen Widerstand 1933 bis 1945, Berlin/Frankfurt 1954; neu herausgegeben von Karl Dietrich Bracher, Mainz 1984. (Beitrag zu Jonathan Stark aus Ulm.)

Liebl, Toni (Hg.): Kurt Huber. Stationen seines Lebens in Dokumenten und Bildern, Kurt-Huber-Gymnasium, Gräfelfing 1986.

Löffelmann, Werner: Die Wahlen in Ulm 1932 [...], Zulassungsarbeit o.O., o.J. (etwa 1975) (Stadtarchiv Ulm).

Mainz, Albert: Deutsche Schande auf griechischer Erde. Die zweite Phase in Ermittlung eines NS-Verbrechens. Eingestellt und abgewiesen, Selbstverlag (Berliner Straße 22, 4005 Meerbusch-Lank), o.O., o.J. (1986). (u.a. zur »Strafkompanie 999« auf dem Heuberg.)

Marum-Lunau, Elisabeth; **Schadt**, Jörg (Hg.): Ludwig Marum. Briefe aus dem Konzentrationslager Kieslau, Karlsruhe 1984.

Mayer, Eberhard: Deutschkirche oder Bekenntniskirche. Der Ulmer Bekenntnistag 1934 und der Kampf um die rechtmäßige Evangelische Kirche Deutschlands, Langenau/Ulm 1984.

Ders.: Die Evangelische Kirche Ulms von 1918 bis 1938 (Arbeitstitel, angekündigt für 1988. In: Stadtarchiv Ulm [Hg.]: Forschungen zur Geschichte der Stadt Ulm).

Merkel, Helmut: Der Sohn des Volksfeindes. Kindheitserinnerungen eines in Ulm Geborenen, 1924 bis 1935, Manuskript (München) 1984 (Stadtbibliothek Ulm).

Mitteilungen des Vereins Dokumentationszentrum Oberer Kuhberg Ulm, Heft 1 (November 1983) bis Heft 8 (Oktober 1987), Postfach 2066, 7900 Ulm.

Mohn, Joseph: Der Leidensweg unter dem Hakenkreuz. Aus der Geschichte von Stadt und Stift Buchau am Federsee, herausgegeben von der Stadt Buchau, Buchau 1970.

Moser, Hans: Die nationalsozialistische Machtergreifung in Ulm a.D., Maschinenschriftliche Zulassungsarbeit, PH Weingarten 1975 (Stadtbibliothek Ulm).

Ders.: Nationalsozialistische Machtergreifung in Ulm. Eine Materialzusammenstellung für den Unterricht, Manuskript, 1978 (beim Autor auszuleihen).

Nachrichten des VVN/BdA Baden-Württemberg e.V., Schloßstraße 79, 7000 Stuttgart 1 (4 Nummern jährlich).

Die Naturfreunde (Hg.): Gedenkstätte Oberer Kuhberg. In: Aufstieg 11/80, S. 1ff.

Obermeier, Kurt Walter: 90 Jahre Sozialdemokratie Ulm (Broschüre), Ulm 1980.

Obermeier-Weißer, Marianne: Ulmer Kindheit (1929 bis 1945), Vortrags-Manuskript 1979 (DZOK-Archiv).

Oberschulamt Tübingen (Hg.): »Alltag im Nationalsozialismus.« Grafeneck/Buttenhausen. Materialien zu einer Tagung [...], Manuskript, Tübingen 1985.

Paul, Gerhard; **Schoßig**, Bernhard (Hg.): Die andere Geschichte. Geschichte von unten. Spurensicherung – Ökologische Geschichte – Geschichtswerkstätten, Köln 1986.

Paul, Wolfgang: Das Feldlager. Jugend zwischen Langemarck und Stalingrad, Esslingen 1978.

Peschl, Franz: Die Weltwirtschaftskrise am Ende der Weimarer Republik und ihre wirtschaftlichen und sozialen Auswirkungen in Ulm (von Oktober 1929 bis Dezember 1931), Zulassungsarbeit Realschulen, o.O., o.J. (Stadtarchiv Ulm).

Projektgruppe für die vergessenen Opfer des NS-Regimes (Hg.): Verachtet (Prostituierte, Bettler, Obdachlose, Homosexuelle), Verfolgt (Behinderte, Bibelforscher, Swing-Jugend, Zwangssterilisierte), Vernichtet, Hamburg 1987.

Puvogel, Ulrike (Hg.): Gedenkstätten für die Opfer des Nationalsozialismus. Eine Dokumentation, Bonn 1987 (= Schriftenreihe der Bundeszentrale für politische Bildung, 245). Neuauflage der Ausgabe von 1981; vgl. Langer, Peter.

Randecker, Günter: Juden und ihre Heimat Buttenhausen. Ein Gedenkbuch zum 200. Jahrestag des Buttenhausener Judenschutzbriefes am 7. Juli 1987, herausgegeben von der Stadt Münsingen, Münsingen (Stadtverwaltung) 1987.

Reyhing, Hans: Ulm. Die Münsterstadt an der Donau, Bayreuth (Gauverlag) 1942. (Einer der letzten Bildbände vom unzerstörten Ulm.)

Riester, Albert: Gegen den Strom [...], München 1987.

Röhm, Eberhard; **Thierfelder**, Jörg: Evangelische Kirche zwischen Kreuz und Hakenkreuz. Bilder und Texte einer Ausstellung, Stuttgart 1981.

Römer, Gernot: Der Leidensweg der Juden in Schwaben [...], Augsburg 1983.

Ders.: Für die Vergessenen. KZ-Außenlager in Schwaben – Schwaben in Konzentrationslagern, Augsburg 1984.

Ders.: Die grauen Busse in Schwaben. Wie das Dritte Reich mit Geisteskranken und Schwangeren umging. Augsburg 1986.

Ders.: Die Austreibung der Juden aus Schwaben [...], Augsburg 1987.

Rotermund, Gisela: Nationalsozialistische Machtergreifung in Ulm. In: Thomas Schnabel: Lokalmodelle nationalsozialistischer Machtergreifung, Heidelberg 1983, S. 163ff.

Saiger, Edith: Kristallnacht in Ulm. Zulassungsarbeit, Manuskript 1969 (Stadtarchiv Ulm).

Sauer, Paul: Die jüdischen Gemeinden in Württemberg und Hohenzollern. Denkmale, Geschichte, Schicksale, Stuttgart 1966.

Ders.: Dokumente über die Verfolgung der jüdischen Bürger in Baden-Württemberg [...] 1933 bis 1945, 2 Bände, Stuttgart 1966.

Ders. (herausgegeben von der Archivdirektion Baden-Württemberg): Die Opfer der nationalsozialistischen Judenverfolgung [...]. Ein Gedenkbuch, Stuttgart 1969.

Ders.: Die Schicksale der jüdischen Bürger Baden-Württembergs während der nationalsozialistischen Verfolgungszeit [...], Stuttgart 1969.

Ders.: Württemberg in der Zeit des Nationalsozialismus, Ulm 1975 (zitiert: Sauer, Württemberg).

Schachne, Lucie: Erziehung zum geistigen Widerstand. Das jüdische Landschulheim Herrlingen, 1933 bis 1939, Frankfurt/Main 1986.

Schäfer, Fritz (u.a.): Das Fort Oberer Kuhberg in Ulm – Reduitgebäude. Baufachliches Gutachten, Manuskript, Ulm 1978 (DZOK-Archiv).

Schäuffelen, Otmar: Die Bundesfestung Ulm und ihre Geschichte [...], Langenau-Ulm ²1982.

Schätzle, Julius: Wir klagen an! Ein Bericht über den Kampf, das Leiden und das Sterben in deutschen Konzentrationslagern, Stuttgart 1946 (zitiert: Schätzle 1).

Ders.: Stationen zur Hölle. Konzentrationslager in Baden und Württemberg 1933 bis 1945. Frankfurt/Main ²1980 (zitiert: Schätzle 2).

Schanz, Wolfgang: Die Ulmer Sozialdemokratie in der Endphase der Weimarer Republik. Zulassungsarbeit, Manuskript, Ulm 1977 (Stadtarchiv Ulm).

Schenk, Georg: Die Juden in Laupheim. In: Ulm und Oberschwaben 39, 1970, S. 103ff.

Scherer, Peter; **Schaaf**, Peter (Hg.): Dokumente zur Geschichte der Arbeiterbewegung in Württemberg und Baden 1848 bis 1949, Stuttgart 1984.

Scheringer, Richard: Das große Los. Unter Soldaten, Bauern und Rebellen, Hamburg 1959, Neuauflage München 1979. (Einer der Leutnants vom Ulmer Reichswehrprozeß 1931.)

Schlotterbeck, Friedrich: Je dunkler die Nacht ... Erinnerungen eines deutschen Arbeiters 1933–1945, Stuttgart 1986.

Schmid, Heinz Dieter: Die nationalsozialistische Machtergreifung in einer Kreisstadt (Reutlingen), Frankfurt/Main ⁵1983.

Schmid, Paul: Gesonderte Ulmer Wahrheit? Eine Hilfsbrücke über die Nazizeit. In: Ulmer Forum 71, 1984.

Schnabel, Thomas: Württemberg zwischen Weimar und Bonn, 1928 bis 1945/46, Stuttgart 1986 (herausgegeben von der Landeszentrale für politische Bildung).

Scholl, Inge: Die Weiße Rose. Erweiterte Neuausgabe, Frankfurt/Main 1982.

Schramm, Wilhelm von: Aufstand der Generale. Der 20. Juli in Paris, München 1964 (passim Eberhard Finckh).

(Schwaiger, Karl?): 300 Jahre Ulmische Presse, 1634 bis 1934, Ulm 1934.

Sieger, Karl: Soldat in Ulm. Ein Buch der Erinnerungen an die Dienstzeit, Ulm 1937.

Sommer, Karin: Die Juden von Altenstadt [...], Magisterarbeit, München 1982 (herausgegeben als Manuskript vom Landkreis Neu-Ulm; dort beziehbar).

Specker, Hans Eugen: Ulm. Stadtgeschichte, Ulm 1977.

Ders.: Einstein und Ulm [...], Ulm 1979.

Ders. (Hg.): Ulm im Zweiten Weltkrieg, angekündigt für 1988.

Der Stadt- und der Landkreis Ulm, herausgegeben von der Staatlichen Archivverwaltung Baden-Württemberg, Ulm 1972.

Der Stadtkreis Ulm, Amtliche Kreisbeschreibung, herausgegeben von der Landesarchivdirektion Baden-Württemberg, Ulm 1977.

»Der Stahlhelm«. Bund der Frontsoldaten, Landesverband Württemberg-Hohenzollern, Stuttgart 1936.

Toury, Jacob: Jüdische Textilunternehmer in Baden-Württemberg 1683 bis 1938, Tübingen 1984. (Ulm S. 174ff.)

Tschaffon, Dieter: Die nationalsozialistische Machtergreifung in Ulm, Zulassungsarbeit, Manuskript, Stuttgart 1980 (Stadtbibliothek Ulm).

Ulm. Garnison und Festung. Festschrift zum Garnisontreffen 1954 anläßlich der 1100-Jahr-Feier der Stadt, Ulm 1954.

(Ulm/Neu-Ulmer Adreßbuch): Einwohner- und Geschäfts-Handbuch der Württ. Kreis-, Haupt- und Oberamtsstadt Ulm [...] und der Stadt Neu-Ulm [...] 1933, 1935, 1937, 1939, Ulm.

Ulmer Bilderchronik, Bände 1–4, herausgegeben von Karl Höhn, Ulm 1928 bis 1937; Band 5 (1935 bis 1944), bearbeitet von Hildegard Sander, Ulm 1988 (angekündigt); Band 6 (1945 bis 1964), bearbeitet von Hildegard Sander, Ulm 1984.

Verhoeven, Michael, **Krebs**, Mario: Die Weiße Rose. Der Widerstand Münchner Studenten gegen Hitler. Informationen zum Film, Frankfurt/Main 1982.

Vinke, Hermann: Das kurze Leben der Sophie Scholl [...], Ravensburg 1980.

Völkl, Carl (Hg.): Die dunklen Jahre. Das Dritte Reich im Ries, Nördlingen 1984.

Vorländer, Herwart (Hg.): Nationalsozialistische Konzentrationslager im Dienst der totalen Kriegsführung. Sieben württembergische Außenkommandos des Konzentrationslagers Natzweiler/Elsaß, Stuttgart 1978.

Weglein, Resi: Als Krankenschwester in Theresienstadt. Erinnerungen einer Ulmer Jüdin. Herausgegeben und mit einer Lebensbeschreibung versehen von Alfred Moos und Silvester Lechner (erscheint 1988 als Band 2 der Reihe »Die NS-Zeit in der Region Ulm/Neu-Ulm. Vorgeschichte, Verlauf, Nachgeschichte«).

Weidlin, Werner: Das Konzentrationslager Fort Oberer Kuhberg (Ulm), Zulassungsarbeit, Manuskript, Ulm 1976 (Stadtbibliothek Ulm).

Ders.: Das Konzentrationslager Fort Oberer Kuhberg Ulm, Ludwigsburg 1983 (vergriffen).

Welte, August: Nie wieder: »Hurra, die Schule brennt!«, Manuskript, Neu-Ulm 1979 (Erinnerungen an die Schulzeit in Neu-Ulm während des Krieges. Heimatmuseum Neu-Ulm).

Wenke, Bettina: Interviews mit Überlebenden. Verfolgung und Widerstand in Südwestdeutschland, Stuttgart 1980. (Interviews u.a. mit Julius Schätzle, Alfred Haag, Ernst Rohleder.)

Widerstand und Verfolgung in Bayern 1933 bis 1945 (Katalog zur Ausstellung), herausgegeben von der Arbeitsgemeinschaft bayerischer Verfolgtenorganisationen, München 1976.

Winkel, Harald: Geschichte der württembergischen Industrie- und Handelskammern Heilbronn, Reutlingen, Stuttgart/Mittlerer Neckar und Ulm, 1933 bis 1980, Stuttgart 1981.

Wuttke, Walter: Homosexuelle im Nationalsozialismus. Ausstellungskatalog, Ulm (Selbstverlag) 1987.

Zofka, Zdenek: Dorfeliten und NSDAP. Fallbeispiele der Gleichschaltung aus dem Bezirk Günzburg. In: Broszat/Fröhlich/Grossmann, Bayern in der NS-Zeit 4, 1981, S. 383ff.

5.1 Film-, Bild- und Tondokumente »Ulm in der NS-Zeit«

Der Leutnant von Ulm. Dokumentarfilm von Karl Gass und Ferry Stützinger, DDR 1979, Schwarzweiß, 90 min, 16 mm. Das Leben von Richard Scheringer, einem von drei Ulmer Offizieren, die im Leipziger Reichswehrprozeß (September/Oktober 1930) wegen nationalsozialistischer Umtriebe in der Reichswehr angeklagt waren. Hitler schwor als Zeuge den Eid, nur mit legalen Mitteln die Macht ergreifen zu wollen. (Verleih: Unidoc, München).

Ulm vor der Zerstörung. Film, 30 min; Kreisbildstelle Ulm.

Die Zerstörung Ulms im Zweiten Weltkrieg. 40 Dias; Kreisbildstelle Ulm.

Das KZ Oberer Kuhberg. Dokumentarfilm (Super 8) von Walter K. Obermeier, 30 min, 1970. (Ausleihe: DZOK).

Aber ich lebe noch – Erinnerungen einer Antifaschistin. Dokumentarfilm von H. J. Weyhmüller, SDR 1980, 45 min. Die Lebensgeschichte von Lina und Alfred Haag, mit einer 5-Minuten-Passage zum KZ Kuhberg. Video-Kopie (leichte Mängel) beim DZOK.

Lesung Lina Haag in Ulm 1983. Tonband, 90 min. Ausleihe: Friedenspädagogische Mediothek Ulm, Keplerstraße 18/1, Telefon 619760.

Ich liebe, ich lebe. Biographie als Zeitgeschichte – Lina Haag. Eine Ton-Dokumentation von Inge Buck, Hansawelle Bremen, September 1984. (Ausleihe: DZOK).

Die Weiße Rose. Film von Michael Verhoeven, 90 min, 1982. (Verleih, 16-mm-Kopie: atlas).

Fünf letzte Tage. Film von Percy Adlon von 1986 zu den letzten Lebenstagen von Sophie und Hans Scholl, 108 min. Video-Kopie; Kreisbildstelle Ulm.

Die Geschwister Scholl. Ton-Dokumentation von 1960, 30 min; Kreisbildstelle Ulm.